四特 教育系列丛书 SITEJIAOYUXILIECONGSHU

教师的信仰

《"四特"教育系列丛书》编委会 编著

吉林出版集团股份有限公司

全国百佳图书出版单位

图书在版编目（CIP）数据

教师的信仰／《"四特"教育系列丛书》编委会编著.
—长春：吉林出版集团股份有限公司，2012.4
（"四特"教育系列丛书／庄文中，龚玲，萧枫，
姜忠喆主编.教师全方位修炼）
ISBN 978-7-5463-8764-2

Ⅰ.①教… Ⅱ.①四… Ⅲ.①中小学－教师－修养
Ⅳ.① G635.16

中国版本图书馆 CIP 数据核字（2012）第 045940 号

教师的信仰
JIAOSHI DE XINYANG

出 版 人　吴　强
责任编辑　朱子玉　杨　帆
开　　本　690mm×960mm　1/16
字　　数　250 千字
印　　张　13
版　　次　2012 年 4 月第 1 版
印　　次　2023 年 2 月第 3 次印刷

出　　版　吉林出版集团股份有限公司
发　　行　吉林音像出版社有限责任公司
地　　址　长春市南关区福祉大路 5788 号
电　　话　0431-81629667
印　　刷　三河市燕春印务有限公司

ISBN 978-7-5463-8764-2　　　　定价：39.80 元

前　言

学校教育是个人一生中所受教育最重要的组成部分，个人在学校里接受计划性的指导，系统地学习文化知识、社会规范、道德准则和价值观念。学校教育从某种意义上讲，决定着个人社会化的水平和性质，是个体社会化的重要基地。知识经济时代要求社会尊师重教，学校教育越来越受重视，在社会中起到举足轻重的作用。

"四特教育系列丛书"以"特定对象、特别对待、特殊方法、特例分析"为宗旨，立足学校教育与管理，理论结合实践，集多位教育界专家、学者以及一线校长、教师的教育成果与经验于一体，围绕困扰学校、领导、教师、学生的教育难题，集思广益，多方借鉴，力求全面彻底解决。

本辑为"四特教育系列丛书"之《教师全方位修炼》。

教师的职业是"传道、授业、解惑"，教师的职责是把教学当成自己的终生事业，用"爱"搭起教育的基石，用自己的学识及人格魅力，点燃学生的兴趣，促进学生的健康、快乐成长。

俗话说："教师不能半桶水。"学生专业知识水平的高低，很大程度上受教师知识水平的制约，如果教师在教学中对教材分析不透，对知识重点把握不准，要点讲解不清，那么学生听课后就会产生一种模糊的收获不大的感觉。因此，教师必须知识广博，语言丰富，学生才能学到真正的知识。本书从新世纪、新时代经济和社会发展的要求出发，结合理论与实践，对新世纪教师素质及其修养的一系列问题，做了比较全面、系统、深入的阐述。应当说，这是一项十分有意义的工作。

本辑共20分册，具体内容如下：

1.《师魂》

教师被人们称为"人类灵魂的工程师"，担负着传授知识、传承文明、培养人才、提高民族素质的光荣任务。教师的最高境界是"忙人之所闲，闲人之所忙"，从有到无，从无到有；从看教育是教育，到看教育不是教育，再到看教育还是教育，这就是对教育的最大贡献，让人的精神生活世界有生机、有活力、有智慧。

2.《以礼服人》

作为教师，我们要正确领会礼仪、礼貌、礼节、仪式和教师礼仪的概念，领会礼仪的地位和作用，掌握教师礼仪的原则、方法，坚持科学发展观，为构建社会主义和谐校园而奋斗。教师的一举手一投足，甚至一颦一笑，都蕴含着教育的力量。本书从教师的个人形象、教师的服饰、教师的语言、师生关系礼仪、教师与家长沟通礼仪、同事共处礼仪、集会礼仪和社会交往礼仪等方面，系统阐述了教师礼仪的一些基本常识。

3.《教师的一生修炼》

本书将重点探讨如下诸方面的理论与实务：职业规划——自我实现的教育生涯、如何设计职业生涯、职业发展规划行动、教师入职与离职规划、新教师角色适应规划、教师专业发展规划、校长成长规则、职场诊断与修炼、潜能开发以及享受学习化教育生活等。

4.《育人先做人》

教师是学生智慧的启蒙者，学生未来的引领者。教师的质量决定了教育的质量。教师的品质决定了教育的品位。教师人格的完善能够提升教育的水准。教育职业对教师人格提出了严格的要求：在教师自身的人格教育中不断提升自我，完善人格。人格教育是一生的工作，提升自我、完善人格会伴随一个人一生的历程。

5.《教育语言随心用》

本书内容涵盖了教学语言艺术和教育语言艺术训练的方方面面。从宏观综论到微观剖析，从课堂艺术到辅导艺术，从艺术对话到精彩演讲，从个性张扬到群体发展，从全体教育到特殊教育，质朴无华，内容充实，观点鲜明，为教师深入研究和准确使用教学语言和教育语言提供了可以借鉴的经验。

6.《师者无敌》

本书编写的基本理念是：从内容架构而言，以促进教师对自身职业的理解为基础，以增进教师职业人生的完善为基本目标，以启发、引导的方式来促进教师德性的自主形成；从编写形式而言，力求摆脱单一的理论说教，从当代教师职业生活实际出发，抓住主要问题，采取生动、灵活的语体形式，把精要的论述与典型的事例结合起来，注重该书的可读性。

7.《教师的信仰》

职业精神是教师不可缺失的最本质的东西。一个教师能不能成为好教师、名教师，关键是有没有职业道德，有没有职业精神。今天的教育，缺的不是楼房，而是文化与技术；缺的不是理念，而是行为与操作；缺的不是水平，而是责任和精神。教育的希望，在于教师良心的回归、精神家园的重建。只要有了良好的精神状态，我们就有战胜任何困难的勇气，就有奋然前行的动力。

8.《看透学生的心理》

学生的心理困惑从何而来？概括来说就是一"高"一"低"：高，学生是一个承载社会、家长高期望值的群体，自我成才欲望非常强烈；低，学生心理发展尚未成熟，缺乏社会经验，适应能力较差。正是这欲望与不能之间的矛盾造成了学生的心理问题。我们编写本书，是期望引导教师与青少年共同克服这一难题，去打开人生的成功局面。

9.《卓越教师》

突出骨干教师的培训，既是加强中小学教师队伍建设的当务之急，又是提高教师质量的长远之计。本书在编写上提倡以培训学科带头人为目标，以现代教育思想、现代教育技术、特级教师的学术报告以及当前教改的热点问题为研究内容，源于实践又高于实践，可用作骨干教师的培训教材，也可用于普通教师的自我阅读与提高，以期使教师在较短时间内达到或接近特级教师的水准，成为学科带头人。

10.《与学生打成一片》

如何做最受学生欢迎的教师，是每个教师都要思考的问题，也是每个教师都希望的，学校的课程很多，语文、数学、英语、科学、音乐、美术、体育等，每门学科都有自身的特点，每个学生都有自己的喜好，我们都能真正做到受每个学生欢迎吗？本书将教会教师怎么样靠自己的才能和高尚的品德赢得学生的喜欢和尊重，让每一位教师都能成为受学生欢迎的教师。

11.《培养教师爱岗敬业精神》

本书从教师的角度，阐述了教师爱岗敬业所带来的深刻变化，介绍了爱岗敬业的途径和方法，从勇于负责、乐于服从、热情专注、自动自发、团结协作、勤奋努力、敢于创新、节俭高效等方面，结合大量教育实例和人生哲理，向广大教师提出了爱岗敬业的崇高理念和修炼方法，期盼每一位教师都能从中受益。

12.《教师职业道德与素质培养》

当前，各级教育行政部门和社会各界都非常关注师德建设，师德教育已经被列为教师继续教育的重要内容之一。本书以专题研究为主线，以典型的案例及案例分析为依托，从教师工作、生活实际出发设置情境、提出问题，突出师德教育的操作性和实效性。本书将适应新世纪对教师职业道德建设的需求，该书也适用于在校师范生以及申请教师资格者学习。

13.《教师怎样提升教学质量》

每位教师的心里都有一个美好的心愿，那就是都想使自己的教学质量得到最大程度的提高。众所周知，教学质量是一个学校的生命线，如何提高教学质量是我们每一位教师时刻都在研究、都想努力做好的一件事。要让教育不平凡，出路就在于能突破平常很容易被封闭的平庸局面。优秀的教师，会善于用智慧慢慢凿开通向教育风景的出口。

14.《教师快乐工作指导》

教师工作细致而烦琐，教师不仅要组织好各种教育教学活动，还要保证学生的身心安全。长期的忙碌、精神高度集中，教师容易产生麻木、倦怠、疲劳的职业状态。为使教师消除职业倦怠，学会快乐地生活，愉快地工作，需要多渠道支持帮助教师进入积极健康的工作和生活状态，从心理、物质和精神上给予帮助和支持，让教师感受到集体的关怀和温暖。

15.《教师工作减压指导》

当教师很累，这已经是所有中小学教师共同的感受。中小学教师劳动强度很大，长此以往，很容易使教师患上疲劳综合症，给身心带来无法挽回的伤害，对教育的可持续发展和教师队伍的稳定十分有害。中小学教师的过劳问题应当引起政府有关部门的高度重视，以人为本的科学发展观要落到实处，不要仅仅停留在口头上。作为教师个人，我们不要只等待有关部门的措施，必须想方设法给自己"减压"，以防被疲劳综合症缠身。

16.《教师文娱活动指南》

与家人、朋友一起轻松愉快地度过休息时光，使身心从工作中彻底解放，得到完整的休整，全面的恢复。要知道工作是永远干不完的，是没有上限的。我们需要多看到一些明天的太阳，让照亮别人的蜡烛燃烧得时间更久、更久……

17.《教师心理健康指南》

随着竞争愈来愈激烈，教师的工作节奏日趋紧张，精神上容易产生巨大压力，精神上和身体上的超负荷状态对健康是非常不利的。如果不注意休息和调节，中枢神经系统持续处于紧张状态，会引起心理过激反应，久而久之可能导致交感神经兴奋增强，内分泌功能紊乱，产生各种身心疾病。本书力图从教师职业发展的实际需求出发，注重必要的理论引领与生动的案例分析相结合，突出专业性、应用性、操作性、可读性，可为广大中小学教师培训、自学提供借鉴，也可为高校相关专业学生的学习、研究提供参考。

18.《教师怎样进行教学改革创新》

本书立足素质教育的学理，探析课堂教学的变革，反思课堂教学实践，重新审视素质教育理论，在实践和理论的互动中探讨我国教育的现实与未来。

19.《从历代名著中学习教育思想》

本书撷取世界知名教育家在世界教育史上具有重大影响和学习价值的教育名著进行选读。每位教育家及其著作均有作者简介、成书背景、内容精要、名著选读等内容。本书结合这些教育名家的成长经历，阐述了不同名著的理论内容和实践特色，批判继承了中外历史上进步的教育思想，对于提高读者的教育理论素养，提升教育工作者的教学水平和创新能力具有一定的借鉴意义。

20.《向教育名家学习教育智慧》

本书着重介绍了当代教育家的教育思想。中国是一个教育大国，理应对全人类的教育作出自己的贡献。在两千多年的历史文明进程中，中国也确实不断为世界教育的进步贡献自己的教育思想、教育制度和教育智慧。一九四九年以来，尤其是改革开放以来，中国教育发生了深刻变化，取得巨大成就，同时，也不断涌现出新的教育思想、新的改革成就和新时代的教育家。我国一大批教育专家学者上下求索、大胆实践，为教育发展出谋划策，为教育改革殚精竭虑。他们的学术思想和教育实践直接推动了我国的教育改革与发展，并将对今后的教育实践与研究继续产生深刻影响。

由于时间、经验的关系，本书在编写等方面，必定存在不足和错误之处，衷心希望各界读者、一线教师及教育界人士批评指正。

编者

目　录

第一章

比金子还珍贵的是忠诚

敬业，师德修养的起点

《敬业与乐业》是梁启超先生1922年对上海中华职业学校学生所作的演讲。虽然时间已经过去很久了，但梁先生所讲的内容对我们今天仍然很有教育意义：

（1）有业之必要：人人都要有职业，因为必先有业，才有可敬和可乐的主体。人人都要有正当职业，人人都要不断地劳作。

（2）敬的含义：凡做一件事，便忠于一件事，将全部精力集中到这件事上，一点不旁骛，便是敬。

（3）敬业的原因：人类一面为生活而劳动，一面也是为劳动而生活。只有敬才能把工作做到圆满。一个人对于自己的职业不敬，从学理方面说，便是亵渎职业之神圣；从事实方面说，一定会把事情做糟，结果自己害自己。

（4）敬业的表现：讲求素质。工作的过程要专注，尊重这份工作；工作的结果就是要完成这件事。

（5）敬业的方法：专心工作是敬业的态度和最基本的方法，唯一的秘诀就是忠实，在工作中应聚精会神地完成工作。

梁启超先生关于敬业的诠释启示我们，敬业并不是对教师的外在规定，敬业乃是要我们认识教师职业的价值与教师职业对于人生的神圣性，从而发自内心地热爱我们所从事的职业，找到职业的尊严感与职业对于个人的生命意义之所在，从而全身心地投入其中，创造教师职业生活的特殊价值。敬业乃是我们从事教师职业、做好教师职业的前提与基础。

我们先来看一个教育事例：

1976年底，17岁的邓大翠高中毕业。村支书来了，就像当年老师那样拉着她的手说："大翠，你是咱村里文化最高的人，你来村里的小学当老师吧！"邓大翠欣然接受了村支书的邀请，成为任丘市后赵村的一名小学老师。从那时起，"做最好最好的老师"就成为邓大翠老师终生的追求。

1998 年，邓大翠老师调离后赵村，如今已十几年过去了，但有心的村民们发现，邓大翠老师教过的孩子，如今都成为这个小村庄最有出息的年轻人。邓大翠老师教过的学生走入社会的有 90 多人，上大学的有 40 多人，上中学的有 50 多人。但无论是上学的还是已经工作的，他们的共同特点就是"永不言败，誓争一流"。

"学生从走进学校那一天起，便把一种沉甸甸的责任压在了教师的肩上。每个学生在学校生活学习的每一天都是他们走向社会、走向未来的一步，教师的责任，就是要使他们每一步都朝着幸福和成功前进，一路走好！"这是邓大翠老师教学笔记中的一句话。

有了这样一种沉甸甸的责任，在邓大翠老师眼里每一天都在重复发生的一些司空见惯的小事都显得那么重要。她要让学生从每一件小事中感受幸福和成功，使学生都主动地追求幸福和成功。

这是一个令人难以置信的事实：建校以来，学校每年举行运动会、歌咏比赛、文艺周、科技周等活动，每项比赛的第一名无一例外地落到了邓大翠老师带的班级。

邓大翠老师多次被评为模范教师、先进个人；连续 20 年被任丘市人民政府授予"模范班主任""优秀教师"称号；1998 年，被评为河北省特级教师；2001 年，被评为"全国模范教师"，这每一项荣誉，都向人们诉说着邓大翠"做最好最好的教师"的不凡历程。

邓大翠老师说："一个小学教师，如果跟班走的话，一生至多教三四百名学生，所以对于教师而言，每个学生都是一笔财富，教师没有理由不去热爱每一个学生，让他们都成为有用之才，成为最优秀的人！"

中国有 14 多亿人口，三四百人相对于 14 亿多，实在是一个微不足道的数字，但如果我们每一位教师都像邓大翠老师这样"让每一个学生都成为最优秀的人才"，那我们祖国的未来将会多么强大！

邓老师是我国中小学师德先进教师的一个代表，正是他们通过自己的辛勤劳动，培养了一批批国家各行各业急需的建设人才。每一所学校，每一间教室，每一名学生身旁，我们都可以看见他们的身影。这些从事着太阳底下最光辉事业的普通劳动者使我国亿万青少年走向了社会最需要他们的地方，从而赢得了人们"蜡烛""园丁""爸爸妈妈""领路人"的真心赞颂。

3

但是，应该指出的是，我国中小学教师队伍素质和水平存在差异。由于教师的个性、学识经验、理想、世界观、态度、工作环境等方面的差异，教师的教育教学工作体现在师德方面也有不同的水平和类型。甚至个别教师缺少对自己教育行为的基本约束，给教师队伍的整体形象造成了负面的影响。

2003 年，中国"西部农村地区基础教育课程改革实施困难及对策研究"调研小组，曾对广大西部地区教师敬业状况进行了详尽调查，我们不妨来看看他们的调查情况：

2004 年 9 月 15 日，我们在当地有关领导的支持下，深入某镇中心小学所辖的一所村校做调查研究。我们先到学校附近的村民家里了解教师工作的情况。一个村民（家长甲）支支吾吾地说："我们这儿的老师，大多数都负责，能把孩子管好！"

"那还是有不负责的吗？"我们问。

"这个……这个……"家长甲正支吾着，一个中年妇女（家长乙）走过来了，她非常气愤地说："你还不敢说！他做都做了，难道我们说不得？现在有些村小老师，简直是做一天和尚撞一天钟！"

"你能不能说仔细点儿？"

"说起来都是气！我家孩子的作业，好多回都是改错了的！"家长乙说。

这时，旁边一个年轻一点的妇女（家长丙）接过话头说："那还说得过去，哪个人没得错？我家孩子更倒霉，老师作业都不改。这回才考 30 多分！他的那个老师，经常让孩子们自己在教室里，他却跑到街上吃饭。哪一天都是上课铃响了才来，下课铃没有打又走了！"

"他吃饭也不用那么长时间呀，你说的是不是真的呀？"

"不是真的？"家长丙气愤地说，"听孩子们说，他是在网吧打游戏！现在科学发达了，可以在电脑上玩各种游戏，就把孩子们甩到一边了！"

"幸亏我家孩子运气还好！遇到个负责的老师！"一旁的家长丁微笑着说。

正在家长们议论纷纷的时候，一群小学生从院子前经过。我们赶紧上前问他们去哪儿。他们气喘吁吁地说，到中心校去上电脑课。

"你们老师呢?"

"老师让我们自己去。他在中心校等我们!"说着,他们便走了。

"你看这些孩子,成群结队地往街上走。在这里还没什么事,走到街上,马路上车多,万一遇到个三长两短,可怎么办呢?"一中年男子担心地说。

"老师为什么不带他们去?"我们问。

"老师嫌麻烦吗!他就在街上(中心校)等!"家长乙说。原来那群孩子中就有她的女儿,她说的那位老师就住在镇上。

"这个老师当真是做一天和尚撞一天钟!那天,我家孩子说,他们每次到中心校上电脑课,老师都带着他们,还喊他们注意马路上的车辆。"家长丁插话说。

面对此情此景,笔者的心被深深地刺痛着。爱岗敬业是对一切职业的共同要求、基本要求,教师自然也不例外。可是,个别教师居然用"做一天和尚撞一天钟"的态度来"爱岗敬业",这实在让人心痛!

敬业是事业成功的前提。一个人只有敬重自己的事业,才能热爱工作,开拓进取,取得成功。反之,一个人如果对自己的工作敷衍塞责,必然导致事业的惨败。

敬重自己的事业,需要做到忠于职守、专心致志、恒心如一、一丝不苟、保持理性。

1. 忠于职守

忠心耿耿地做好自己所担负的工作,把自己全部的信念、意志、精力、知识献给自己所从事的事业,这是敬业的最高境界,也是崇高思想道德品质的体现。

才能和本领只属于那些辛勤工作的人,权力和荣耀只属于那些埋头苦干的人。正是这些勤劳、努力、负责的人,在推动着历史车轮滚滚向前。

2. 专心致志

南宋朱熹在谈到什么是"敬业"时说:敬业者,专心致志以事其业也。"意思是说,敬业的人,就是专心致志地做他的工作。一个人如果总是这山望见那山高,不把自己的全部心思投入工作中,其结果常常是"竹篮打水一场空"。

孟子说："一日曝之，十日寒之，未有能生者也"。意思是说，一日曝晒，十日冰冻，就没有事物能够生存下去了。他又说："掘井九轫而不及泉，犹为弃井也"。意思是说，挖井数丈，如果不见有水冒出来就换地方，这口井就是一口废井。西方的学者也认为，与其花许多时间和精力去凿许多浅井，不如花同样的时间和精力专心致志地凿一口深井。在工作上专心致志，并不是不求上进，而是一种锲而不舍、全神贯注的追求。当然，这不仅要有魄力，而且要有定力去摆脱其他事物的诱惑，不为一切名利、权力而中途易辙。专心致志是一个人取得成功的重要条件。

3. 恒心如一

有位学者说："敬业需要注意两件事，即已着手之工作必须完成，已接受之事物务必坚持到底，恒心如一地为之。"俗话说："世上无难事，只怕有心人。"这个"有心"，就是有恒心，只要你有恒心，再难的事业也能取得成功；没有恒心，就会一事无成，再容易的事也会成为困难的事。一个人之所以成功，不是上天赐予的，是他日积月累自我塑造的，里面没有半点的侥幸心理。

哥白尼之所以成名，是因为他钻研天文学有一种持之以恒的决心；拿破仑之所以成功，是因为他对军事有一种持之以恒的决心；哥伦布之所以成名，是因为他对于新大陆的探索有一种持之以恒的决心；发明蒸汽机的瓦特、发明轮船的富尔顿、发明火车的斯蒂芬森，以及爱迪生、马可尼等无数成功人物之所以成名，都是因为他们对自己所从事的工作有一种特有的恒心。政治家、哲学家、文学家，也都是如此。

4. 一丝不苟

一丝不苟就是认真、细心地对待工作，不粗心大意。学者胡居仁认为，粗心是对事业的大不敬。他说："心粗最害事。心粗者，敬未至也。"我们一旦生存于世，无可避免地要负起职责，具备独当一面的能力。在自己的工作岗位上忠于职守，没有怨言，以一丝不苟、仔细认真的态度工作，才能高效地完成工作的每一个步骤。只要我们秉承认真负责的态度，终有一天会得到肯定与认同，赢得领导的赏识，为自己开创光明的前途。

5. 保持理性

生活中有许多这样的人，在寒冬腊月，由于怕冷想待在火炉旁或躺在被窝里，而不愿去从事正常的工作或活动；在盛夏酷暑，只想躲在荫凉处，而不愿去做自己应该完成的工作；在孤独寂寞时，只想去公共场

所凑热闹而不创作……这些都是不理性的行为。

在现实生活中有相当一部分人，没有树立正确的价值观，失去了信仰，失去了主见，言谈不负责任，行动随随便便，想干什么就干什么，在这个单位干上一年半载，又到那个单位干上一年半载。别人问他为什么经常跳槽，他便说，我觉着不顺心，我便跳槽，并没有太多的理由。就这样东干两天西干两天，始终没有定性，于是一生也就蹉跎过去了。

教师，敬重自己的职业吧！只有敬业，可能取得成功。

责任重于泰山

人活着，第一要紧的事是负责任。一个人不管才学高低，也不管能力大小，生活都会给你一个立足的位置。这位置在哪儿，对于成功来说并不重要，重要的是你要忠实地面对。不管是站在哪个位置上，你都没理由草草应付，你都必须尽心尽力。这既是对工作负责，也是对自己负责。

那么，教师的责任是什么呢？

海南省海口市第九小学校长兼党支部书记吴素秋认为，教师的责任重于泰山。因为责任，她用爱心召唤着学生；因为责任，她永未停止创新的脚步；因为责任，她带领全校师生走向了新的辉煌。她总是说，教书育人是世间一部很大很沉的词典，而"责任"是这部词典里最重的一页。

吴素秋班上有个姓苏的学生，由于父母离异，身心受到巨大伤害，精神几近崩溃。吴素秋看在眼里，急在心上。放学后，吴素秋几经周折来到这名学生家里，学生的父亲态度极为冷淡，但吴素秋仍是满腔热忱，耐心地做着他的思想工作。吴素秋数次登门，终于用她的一片诚心感动了这名学生的家长。有一天，吴素秋主动帮助这名学生家长做了一顿晚餐，然后坐下来与他们父子边吃饭边交谈。那晚，平日沉默寡言的学生笑了，孩子天真快乐的本性在老师爱心的召唤下开始复苏。学生的父亲面对孩子久违的笑脸，一时激动得

竟说不出话来。他紧紧地握着吴素秋的手,连声说:"谢谢!谢谢!"接着,吴素秋又找到学生的母亲,请求她常来学校看看孩子,多给孩子一些母爱。吴素秋的爱心与诚意,深深打动了这名学生的父母。学生母亲感慨地说:"真没有想到现在还有这么负责的老师。"现在,这名学生已大学毕业,成为社会的有用之才。

有位教师说:"教育既是一门科学,又是一门艺术,教师的劳动是自由的,具有独特的创造性,不应该受任何约束。"诚然,教师的劳动自由是教师职业的特性和意义所在,也是教师劳动创造性的保证。但这种自由与创造必须以承担教师的责任、履行教师的义务为前提。要当好教师,我们首先要承担教师的责任,最核心的就是教书育人,对学生负责。

"教育与人的发展"无疑是教育学最重要的主题之一,因为教育的其他功能和价值都建立在"人的发展"的基础上。蔡元培先生曾经说过:"要有良好的社会,必先有良好的个人;要有良好的个人,必先有良好的教育。"教育要促进作为个体的、活生生的、具体的人的发展,这是教育最重要、最核心的职能。人受教育的过程,主要是人的精神成长和理想实现的过程。精神生活的充实,理想世界的广阔,从本质上提升着人生的价值和意义,拓展着人生的快乐和幸福。正如肖川教授所说:"教育作为文化—心理过程的教育,所关注的是理想个体的生成与发展,它有这样两个相互制约、相互联结、相互规定、对立统一的基本点,那就是价值引导和自我构建。"无论是天真烂漫的小学生还是充满幻想和活力的中学生,他们身心的健康成长都离不开教师的价值引导。这意味着教师在尊重学生的意志自由和人格尊严的前提下,对学生的成长负有一定的责任,引导学生沿着正确的教育目标和方向发展,使他们学会认知、学会做事、学会共同生活、学会生存,成为具有创造力的灵性和激情,具有丰富的德性和人格,内心涌动着无限生命活力的完整的人。正如苏霍姆林斯基所说:"教师不仅是自己学科的教员,而且是学生的教育者、生活的导师和道德的引路人。"

总之,使每一个学生学会过美好的生活,成为能够创造并享受幸福生活的人,这是良好教育的目的。因为,个人的自由、群体的和谐、社会的公正、人类的福祉与尊严全系于良好的教育,教师的责任十分重大。

首先，恪守职责，让责任根植于广阔的教育天地中。

《中国教育报》刊载过这样一篇报道：

在太阳山上托起"小太阳"

村民们爱把邹有云比作"在太阳山上托起小太阳"的人。而邹有云和他的教学点就像太阳一样把光芒洒进每个学生的心底。

与学校住"门对门"的学生家长王春喜，每天都能看见邹老师是如何对待学生们的：小孩子上厕所他领着去，孩子年纪小，裤子系不好，他就耐心地帮他们把裤子系好。中午孩子们带饭来，他一份份地热好，招呼他们吃饭。哪个孩子没有饭，他就把自己的饭匀给学生吃。每逢河里涨水，早晨他就在河边守着，把孩子一个一个背过河来，下午放学又一个一个地背过去。看见邹老师这样照顾学生，我们这些家长心里好感动。"

另一个家长余复道说："30年来，邹老师每天带着村里几个小孩子一起翻山越岭，走十几里路上学，孩子跟着他，我们家长都放心。1983年我爱人得肝炎，要到县里治疗，大女儿要照顾弟弟和妹妹，有几天没去上学，邹老师三番五次来我家做工作，直到女儿又回学校读书。如果要我们说，像邹老师这样的老师，国家教育事业离不了，太阳山的父老乡亲也离不了。"

30年里，邹有云为太阳山上的"小太阳"们做出了很多努力：自己几次放弃了深圳等地高收入的就业机会，他的妻子周泽香在教学点当一名不领工资的"助教"。为医治小女儿的骨髓炎，家里欠下了6万多元的债务，至今家里连一台电视机都没有……去年小女儿以优异成绩考上了南昌大学应用化学系，今年儿子又被江西财经大学录取，在喜悦的同时，每年一万多元的学费又压在了这个经济拮据的教师头上。在亲戚和村民们的帮助下，今年的学费总算是解决了。

"还准备在太阳山一直坚持下去吗？"对于记者这样的提问，邹有云的回答肯定而坦然："只要这个教学点不撤，只要还有一个孩子读书，我就会坚持下去。"对于未来的生活，他也很乐观："两个孩子都说了，将来他们毕业工作了，家里的债务由他们来还。这就是儿女对我继续在这里教学的支持。我现在没有后顾之忧了，按照60岁退休算，还可以再教十年。"

邹有云——一名普通的山村教师，我国众多教师中的一员。而对太阳山的村民和学生来说，他就是太阳山的太阳。

邹有云老师30年如一日坚守太阳山，像太阳一样，把温暖的光芒洒进每个学生的心里。我们应该像邹有云老师那样恪守职责，全心全意履行教师的职责。

其次，尊重学生，让教育飘扬人性的旗帜。

以往的教育忽视了人的体验，忽略了生命的需要，没有把"人"放在重要的位置上，淡漠了对生活热情的需要，淡漠了对人的心灵和智慧的开发，淡漠了对人的情感和人格的陶冶。"忽如一夜春风来"，仿佛一夜之间，基础教育课程改革已从文本变革为行动，从理论走向了实践。转变教学观念，变革教学方式一下子成了每位教师的共识。于是，研讨课、交流课、展示课遍地开花。"自主、合作、探究"也成了每位教师耳熟能详的口头禅。然而，当我们醉心于别出心裁的教学设计时，当我们陶醉于集声、电、光于一体的多媒体教学情境时，我们应该扪心自问：对于既是"认知体"又是"生命体"的学生，我们是否给予了足够多的关注？

我们必须尊重学生的人格，站在"人"的高度来关注教育，关注学生的真实需求，把"人性""人情""人道"与"人文关怀"落实到具体的教育教学活动中，既要关注传授知识的量，又要关心学生在学习过程中的感受，善于将知识、能力、情感、态度、价值观作为一个整体融入具体的教学过程，让教育充满个性，充满人情。学生的成长离不开教师的人性关怀，尤其是那些在成长中出现问题、遇到困难的学生，我们应该给予他们更多的关爱，让他们在人性的光辉中健康成长。在这方面，北京第一师范学校附属小学的殷艳华老师的经验值得我们学习。

开学不久，燕的奶奶就找到我，讲了家中的变故。燕的父母要离婚了，母亲把他留给了父亲，自己搬走了。一下子失去母爱的燕感到十分孤单，常常无助地发呆，平时那天真的笑脸也不见了。无论怎样劝解，都无济于事，燕越来越消沉，奶奶很是着急。

听了燕奶奶的话，我的心情很沉重，因为燕原本就是一名学习上有困难的学生，现在又失去了母亲的关心和照料，今后的学习和生活可能会有更多的困难。我想：孩子现在最需要的是母亲般的关心和爱护，让老师用"爱"来温暖他那颗受伤的心。

从此，我把他视为自己的孩子，无论是学习还是生活都用心去呵护他。课上，我有意识地关注他的一举一动：每当他目光呆滞时，我会悄悄地走到他的身边，一边讲课，一边轻轻地抚摸他的头，给他以暗示；每当他左顾右盼时，我会轻轻拍拍他的肩膀，提醒他专心学习；每当他遇到困难时，我会放慢速度，帮助他慢慢领悟。课下，我时常抽时间把他拉到身边，问寒问暖，帮他整整衣服，理理头发。

渐渐地，燕恢复了往日的笑容，重新绽开了笑脸。看着他一天天开朗起来，我时常表扬他，无论是一次主动的举手，还是一次有进步的作业，我都给予他充分的肯定："你进步真大。你越来越可爱了。"他越来越爱说笑了，看着他那蹦蹦跳跳的快乐样子，我内心无比欣慰。

最后，提升素质，让师生在创新中共同成长。

一位教师能否承担道德责任，与其专业素养密切相关。从孔子、陶行知，到今天的许多优秀教师，他们之所以能够取得非凡的教育成就，无不与他们所具有的专业素养密切相关。现代教育生活本身的更新，促进了教师职业角色的多元化，使教师职业道德的内涵不断生长、日益丰富，由此而催生和锤炼出我们这个时代的优秀师德品格。叶澜教授在《教师角色与教师发展新探》一书中精辟地指出："没有教师生命质量的提升，就很难有高的教育质量；没有教师精神的解放，就很难有学生精神的解放；没有教师的主动发展，就很难有学生的主动发展；没有教师的教育创造，就很难有学生的创造精神。"又如《学会生存》一书中所说："教师的职责已经越来越少地传递知识，而越来越多地激励思考，教师将越来越成为一位顾问、一位交换意见的参加者、一位帮助发现矛盾论点，而不是拿出现成真理的人。他必须集中更多时间和精力去从事那些有效果的和有创造性的活动，比如互相影响、讨论、激励、了解、鼓舞"。因此，我们应该树立终身学习的思想，具有勇于创新、不断进取的精神，严谨笃学，与时俱进，不断提高自己的专业素质。

新的课程改革带来了教育理念、内容、方式方法等方面很大的变化，给教师的创造性工作提供了更广阔的空间。新课程背景中如何扮演教师的角色？怎样开发利用课程资源？如何指导学生自主、探究、合作学习？在大班额情况下如何照顾所有学生，实行因材施教……这些问题都没有

现成的答案，需要我们去探索，去研究。倘若我们能够确立以学生发展为本的教育理念，针对教育教学的实际问题，坚持总结、反思和自主探究，不断形成新的实践创意，改进教育行为，优化教育教学效果，就能不断成长为研究型教师。只有教师科研素质的提高，才会有科研质量的提高，才会有教学质量的提高，教学活动才能真正显示出旺盛的生命力。

总之，教师的特殊角色及其职业特征，要求其人格和行为必须具有榜样示范作用，必须对学生的成长有积极影响、正确引导的责任。这不仅要求教师有负责任的态度，还需要具有负责任的能力。师德与师能相辅相成，不可或缺。一位教育教学能力不合格的教师，不可能承担起教书育人的道德责任；一位优秀的教师一定是一位德艺双馨的教育楷模。

比金子还珍贵的是忠诚

如果我们把勤奋和智慧看作金子那样珍贵，那么比金子还珍贵的就是忠诚。

忠诚自古以来就是一种美德。忠诚于自己的祖国，忠诚于自己的信念，忠诚于自己的组织，忠诚于自己所爱的人，古今中外有无数这样令人可歌可泣的故事。如关羽千里走单骑，过五关斩六将，历经千辛万苦，也要回到故主麾下，从而成了忠义的象征。

忠诚的美德对于教师来说，同样弥足珍贵。

下面这位教师的经历就是最好的例证：

多年来，他走了4所村学，修了4所村学，以校为家，爱生如子，别人做不到的，他做到了，别人做得到的，他做得更好，用自己的忠诚和爱心谱写了平凡而辉煌的生命之歌。他就是全国模范教师、甘肃陇西县双泉乡村学教师史振荣。

艰苦创业见精神

1974 年，史振荣高中毕业后回到了生他、养他的家乡，走进了

双泉乡胡家门村学的校门。从此，他把火热的青春献给了教育事业。

1976年，他去西坪社办学。没有教室，就借村里的一间看场房；没有桌凳，就拿来自家的炕桌……八九个孩子围在看场房的热炕上，认真地听史老师讲语文、教数学，讲许许多多大山外的新鲜事，世代没有学堂的西坪社从此有了读书声。1978年，他又服从组织的安排，来到了大梅湾村学，这里有一间不小的教室，但就是没有一张桌凳。他便提上篮子，逐家挨户收集废纸，然后泡成纸浆，亲动手做了10套纸浆桌凳。

后来，在汪家庄村学时，他又着手改善教学条件。为了筹措资金，他跑政府，踏遍全村人的门槛；又说服家人拿出积攒多年的2 000多元血汗钱，终于使汪家庄村学成了大山深处最惹眼的一道景观。

呕心沥血育桃李

"改善办学条件仅仅是前期目标，而大面积提高教育教学质量，以一流的质量赢得家长和社会的信任，才是我的根本目标。"这是史振荣老师从教多年时刻奉行的信条。为此，他细致地研究教学的每一个环节，自然地调节好"动"与"静"，讲授与复习、互相帮改等矛盾，使学校有条不紊地运转着。

为了培养学生良好的品德，他带领学生进行各种实践活动：到田间看农民劳作、教学生在田地劳作、举行升国旗仪式等。通过这些事，培养学生高尚的道德品质和集体主义思想。

史振荣老师不仅注重实践经验，而且还深钻细研新教法，努力学习教育学等，并创造性地运用到自己的复式教学中，以"愉快教学法"和"情境教学法"为贯穿课堂的主线，创造了复式班"引导教学法"，对不同年级的教学内容进行合理安排，相互衔接，并撰写了相关论文。

爱是教育之本，是成功之源。史振荣老师从不区别对待那些顽皮的学生，而是对他们充满爱心。而孩子们也深深地爱着自己的老师。

浓笔重彩写人生

1996年，史振荣老师荣获了"曾宪梓教育基金会"民办教师二等奖。虽然自己工资只有85元，家里负债2 300余元，可他仍然决

定把奖金全部捐献给教育和社会慈善事业。后来，他又拿出 *1* 万元修建教室。

另外，史振荣老师还关心、资助贫困学生，不仅免收一些贫困生的学杂费，而且自己还出钱资助他们。

走进生命的辉煌

多年来，史振荣这位陇西北部山区的普通村学教师，集校长、主任、科研教师、辅导员于一身，在艰苦的教学环境里不为金钱所诱惑，不畏生活之困顿，矢志不渝，把一腔热血全部倾注到山区孩子的身上，以自己几十元的月薪和勤劳的双手把一所村学改造成"六配套"学校。近几年，他教出来的学生在学区统测中一直名列前茅，全村学龄儿童的入学率、巩固率都保持 *100%*。

史振荣老师被越来越多的人熟知后，许多条件优质的学校，甚至民办企业都邀请他去工作，但他不为所动。他说："我要忠诚于我热爱的这份教育事业，也要忠诚于山区的孩子们。"

"没有条件，创造条件也要上"，这就是史振荣老师改善办学条件的精神。而这种精神正是源于史振荣老师对教育事业的深深热爱和忠诚，这份爱和忠诚促使他克服各种各样的困难，改善办学条件；也促使他设法提高教学质量，尽心关爱每一名学生。而他所取得的一切成就是他热爱教育、忠诚农村教育的最好的证明。

当一个人走自己认为正确的道路时，不一定会得到别人的支持。消除别人的消极因素，往往要花很多精力，也会有很大的压力。所以，一个人要长久地保持忠诚，所遇到的最大障碍在于忠诚并不会立即带来最大的收益。

值得庆幸的是，忠诚具有自我挽救的功能。史振荣老师的故事告诉我们，忠诚能够巩固、健全你的品格，使你淡泊名利，不为自己的虚名而担忧。所以，大凡成功之人都是敢作敢当的人。如果你由衷地相信自己的品格，确定自己是个诚实可信、和善、谨慎的人，内心就会生出一种非凡的勇气。

忠诚的人是幸福的，因为他们能够得到两种报酬。

第一，他们通常能够在工作中获得最大的报酬——自我满足、自我

尊重。这是无价的报酬，是每时每刻都伴随他们的精神力量。忠诚的人没有苦恼，也不会因为情绪的波动而困惑，因为忠诚是生命的润滑剂。

忠诚是人类最重要的美德之一。忠实于自己的事业、自己的单位，与同事们同舟共济，共赴艰难，就能获得一种集体的力量，人生就会变得更加饱满，事业就会更有成就感，工作也将成为人生的一种享受。

第二，如果以一生的平均劳动计算的话，忠诚的人实际上获得了更大的经济报酬。当一个人忠于职守，他所创造的财富，远远比那些只为金钱而工作的人多。

当你获得了忠诚的美誉后，你的优势就会小分明显。因此，不管你从事教育事业还是其他职业，都会有很多企业或单位优先聘用你。而那些不够忠诚的人，终将被解雇。而且，忠诚能够促使你比别人更加尽力，更加愿意为别人付出。这样，你的工作能力将不断得到提高，从而使你更能胜任这份工作，并因此获得比别人更多的报酬和更高的职位。

所以，作为教师，如果你想成功，就必须养成忠诚的品德，因为忠诚能够帮助你达到目标，能够使你的意志更加坚定，从而改掉这山望着那山高的坏习惯，忠诚还可以帮助你持之以恒、坚定不移、全力以赴地向着你的人生目标奋进！

勤奋是通往荣誉圣殿的必经之路

青年教师的成长，大都离不开各级各类的教育评比。应该说，在竞赛中锤炼青年教师并让优秀青年教师脱颖而出，这是好事。辩证法告诉我们，好事也会带来坏现象，论文请人捉刀、赛课请人设计、通过关系笼络评委的事情，真实地存在于现实之中，并且，这种不公正、不公平的现象还会在今后一段时间内继续下去。

我只想对教师们说，请不要羡慕这种捷径式的"成功"——"天下没有免费的午餐"，走了这条虚浮之路的人付出的代价是浮夸和虚肿，患上这种病的人，注定行而不远。

有一个人看到一只奋力想从茧中挣脱出来的蝴蝶，由于茧的口太小，它努力了很久，还是进展甚微。这个人以为蝴蝶被卡住了，就拿来剪刀，把口子剪大一点。蝴蝶终于出来了，但是它的翅膀又干又小，身躯也是干瘪的。那个人不知道，蝴蝶从茧中挣脱出来的时候，会分泌体液，使翅膀丰满，没有这个过程，它就无法拥有丰满的翅膀，无法飞翔。这个人的善心帮了倒忙，这只蝴蝶再也飞不起来了，只能颤巍巍地爬行一生。

法国作家小仲马当年写东西总是碰壁，他的父亲大仲马对儿子说，如果你在信里说一句"我是大仲马的儿子"，情况或许就变了。小仲马始终没有这么做，他起了小多个笔名，以防别人把他和父亲联系起来。后来小仲马以一部荡气回肠的《茶花女》倾倒文坛，老编辑后来得知他是大仲马的儿子，问他为什么不早说。小仲马说："我只想拥有真实的高度。"如果当年小仲马借助父亲的声名，那么今天我们就无法听到"小仲马"这个伟大的名字。因为"捷径"会消磨人的斗志，迅速而可怕地滋长人的惰性，惰性一扩张，事业的丧钟也就敲响了。

很多走了"捷径"的教师，实际上是踩在了"荣誉"的高跷上，看似高了，其实再也跑不起来了。只有靠自己的力量成长，历经失败的磨难与挫折后获得的成功，才甘醇永久。

像游泳，只有靠自己游出水面的人，才是真正会游泳的人，那些依靠救生圈在水面上"自由"嬉戏的人，身边实际上潜藏着巨大的危险。靠自己的力量成长起来的人，才能真正走向成功的辉煌。钱可以借，但教育是学问、是研究，它无法借，也不可以给。借助外在力量成长的人，没有属于自己的真实高度的人，就像缠绕着树爬高的藤，一旦树倒，藤只好偃卧在地。

那么，如何借助自己的力量成长呢？

没有任何捷径，就是两个字：

勤奋。

据说，古罗马有两座圣殿，一座是勤奋的圣殿，一座是荣誉的圣殿。他们在安排座位时有一个顺序，即必须经过前者的座位，才能达到后者。在古罗马人看来，勤奋是通往荣誉圣殿的必经之路。

"天才来自勤奋。"几乎所有的成功人士都认可这一说法。鲁迅先生

就曾说过，他是将饭后喝咖啡的时间都用来写作了，因此他才能成为中国的文学巨人。

也有人说，鲁迅是天生奇才，智力超群，别人怎么能比？其实不然。大多数人的智力水平相差不多，区别仅在于是否真正的勤奋。

勤奋是一种美好的品德，品德比金钱和能力更重要，当你具备了勤奋美德的同时，你就拥有了"财富"。

海恩·泽曼说："努力吧，年轻人！当你周围的人通过种种欺诈手段和不忠行为而暴富起来的时候，当其他的人摇尾乞怜，一心向上爬的时候，你要保持自己的尊严和清白，不要同流合污；当有的人靠阿谀奉承换来一个又一个'成就'的时候，你要善于保持内心的宁静，不要因他人的这些成就而痛苦；当你看到有些人为了名利像狗一样爬行的时候，你要能顶住世俗的压力，敢于特立独行，出淤泥而不染。要修炼成品德高尚的人，一定要专心致志、持之以恒。你应该和志同道合的朋友生活在一起，凭自己的汗水和双手去赚得面包。岁月慢慢地染白了你的头发，但你的品德却在几十年的风尘岁月中一尘不染，此时时刻，面对上帝的召唤，你可以心地坦然地向上帝祷告，心地清白地死去！"

教师们，请你记得，以道德和良心为代价换取暂时成功的人是一群误入歧途的人，如果对他们的行为举止加以规范，他们很快就会失去苦心积虑夺取的东西。多少贪官污吏终因东窗事发而被绳之以法，多少贪图安逸的心术不正之徒逐渐走向堕落，而只有那些勤奋工作，"凭自己的汗水和双手去赚得面包"的人，才能享受人生的真正乐趣，才是社会财富真正的创造者。

这样说似乎有些唱高调，用平实的语言来说，只有你能够勤奋、热情而又尽心尽力地去工作，你的每一项能力才能得到不断锻炼，你才能精通自己从事的教育教学工作，所有的通道才能都向你敞开，并且不会再有人拒绝你，世界也会为你喝彩。

人们羡慕那些杰出人士所具有的创造能力、决策能力以及敏锐的洞察力。但是他们并非一开始就拥有这种天赋，而是在长期辛勤的工作中逐渐积累和学习到的。在工作中他们学会了了解自我、发现自我，使自己的潜力得到充分的发挥。只有投入才有产出，这是一条亘古不变的宇宙法则。

在现实中，我们稍加留意，就可以发现很多人把投入与产出的因果

关系颠倒了，他们希望能够有了"收获"以后，才决定去努力工作。比如，有人说："如果给我涨工资，我一定做好每一天的工作！"可是，只有自己努力工作，期待的事情才会如约而至。这就是"先工作，后收获"的规律。

　　无论你在生活中从事教师还是其他工作，你都要把它当作一项伟大的工作。很多人只是把工作当作谋生的权宜之计，这是一种非常庸俗和狭隘的观点。实际上，你所从事的工作是一所生活的学校、品质的开发者、性格的创造者。我们需要工作，它不仅仅是衣食的来源，更是精神的寄托、理想的实现途径。因此，我们应该勤奋地工作，更好地开发出我们蕴涵的才华。我们不能遇到工作的难题就退缩，故意逃避学习的机会。因为社会恰恰就是通过设置这样的障碍帮助我们成长、推动我们成功的。是要先投入再产生，还是等有了产出再投入？是先有鸡，还是先有蛋？这类问题，永远有说不清的理由，永远也得不出确切的答案。许多人就是在这类问题上纠缠不清，浪费了大好的时光。是等到有了条件再开始工作，还是边干边筹备条件？笔者的观点是："不管是鸡还是蛋，如果是鸡，就快下蛋；如果是蛋，就快变成鸡！"

　　笔者非常赞同一位企业家的观点，他说："在社会上最终取得成功的只有两种人。一种是聪明加勤奋的人，另一种是比别人更勤奋的人。仅仅聪明而不努力的人，往往是不会成功的。"

　　每个教师都应该从中获得教益。

要么不做，要做就用心做好

　　有一个叫李华利的人，他是一名毫不起眼的理发师。

　　他的理发店也在街角最不起眼的地方。但却总是顾客盈门。理由很简单：这里有一位很好的理发师。他总能把顾客的头发剪出最好的效果。如果能够拥有一个好发型和一份好心情，在路上多花一点时间又有什么关系呢？不仅如此，他的客人还向自己的家人和朋友推荐这家理发店。久而久之，李华利的理发店名声大振，成为这个城市首屈一指的理发店。

在这个过程中，李华利招收了一批小学徒。在每次教授技艺的时候，李华利总是不忘说这样一句话：记住，每一剪剪下去都要负责任。这句话也是在李华利正式做学徒的那一天师傅对他说的第一句话。

因为这句话，李华利对工作的态度近乎偏执。有一次，一位商人来店里理发，李华利告诉对方，剪发大概要用 40 分钟的时间。对方没有异议。可是，剪到 30 分钟的时候，这位顾客突然接到一个电话，得马上走。李华利坚持说：必须把头发剪完才能走，不然的话，会影响到整体的效果。顾客很生气，但是李华利仍然不肯让他走，并且再三强调要对自己的工作负责。顾客没有办法，只能留在店里把头发剪完。

半年后，那位顾客又来了，他笑眯眯地对李华利说："上次因为在你这里剪头发而耽误了生意，我曾发誓再也不来这里剪发了。但后来发现其他理发店剪出来的效果都没有这里好。现在，我和我的朋友们只认你这一家理发店。"

口碑效应真的很大。李华利的工作责任心获得了一致好评，他已经成为理发行业的一个榜样。如果仅从感觉上判断，你一定很难想到这样一个老实内向、性格淳朴的小人物居然是理发界的名师。不错，他身材偏小，长相平凡，没有很好的口才，也没有超凡的才能，曾经被很多人认为"不可能有大的出息"。但是，他却取得了令人自豪的成就。

品质是决定成功的基石，这句话对李华利来说是如此，对教师来说也是如此。

曾在网上见过这样两篇文章，我们不妨先来看看。

文章一：

当老师太难了，长大后切莫做教师

女儿今年 7 岁了，没上学时，客厅的墙壁上就给她挂了一块黑板，在玩耍之后，她就在黑板上乱涂乱画。女儿上学后，就常常在黑板上写字或者画画，有时还学着老师的样子让我和妻子端端正正地坐着当她的学生，以此来过过教师瘾。我们乐意配合女儿，毕竟这也不失为复习当天所学知识的好办法。女儿过生日许愿的时候，神秘兮兮地对我爱人说："长大以后要当教师。"看着女儿灿烂、稚嫩的笑脸，我无语，心里为之一痛，心里只想对女儿说："女儿，长大后切莫做教师。"

1. "光环"的彩晕会让你责无旁贷

有人说："教师是人类灵魂的工程师。"这是教师乃至工程师至高无上的荣誉，但重要的不是你是不是工程师，而是"人类灵魂"这一修饰词会成为衡量教师的尺码，它用一种无形的标尺去监督教师、去支配教师、去评估教师、去评判教师。谁不想有个好日子过，谁不想过得平安、舒心？女儿啊，只要你选择了教师这种职业，你就必须尽职尽责，用你一生的力量和精力才能为祖国培育出更多的人才和社会主义事业的接班人和后备力量。否则你就可能是个平庸的人，甚至会误人子弟！你只要选择了教师这个行业，就不能仅仅把它看成你求生存的一种职业，而要把它看成像你生命一样珍贵的事业！你不可能像其他人一样想哭就哭，你不可能像其他人一样想骂就骂，你必须为人师表，做学生的楷模和榜样。你有苦可以向家人诉说，但任何时候都要面对学生微笑。无论你的生活有多少暴风骤雨，你都要给学生以风和日丽的灿烂晴空。否则你就不配做人类灵魂的工程师！女儿，你能做到吗？

有人说："教师的职业是太阳底下最光辉的职业"，光辉与否不是教师说了就算的，是非成败自有他人评说。但它首先是一种职业，是教师赖以生存的职业，也是决定一个民族、国家能否振兴与腾飞的事业。这是对教师职业的一种赞赏和认同，但这也包含人们对教师的期待和评价。女儿，你要是选择了教师这一职业，你就不能介意人们对你的期望太高、要求太高，你就必须在太阳底下兢兢业业、踏踏实实、勤勤恳恳、呕心沥血地去尽自己最大的努力、一生的努力去做！因为教育事业在人们眼中是光辉的，所以你就不必介意教师的生活是否光彩，哪怕你生活在无人关怀、无人问津的黑暗角落里，你也不能有太多的怨言和牢骚，因为光环的彩晕会让你的生命熠熠生辉。女儿，天真烂漫、率直任性的你能接受得了吗？

2. 工作的繁重会压垮你稚弱的双肩

有一名教育行政领导在高考总结会上曾这样形容他们那里的班主任老师工作"起得比鸡早，睡得比狗晚，吃得比猪差，干得比牛累。"这样的话可能有些夸大其词，但说明了一个问题，那就是教师的工作确实很辛苦。

有人说："教师不仅仅要把教育当成自己的职业，更要当成自

己的事业。"所以有人说："教师的责任重于泰山。"

还有人对教师提出了更高的要求："要想学生有一碗水，教师必须要有一桶水。"为能让不同层次的学生接受枯燥的知识，教师必须尽自己最大的努力，付出百分之二百的努力，让学生最大限度地接受知识，更要想法子培养学生的能力，这样才能无愧于己，无愧于人！

在升学任务的重压之下，有哪个学校领导胆敢放松对学生的要求、对教师的要求？所以，战斗在第一线的教师要率先肩负起学生的明天，为学生的未来铺路。总有人认为教师一天只上两节课，是非常轻松的事情，但事实是教师除每天上课外还要备课、批改作业、批阅试卷、找学生谈心、了解学生的思想动态和生活情况。有时还要陪同患病的学生去医院检查，在工作之余还要参加各种各样的会议，撰写教育论文，参加教育培训，等等。教师轻松吗？女儿，你可知道有多少教师病倒在讲台，有多少教师累倒在讲台！有人羡慕教师一年有两个假期，但这是教育规律的需要，是学生健康发展的需要。假期中又有多少教师在闲着呢？他们要忙着充电，疲于一年一度的考核和聘任，忙于假期中的理论学习和业务培训，教师到底有多少可以休息的日子，大概只有教师自己知道。

当班主任的教师更要起早贪黑、顶风冒雨、无微不至地去关心学生、爱护学生，要及时发现并解决学生中存在的问题，要督促学生起床，要督促最后一个学生入睡，还要认真处理班中所发生的每一件事情。有时连吃饭都顾不上，更谈不上休息的时间了。女儿，这种繁重的工作，你能喘息自如吗？

3. 沉重的舆论监督，会压得你喘不过气来

一个人选择从事教育这个职业的时候，就选择了义不容辞的责任，也就有了社会的监督、舆论的监督和道德的约束，你能逃避吗？做教师的人需要有董存瑞的勇气，有邱少云的毅力，需要有敢于面对、克服困难的勇气和坚忍不拔的毅力。女儿，你知道吗？做教师是需要强大的心理承受能力的，自从踏进学校的这一天，你的身上就背负了巨大的压力。

毕竟教师是人，不是神，还没有升华到无欲无念的至高境界。教师也会犯错误，特别是恨铁不成钢时会有一些过激的言辞和行为，初衷是好的，目的是能让学生更加刻苦学习，去理解父母之不易、

去理解自己能有个光辉灿烂的明天需要加倍地努力。但教师是无奈的，无奈的是不能把握好教育惩罚和教育体罚之间的界限和尺度，往往是好的初衷，却出现坏的结果，招致众人的不理解、领导的批评、家长的声讨、社会舆论的谴责。

教师的一言一行都会受到社会、家庭、学校、学生的关注，教师要对学生负责、对社会负责，当教师在特别"关心"学生的同时，也会受到社会的特别关注。所以，女儿你如选择了教师这一行，你就不能逃避社会对你的监督，甚至谴责。教育是个复杂的课题，不是你一时激动就能做好的，需要细水长流，需要循序渐进，需要细嚼慢咽。女儿，当你选择教师这个职业的时候，就不要埋怨舆论的监督会压得你喘不过气来。

4.名目繁多的评估机制会让你无所适从

女儿，你可知道，从事教育的都是有文化的人啊，所以教育行政人员特别是领导者制定的规章制度与其他行业相比更规范、更完整啊！现在大多数学校都实行封闭式管理，同时教师也在被紧紧地捆绑着。

每月一次的备课检查、作业批改检查、作业批改手册检查、听课记录检查、理论学习笔记检查、试卷批阅检查、边缘生帮扶检查，还有每月一次的学生评教调查，再加上学期量化、年终评估、年终考核等，时时绷紧了教师的神经，教师一刻也不能放松！领导的信念是：过失决定一切！也有道理。女儿，贪玩任性又没吃过苦的你能撑得住吗？

女儿，前人说过"家有五斗粮，不当孩子王"！你大概不知道吧，这是因为前人看不起教师这个职业。但现在的教师更加辛苦，咱们应向他们致以崇高的敬礼！

女儿，当教师太不容易了，咱不做教师好吗？

文章二：

女儿，希望你长大后做教师

看了网友的文章《女儿，长大切莫做教师》，忽然想起了自己小时候也如他的小女儿一样，喜欢和小伙伴们找来一块木板，刷上墨汁，弄来几个粉笔头在上面写写画画，聚在一起轮着做老师、学生；还会找来自己正在用来练习的本子，批批改改，在家里"偷偷"地过过"老师瘾"……这几乎是每个女孩子在童年乃至少年时都很乐于玩的一种游戏，可是到最后却很少有人继续着最初的梦想。

因为叛逆，因为厌倦；因为做了太长时间的学生、看腻了那张"换汤不换药"的脸；因为不是所有的教师都循循善诱，因为越来越多的教师有着度数不一的"势利眼"。但我还是想对自己的女儿说："女儿，妈妈希望你长大后做教师！"

1. 环境幽雅，活到老、学到老

"社会是个大熔炉"，一点没错。无论是怎样的人，到社会上行走一遭后，都会有所改变。在社会上，男人对女人的谦让是有代价、有限度的，社会这个竞技场上，性别绝不可能成为任何通行证。而女人的压力往往要大过男人好多倍，许多用人单位的要求都会清晰的写明"男士优先"，即便是录取了，也可能面临不公和不平……可校园内部环境却不一样，虽然也有竞争、有压力，但却少了许多社会上的"硝烟"，只要肯努力，一定能有所收获。现在越来越多的人在追求高学历，"知识就是力量"的观念也已经深入人心，教师的地位在逐步升高。教师每天接触的是最单纯的人群——学生。因此，教师的费心是操心，像家长对孩子那样，而不是社会上的尔虞我诈、勾心斗角。况且，教师大部分只是刚开始没太多经验时较累，时间一长，都会得心应手。此外，还可以利用双休日、寒暑假读读书、上上网，吸收一下三尺讲台之外的知识，何乐而不为呢？

2. 赢取尊重，享受"桃李满天下"

不论怎么讲，社会上尊重教师的人要多于看轻教师的人。对教师的尊重，的确有一部分是别人给的，但更多的是教师自己争取到的。不管别人怎么说，你首先要问问自己，所谓的"为人师表"你是否真的做到了？或许有些学校对教师的要求苛刻了一点，但是，如果教师不从自己做起，学生、家长怎么会服气？学校的升学率从何而来？教师，就是要严于律己、以身作则，这样的教师才是好教师，这样的教师才能带出好的班集体："没有规矩，不成方圆"，生活受到点限制没有什么不好，不论是对自己还是对他人。

教师传授知识过程中的辛苦是不言而喻的，但也是一个快乐的过程。首先，你有了很多的听众，通过你的讲授，学生们每天都在成长，

并且学到了新的知识；送走了一批又一批学生，几年后，你或许可以骄傲地说某某公司的经理是我的学生，某某医院的主任医师是我曾经教过的一个班长……我想，没有什么比这更值得高兴的了。你可以拥有许多个朋友、许多个孩子。而他们对你的感情是只增不减的，不是放在嘴边，而是深藏于心。

3. 永葆童心，走在社会的最前沿

教师最可贵的就是拥有一颗不老的童心。不管你是30岁还是50岁，如果你能在课余时间和学生们聊上几句时下最流行的游戏或流行歌曲，一定比你在课堂上死命地、语重心长地说教在学生们心里的影响力大。学生们和教师相处的时间要多于父母，他们很想和老师走近，却又有那么多老师不论课上课下，总是那么一板一眼，这就是为什么那么多老师费力却不讨好。学生是有思想的，大道理想想都懂，说多了他们会烦。

做个思想时尚的教师，跳出你为自己设置的框框，课下多和你的学生们交流；听听他们的思想，看看他们对待问题的方式，恰当地更新自己的思想。

4. 意外收获，为自己存些"私房钱"

教师虽然工资不高，但足够维持生活。况且还有和学生们一样的假期。如果工作很累，可以利用寒暑假等时间好好调整一下，而不用像其他工作岗位那样要经过层层请假批准后才能休息。

教师这个岗位累、枯燥，但有谁能受到如此这般的尊重呢？

所以，女儿，妈妈希望你长大后做教师。生存，本身就是一种压力。看你怎么看待它，而教师，它是一种高尚的职业，看你怎么去做。当然，妈妈不会为你做决定，如果你要做教师，就用心做一个好教师。不要忘记你做学生时的期待，做一个真正的"伯乐"，平等、耐心而又真诚地对待你的每一个学生。

从两篇文章不难看出，两位作者用以说服"女儿"去选择或不选择教师职业的理由，其实质都是对这一职业的代价与收益，责任与权利，利与弊，付出与回报的分析。第二篇文章的主要内容是分析教师的收益。关于"收益"，首先提到的是收入，逐步提高的社会地位、双休日、寒暑假、较为单纯的人际关系等；其次是来自学生的尊重；再次是较为满意的收入；最后是幸福的家庭生活。关于应该付出的，作者也有明确的陈述："教师，就是要严于律己、以身作则"，教师还必须接受"传授知识过程的辛苦"，还要不断地更新思想，要善于积累和总结经验，要"平等、耐心而又真诚地对待你的每一个学生"，等等。最后，作者关于"如果你要做教师，就用心做一个好教师"的期望和要求，可以看作一个教师本身对于自己的要求，也反映了社会对优秀教师的呼唤。

与第二篇文章所表达的观点相似，很多网友也表达了对教师职业的积极肯定的态度。这里列举几例如下：

教师仍然是最受欢迎的职业。如今的教师究竟怎么样？教师的职业还受欢迎吗？回答应该是肯定的！教师的职业仍然是最受欢迎的职业之一，是最崇高的职业之一。

给新教师的建议：勇担责任是正确的选择。刚刚参加工作的年轻教师，你憧憬着期盼着做学生喜欢的老师。年轻人工作热情高，精力充沛，你肯定会愉快地接受学校的安排——做一名光荣的班主任。你会感到肩上的担子很重，你也听说过班主任工作的辛苦，可是你坚信"梅花香自苦寒来"，接受锻炼，勇担重任是你正确的选择。

教师情结：改变就在转瞬间，在学生的记忆中远足。在我离开大学校园的时候，我应聘材料的第一页就是我的"教师资格证"。以前的朋友们知道我就要成为一名教师时，都很惊讶，他们问我是什么使我改变了。什么使我改变了，我也不知道，也许只是时间吧。

如果说以第一篇文章为代表的观点概括了教师应该和已经付出的最大努力，并呼唤应该得到的最基本的利益，那么，以第二篇文章为代表的观点则强调了教师应该付出的最小努力和可能得到的最大收益。仔细阅读这两篇文章，再结合其他人提出的观点，我们就会发现，当教师自己对这一职业的代价和收益、付出和回报进行分析时，他们对于目前的物质待遇条件基本上还是满意的，而对于与这一职业相联系的某些"特殊待遇"如假期、双休日、相对稳定的工作环境等都看作是一种有价值的收益或回报，这也是后一篇文章的作者用以说服"女儿"去做教师的重要依据和理由；对教师所不满意的，主要在于精神方面，特别是来自管理者、社会对于教师必要的尊重和信任。

任何一种职业，都必须为从事这一职业的人提供足够的外在理由和内在理由，都必须为从业者基本需要的满足提供条件和保障，并尽量多地满足从业者多方面的需要，才能吸引更多的有资格的人来从事这一职业。一种职业能够满足从业者的需要越多，则这种职业越有吸引力；一种职业越有吸引力，则所提出的高标准的要求越容易被接受和执行。如果一种职业的要求远远高于所给予的条件、责任远远大于权利，那么，这一职业的从业者，如果有其他选择，就很有可能离开这一职业。从所引用两篇文章作者的分析看，教师这一职业，在我国目前条件下，已经为从业者提供了起码的外在理由和内在理由，在一定程度上满足了从业者多方面的需要。即使某些重要的需要尚未得到满足，那也是正常的，因为任何一种职业，都不可能完全为从业者创造出理想化的环境和条件。总之，教师虽然不是实现个人价值和社会价值的最理想的职业，但是它为从事这一职业的人实现个人价值和社会价值提供了必要的条件。把后一篇文章作者关于"如果你要做教师，就用心做一个好教师"的要求略加修改，我们不妨这样认为：要么不做教师，既然做了，就要用心做好。

教师们，请三思！

全力以赴，追求完美

美国作家威廉·埃勒里·钱宁说："劳动可以促进人们思考。一个人不管从事哪种职业，他都应该尽心尽责，尽自己最大的努力，求得不断地进步。只有这样，追求完美的念头才会在我们的头脑中变得根深蒂固。"

在美国某个城市，有一位先生搭了一部出租车要到某个地点。这位乘客上了车，发现这辆车不只外观光鲜亮丽而已，司机先生服装整齐，车内的布置亦十分典雅。车子一发动，司机很热心地问车内的温度是否适合？又问他要不要听音乐或是收音机？

车上还有早报及当期的杂志，前面是一个小冰箱，冰箱中的果汁及可乐如果有需要，也可以自行取用，如果想喝热咖啡，保温瓶内有热咖啡。这些特殊的服务，让这位上班族大吃一惊，他不禁望了一下这位司机，司机先生愉悦的表情就像车窗外和煦的阳光。不一会儿，司机先生对乘客说："前面路段可能会塞车，这个时候高速公路反而不会塞车，我们走高速公路好吗？"

在乘客同意后，这位司机又体贴地说："我是一个无所不聊的人，如果您想聊天，除了政治及宗教外，我什么都可以聊。如果您想休息或看风景，那我就会静静地开车，不打扰您了。"从一上车到此刻，这位常搭出租车的乘客就充满了惊奇，他不禁问这位前方的驾驶："你是从什么时候开始这种服务方式的？"这位专业的司机说："从我觉醒的那一刻开始的。"司机继续说他那段觉醒的过程。他一直一如往常，经常抱怨工作辛苦，人生没有意义。但在不经意里，他听到广播节目里正在谈一些人生的态度，大意是你相信什么，就会得到什么，如果你觉得日子不顺心，那么所有发生的事都会让你觉得倒霉；相反的，如果今天你觉得是幸运的一天，那么今天每次所碰到的人，都可能是你的贵人。就从那一刻开始，他开始了一种新的生活方式，目的地到了，司机下了车，绕到后面帮乘客开车门，并递上名片，说声："希望下次有机会再为你服务。"

结果，这位出租车司机的生意没有受到经济不景气的影响，他很少会空车在这个城市兜转，他的客人总是会事先预定好他的车。他的改变，不只是创造了更好的收入，而且更从工作中得到了自尊。他真的从平庸中走了出来，并且走向了优秀。

这种竭尽全力、追求完美的工作态度，能创造出最大的价值。

不论你的工资是高还是低，你都应该保持这种良好的工作作风。能让工作变得完美的人，需要极高的品质。高品质不会从天上掉下来的，而是来自人们保持高昂的信心，诚心诚意的努力，投入心血、智慧以及技能后所得到的结果。它代表的是众多选择当中的明智抉择，因此，你做出抉择之后，就会倾注全力达到这样的标准。

这时，才能、环境、幸运、遗传以及个性都不那么重要，重要的是你打算凭借着自己的所有达到什么样的境界，怎样达到这样的境界。

　　"无论做什么事，你都要力争一流，永远走在别人前头，而不能落后于人。即使是坐公共汽车，你也要永远坐在前排。"小俞老师一直记着爸爸说过的这句话，以优异的成绩毕业于师范学校，虽然一开始被分在农村小学，但她始终以"别人后退我不退，别人前进我更进"来勉励自己。于是又以优异的成绩被市里一所新办学校看中，把她调了过来。在新学校里，她总要求自己比别的老师早一点到校，比别的老师多做一点，比别的老师多学一点。同样，她所带的班级、所教的学科，也比别的老师强。学校各类比赛中，她所带班级总拿第一；学科竞赛中，又遥遥领先于第二。短短两年工夫，她就脱颖而出。在她进学校的第三年，她被破格提升为教务处主任，成了学校最年轻的领导。

　　她说她最喜欢的一句话是："无论做什么事情，都要全力以赴，追求完美。"

　　对一个教师来说，工作的态度就应该是：全力以赴，追求完美。工作的标准，就是完美，这是成功者的要求，也是成功者的想法。

　　如果你能这样想，无论你做什么，效果都会很好，都不会自满。因为没有东西是完美的，即使是最好的产品仍有缺陷。世界上为人类创立新理想、新标准，扛着进步的大旗，为人类创造幸福的人，就具有追求完美无缺的素质。无论你做教师还是做其他什么事，如果只要求做到"还可以"或是半途而废，那就很难成功。

　　在工作中应该追求完美。不完美的工作成果只会给别人带来麻烦，对自己也没有好处。

　　人类的历史有不少悲剧，都是由于不可靠、不认真的苟且工作作风所造成的。有人曾说："无知与轻率所造成的祸害，不相上下。"许多青年人的失败，就在"轻率"这一点上。他们念念不忘的，是想寻得较高的职位和较大的机会，使自己有"用武之地"。他们常对自己这样说："我们担任平凡、渺小的职务，做枯燥、机械的工作，有什么意义呢？那不值得去拼搏！"因此，他们的工作，往往需要他人的审查、校正。这样的人，难以有所成就。

　　但是，凡是出类拔萃的人，对于寻常、细微的事，都能认真思考，不安于"还可以"或"差不多"，必求尽善尽美。他们能在简单、平凡

的工作岗位中寻求机会。他们比一般人更敏捷，更可靠，自然能吸引上级的注意，博得领导的赏识。他们每做完一件事，都能问心无愧地对自己说："对于这份工作，我已尽心尽力了。我不但做得'还好'，而且在我能力范围内做到了'最好'。对于这份工作，我能够经得起任何人的检查、批评。"

追求完美，应注意从以下几方面着手：

第一，面临失败，应考虑"原因在哪里""为什么会失败"等问题，及时自我反省，认真检讨，要不断发觉并改正技术上、精神上、生活上存在的缺点。

第二，要想成功必须具备"硬件"，只要社会或上级领导需要，你就能拿出干得比别人好的绝活。

第三，要有万一失败的准备，并有挽回残局、减小损失的方案。为了预防万一，要事先准备好第一方案、第二方案、第三方案等多种解决突发事件和意外情况的方案，不可孤注一掷。

做事干净利落，不拖泥带水，该做的事尽早去做，该了结的尽快了结，有这种工作、生活态度的人，处处会受到别人的信赖和喜爱。追求完美无缺，这是事业成功的必要因素，也是个人魅力的体现。

建立和谐的同事关系

小王与小李年龄相仿，是同一所中学的老师。两个人都十分优秀，同住一间单身公寓，一起吃饭、聊天，无所不谈，俨然一对好朋友。

刚刚参加工作的两个人工作都干得热火朝天。领导也很重视他们。然而，作为教师所面对的不仅仅是教学、搞好师生关系这么简单。教师与领导、教师与教师的关系也是比较复杂的。随之而来的是各种评奖评优，评全校十佳青年教师。小王评上了，小李在竞争中却失败了。小李心里很不平衡，小王哪里比我优秀？凭什么他能评上呢？肯定是因为他平时和领导关系好。心理的不平衡从此在两个人的接触中逐渐表现出来：两个人不再像以前那样亲密无间，而是处处提防，比如对方今天干什么了？和哪个领导接触了？都互相监视猜疑，并且越来越严重。互相说坏话，甚至使自己产生心理问题，常感到疲惫不堪。

小王、小李心情不好，不仅影响到本身的身心健康，也影响到对学生的教育。教师带着忧郁、愤懑的不良情绪授课，很容易将不良情绪迁怒于学生，从而影响学生的学习效率及心理健康。对自己同事、领导各方面的不满，时常会使自己产生倦怠，干工作没有后劲，没有拼劲，心理疲劳，从此产生恶性循环。

虽然，我们不能简单判定案例中的小王、小李孰是孰非，但应该指出的是，二人的所作所为是与师德的要求相违背的，不利于处理好同事之间的人际关系。

由于教师之间共处于一个职业群体之中，从事共同的工作，扮演相同的角色，因此他们形成了一种以教师为职业纽带的人际关系。良好的同事关系不仅有助于教学的成功；有助于学校事业的发展；也有助于个人自身的发展。良好的同事关系必然会给自己在工作、事业等各个方面带来成功。但由于潜在利益分配等因素，这种关系更为微妙、复杂，处理不好，也会给各自的工作、身心健康带来不可弥补的损失。

因此，搞好教师间的关系对学校、学生和教师自身都有好处，也是加强师德修养的要求。

首先，必须确立一个观念：和为贵。

在中国的处世哲学中，中庸之道被奉为经典，中庸之道的精华之处就是以和为贵。同事作为你工作中的伙伴，难免有利益上的或其他方面的矛盾，处理这些矛盾的时候，你第一个想到的解决方法应该是和解。毕竟，同处一个屋檐下，抬头不见低头见，如果让任何一个人破坏了你的心情，说不定将来吃亏的是你，而不是别人。与同事和睦相处，在上司眼中，你的分量将会又上一个台阶，因为人际关系的和谐处理不仅仅是一种生存的需要，更是工作上、生活上的需要。

和同事相处是一件容易的事。和谐的同事关系能让你和你周围同事的工作和生活都变得更简单，更有效率。

要想拥有和谐的同事关系，必须记住一句话："君子之交淡如水"。

大家在同一个单位里工作，个人的交情肯定大不相同，远近亲疏自

然是存在的。问题的关键就在于应该如何处理这"远近亲疏"的关系。

我们可以回想一下，平常容易对哪些人产生意见。其实很多情况下我们并不会对谁与谁关系密切，谁与谁关系疏远而产生什么异议，因为对于我们自己来讲，也存在着和有的人关系比较亲近，而和有的人关系比较一般的情况。但是当我们发现，这种远近亲疏的关系开始因为共同的利益扩大化，甚至出现了营私舞弊、相互倾轧的时候，就开始皱紧眉头了。

这种状况是一个优秀团队内部的大忌，甚至可以说是一个团队瓦解分化的开端，结果就是导致整个团队的瘫痪。

为了避免这样的事情发生，我们要做的就是控制好与同事之间的关系。我们应该这样想，无论你与一个同事的关系是亲还是疏，这都是你们私人之间的关系，而这种关系更是工作以外的关系，不应该对你们的工作产生任何的影响。

道理虽然很简单，但实际上人与人的感情并非如书面所描述的那般容易控制。尽管你的心里知道："我一定不能把私人关系带到工作中来。"但是更多的时候，很多行为都是个人喜恶的自然流露，连你自己都感觉不到。那么，究竟应该怎么办呢？答案就是，应该控制好远近亲疏的程度，最好的办法莫过于"君子之交淡如水"。

友谊的形成和维持都是需要条件的。说得具体一点，要成为好朋友，情投意合固然重要，但是还有一点，那就是两个人之间不能存在着明显的利益冲突。两个存在明显的利益冲突，存在显性的或是隐性的利益竞争的人，是很难成为好朋友的。即使是已经成为好朋友的两个人，在面临明显的利益冲突和竞争的时候，也常常会使感情陷入僵局。因为人本性是自私的，谁也摆脱不掉。

正是因为如此，所以对于同事还是"君子之交淡如水"的好。虽然学校是个"清水衙门"，但也是一个充满了明显的竞争和利益冲突的场合，影响和干扰人与人的亲疏远近关系的因素实在是太多了。好朋友之间太容易出现矛盾和裂痕，上述案例就是明证，而这种矛盾和裂痕基本上是不可能避免的，就算人的主观上有再好的希冀也难以避免。

其次，必须学会尊重同事。

在人际交往中，自己待人的态度往往决定了别人对待自己的态度，因此，你若想获取他人的好感和尊重，必须先尊重他人。

研究表明，每个人都有强烈的友爱和受尊敬的欲望。在工作上，如

果你不小心，很可能在不经意间说出令同事尴尬的话，表面上他也许只是有些过意不去，但其心里可能已受到严重的挫伤，以后，对方也许就会因感到自尊受到了伤害而拒绝与你交往。

现实生活中，拥有优势的人常常胸怀大度，其自尊和面子足矣，无须旁人再添加。

而与你同一阶层甚至某方面不如你的人，很可能因为自卑而表现出极强的自尊，他仅有的颜面是需要你细心呵护的，如果你能以平等的姿态与人沟通，对方会觉得受到尊重，而对你产生好感。因此，要谨记，没有尊重就没有友谊。

要做到尊重同事，就必须自觉保守同事的秘密。

我们知道有关同事的秘密，无非有两个渠道。一个是这个人亲自告诉我们的，另一个就是除此以外的一切途径。

如果是同事亲自告诉我们的，我们可真的是"打死也不能说"。同事这么信赖我们，我们怎么可以把他的隐私随便散布出去呢？

那么，如果是我们通过其他的途径，得知了这样的消息呢？

那就让消息在我们这里堵塞吧！让这些消息在我们这里终止，散布通道在我们这里彻底被截断。

总之，一句话，就是不能让嘴巴给自己惹祸。古人说"祸从口出"，在人际关系交往中，这句话应该被每一个人写在自己的办公桌上，时刻警醒自己！

再次，要尽量避免与同事产生矛盾。

同事与你在一个单位工作，几乎日日见面，彼此之间免不了会有各种各样鸡毛蒜皮的事情发生，每个人的性格、脾气、优点和缺点也暴露得比较明显，尤其每个人行为上的缺点和性格上的弱点暴露得多了，会引出各种各样的瓜葛、冲突。这种瓜葛和冲突有些是表面的，有些是背地里的，有些是公开的，有些是隐蔽的，种种的不愉快交织在一起，便会引发各种矛盾。

同事之间有了矛盾，仍然可以来往。第一，任何同事之间的意见往往都源于一些具体的事件，而并不涉及其他方面。事情过去之后，这种冲突和矛盾可能会由于人们思维的惯性而延续一段时间，但时间长，也会逐渐淡忘。所以，不要因为过去的小意见而耿耿于怀。只要你大大方方，不把过去的事当一回事，对方也会以同样豁达的态度对待你。

第二，即使对方仍对你有一定的成见，也不妨碍你与他的交往。因为在同事之间的来往中，我们所追求的不是朋友之间的那种友谊和感情，而仅仅是工作。彼此之间有矛盾没关系，只求双方在工作中能合作就行了。由于工作本身涉及双方的共同利益，彼此间合作如何，事情成功与否，都与双方有关。如果对方是一个聪明人，他自然会想到这一点，这样，他也会努力与你合作。如果对方执迷不悟，你不妨在合作中或共事中向他点明这一点，以利于相互之间的合作。

同事之间有了矛盾并不可怕，只要我们能够面对现实，积极采取措施去化解矛盾，同事之间仍会和好如初，甚至比以前的关系更好。

要化解同事之间的矛盾，你应该采取主动态度，不妨尝试着抛开过去的成见，更积极地对待这些人，至少要像对待其他人一样地对待他们。一开始，他们会心存戒意，而且会认为这是个圈套而不予理会。耐心些，将过去的积怨平息的确是件费功夫的事儿。你要坚持善待他们，一点点地改进，过了一段时间后，你们之间的问题就如同阳光下的水，一蒸发便消失了。

如果同事的年龄资格比你老，不要在事情正发生的时候与他对质，除非你肯定你的理由十分充分。更好的办法是在你们双方都冷静下来后解决，即使在这种情况下，直接地挑明问题和解决问题都不太可能奏效。你可以谈一些相关的问题，委婉地引出主题。如果你确实做了一些错事并遭到指责，那么要重新审视那个问题并要真诚地道歉。

在做出以上努力以后，基本可以化解同事之间的矛盾。如果在你做出努力后，对方仍然不愿意和你和解，你也不要难过，等到对方气消了，理解并接受你的道歉，矛盾也自然会化解。

最后，要学会与各种类型的同事打交道。

每一个人，都有自己独特的生活方式与性格。在单位里，总有些人是不易打交道的，比如傲慢的人、死板的人、自尊心过强的人等。所以，你必须因人而异，采取不同的交际策略。

1. 应对过于傲慢的同事

与性格高傲、举止无礼、出言不逊的同事打交道难免使人产生不快，但有些时候你必须要和他们接触。这时，你不妨采取这样的措施：

其一，尽量减少与他相处的时间。在和他相处的有限时间里，你尽量充分地表达自己的意见，不给他表现傲慢的机会。

其二，交谈言简意赅。尽量用短句子来清楚地说明你的来意和要求。给对方一个干脆利落的印象，也使他难以施展傲气，即使想摆架子也摆不了）。

2. 应对过于死板的同事

与这一类人打交道，你不必在意他的冷面孔，相反，应该热情洋溢，以你的热情来化解他的冷漠，并仔细观察他的言行举止，找到他感兴趣的问题和比较关心的事进行交流。

与这种人打交道你一定要有耐心，不要急于求成，只要你和他有了共同的话题，相信他的那种死板会荡然无存，而且会表现出少有的热情。这样一来，就可以建立比较和谐的关系了。

3. 应对好胜的同事

有些同事狂妄自大，喜欢炫耀，总是不失时机自我表现，力求显示出高人一等的样子，在各个方面都好占上风，对于这种人，许多人虽是看不惯的，但为了不伤和气，总是时时处处地谦让着他。

可是在有些情况下，你的迁就忍让，他却会当做是一种软弱，反而更不尊重你，或者瞧不起你。对这种人，你要在适当的时机挫其锐气。使他知道，山外有山，人外有人，不要不知道天高地厚。

4. 应对城府较深的同事

这种人对事物刁钻，颇有见解，但是不到万不得已，或者水到渠成的时候，他绝不轻易表达自己的意见。这种人在和别人交往时，一般都工于心计，总是把真面目隐藏起来，希望更多地了解对方，从而能在交往中处于主动的地位，周旋在各种矛盾中而立于不败之地。

和这种人打交道，你一定要有所防范，不要让他完全掌握你的全部秘密和底细，更不要为他所利用，从而陷入他的圈套之中而不能自拔。

5. 应对口蜜腹剑的同事

口蜜腹剑的人，"明是一盆火，暗是一把刀。"碰到这样的同事，最好的应对方式是敬而远之，能避就避，能躲就躲。

如果在办公室里这种人打算亲近你，你应该找一个理由想办法避开，尽量不要和他一起做事，实在分不开，不妨每天记下工作日记，为日后应对做好准备。

6. 应对急性子的同事

遇上性情急躁的同事，你的头脑一定要保持冷静，对他的莽撞，你

完全可以采用宽容的态度，一笑置之，尽量避免争吵。

7. 应对刻薄的同事

刻薄的人在与人发生争执时好揭人短，且不留余地和情面。他们惯常冷言冷语，挖人隐私，常以取笑别人为乐，行为离谱，不留口德，无理搅三分，有理不让人。他们会让得罪自己的人在众人面前丢尽面子，在同事中抬不起头。

碰到这样一位同事，你要与他拉开距离，尽量不去招惹他。吃一点儿小亏，听到一两句闲话，也应装作没听见，不恼不怒，与他保持相应的距离。

总之，建立和谐的同事关系很重要，它会彰显你的人品。

谨守"为下"之道

一位师德高尚的教师理当遵守上下之道，正确处理好与校长的关系。

校长是一所学校的领导者和管理者。但很多时候，你或许会觉得校长不如自己，最常见的是校长教书不怎么样，科研也不过如此……尤其当你用自己的长处与校长的短处相比时，不免要发出感慨，这个校长的位置真是坐错了人，世上伯乐真是太少了！

其实，上级选他而不选你当校长，就已经说明校长拥有也许你永远也比不过的特长。如果一味用自己的长处去指责校长的短处，除了说明你的无知外，还有一点就是你在干着缩小自己活动空间的蠢事。

当然，作为现实中的人，与校长产生这样那样的矛盾是很正常的，关键是要正确处理。

有一位我非常尊敬的老师，心胸坦荡，待人宽厚。然而，他的心里可以宽容任何人，却独独对我们前任校长耿耿于怀，每每说起，总是满怀怨恨。事情很简单，曾经他和那位校长非常要好，但是后来因为某些原因导致了两个人的矛盾。这位教师认为自己没有怎么

去计较与校长之间那些不愉快的事情。唯一不能释怀的就是：当五校合并的时候，校长没有按常理把他安排到镇中心校，而把他调换到了下面的学校。让他内心不平的是，他一直被蒙在鼓里，直到开学前一天才知道这件事情。他说："其实我从来没有计较他过去怎么对我。让我到下面去我也愿意，但是，他不应该偷偷摸摸地把我调到下面去，至少应该跟我说一下吧！"

是的，按常理每一位教师工作单位变动前都得由中心小学的校长找对方谈话，但那位校长也许是因为什么原因，始终没有跟他说。就是这一简单的原因，从此让这位老师对校长耿耿于怀，每每说起，总是如同仇敌，心怀怨恨。

校长不告诉对方调动的事情一定有他的理由，要是跟对方说一声，多数也就没事了。可是最终却因为没有沟通使得对方怒目相对，自己却还不知其所以然。

无巧不成书。我的一位要好的同事，和我们的校长居然也产生了这样的矛盾。校长一直不明白，为什么我这位同事对她总是那么冷漠，平时看到她也从来不打招呼……到底她什么地方做得不好使得这位老师对她有这样的看法？一所学校要和谐发展，需要有和谐的人际关系，尤其是校长和教师之间。

追根究底，我才知道她对校长耿耿于怀的原因也很简单。几年前，学校打算把她调到一所山区小学，校长怕这位老师有情绪导致无法开展好工作，所以在一学期前就告诉了她丈夫，唯独没有告诉她自己，直到开学前她还被蒙在鼓里。就是因为无法理解为什么校长不声不响就把她给调走了，从此她心存芥蒂，和校长行同陌路。事实上，这位老师也比较喜欢去支教，要是事先校长跟她谈一下，可能也就没事了。

这两个案例的结果，就是缺少了校长和教师的沟通，于是冷漠和仇视开始滋生，最终导致矛盾加深。在学校的周围，教师和校长之间有矛盾不都是与相互不沟通、相互不理解有关吗？

当我们遇到这样那样的矛盾和不理解，教师应该把自己的想法说出来，这样至少就不会不明事理怨恨一辈子。或者说，当校长有什么不得已而为之的原因的时候，其实可以告诉对方，当时不便，事后也要主动

与教师交谈，相信对方也会因你的真心而感动。

学校中，教师与领导的关系，只是分工的不同。每个人在人格上都是平等的。作为教师，要支持领导工作，理解、体谅领导者的难处，尊重、服从领导，积极配合领导工作。这样才能形成良好、和谐的人际环境，有助于教师在群体中找到自己的位置，学会与人和睦相处。使教师在充满人情味的人际氛围中，怀着快乐的心情工作，创造佳绩，实现自己的人生价值。

作为校长，也应是非分明，要尊重、信任教师，奖惩公正，实事求是，公道正派，严于律己，以身作则；要主动与教师交往，要深怀爱师之心，真诚地与他们交朋友，认真地为他们解决难题，做教师的知心朋友；同时也让教师了解领导的内心世界，彼此沟通理解成为知音。

守住师德的底线——良心

美国第二十八任总统威尔逊在实施某项政策时遇到困难，他的秘书建议他更换一种方案。威尔逊叹了一口气说："我的上司不让我这样做。"秘书觉得很奇怪，美国总统还有上司？于是就问："谁是你的上司？"威尔逊答道："我的良心。"

由此联想到，我们当教师的也应该把"良心"当作自己的上司，作为教育的"底线"，教育教学也应该本着良心去工作。

教师的良心是教师敬业的源泉。如今，教师收入及社会地位虽然在不断提高，但提高的幅度毕竟有限，一位教师敬业的源泉是什么呢？说到底。是教师的一颗良心。教师，不仅仅是谋生的职业，更是一项实现自我价值的终身事业。如果，仅仅停留在前者，那你只能成为一名教书匠，而唯有把教师当作一项育人的事业，才对得起自己的良心，才能使自己成为人师。

教师的良心是爱学生的根本。学生是一个个鲜活的生命；学生是一个个有独特思想的个体！教师面对学生，热爱每一位学生，无论是聪明的还是愚笨的；关爱每一个学生，无论是成长顺利的还是成长困难的，凭什么？凭的就是教师的良心！

教师的良心是教师人格的基础，乌申斯基指出，教师的人格是全部教育的基础。教师的人格基于教师的良心，教师有什么样的良心就有什么样的人格，教师对学生影响最大的是人格力量。任何时候都要体会自己的良心，不断充实自己、完善自己，使自己真正成为学生的楷模。

我们来看一位优秀教师的教育故事：

上课铃响了，孩子们跑进教室，这节课老师要讲的是《灰姑娘》的故事。

老师先请一个孩子上台给同学讲一讲这个故事。

孩子很快讲完了，老师对他表示了感谢，然后开始向全班提问。

老师：你们喜欢故事里面的哪一个人物？不喜欢哪一个人物？为什么？

学生：喜欢辛德瑞拉（灰姑娘），还有王子，不喜欢她的继母和继母带来的姐姐。

辛德瑞拉善良、可爱、漂亮。继母和姐姐对辛德瑞拉不好。

老师：如果在午夜12点的时候，辛德瑞拉没有来得及跳上她的南瓜马车，你们想，可能会出现什么情况？

学生：辛德瑞拉会变成原来脏脏的样子，穿着破旧的衣服。哎呀，那就惨啦。

老师：所以，你们一定要做一个守时的人，不然就可能给自己带来麻烦。另外，你们看，你们每个人平时都打扮得漂漂亮亮的，千万不要突然邋里邋遢地出现在别人面前，不然你们的朋友要吓着了。

好，下一个问题：如果你是辛德瑞拉的继母，你会不会阻止辛德瑞拉去参加王子的舞会？你们一定要诚实哟！

学生：（过了一会儿，有孩子举手回答）是的，如果我是辛德瑞拉的继母，我也会阻止她去参加王子的舞会。

老师：为什么？

学生：因为，因为我爱自己的女儿，我希望自己的女儿当上王后。

老师：是的，所以，我们看到的继母好像都是不好的人，她们

只是对别人不够好，可是她们对自己的孩子却很好，你们明白了吗？她们不是坏人，只是她们还不能够像爱自己的孩子一样去爱其他的孩子。

老师：孩子们，下一个问题辛德瑞拉的继母不让她去参加王子的舞会，甚至把门锁起来，她为什么能够去，而且成为舞会上最美丽的姑娘呢？

学生：因为有仙女帮助她，给她漂亮的衣服，还把南瓜变成马车，把狗和老鼠变成仆人。

老师：对，你们说得很好！想一想，如果辛德瑞拉没有得到仙女的帮助，她是不可能去参加舞会的，是不是？

学生：是的！

老师：如果狗、老鼠都不愿意帮助她，她可能在最后的时刻成功地跑回家吗？

学生：不会，那样她就可以成功地吓到王子了（全班再次大笑）。

老师：虽然辛德瑞拉有仙女帮助她，但是，光有仙女的帮助还不够。所以，孩子们，无论走到哪里，我们都需要朋友。我们的朋友不一定是仙女，但是，我们需要他们，我也希望你们有很多很多的朋友。

下面，请你们想一想，如果辛德瑞拉因为继母不愿意她参加舞会就放弃了机会，她可能成为王子的新娘吗？

学生：不会！那样的话，她就不会到舞会上，不会被王子遇到、认识和爱上。

老师：对极了！如果辛德瑞拉不想参加舞会，就是她的继母没有阻止，甚至支持她去，也是没有用的，是谁决定她要去参加王子的舞会？

学生：她自己。

老师：所以，孩子们，就是辛德瑞拉没有妈妈爱她，她的继母不爱她，这也不能够让她不爱自己。就是因为她爱自己，她才可能去寻找自己希望得到的东西。如果你们当中有人觉得没有人爱，或者像辛德瑞拉一样有一个不爱她的继母，你们要怎么样？

学生：要爱自己！

老师：对，没有一个人可以阻止你爱自己，如果你觉得别人不

够爱你，你要加倍地爱自己；如果别人没有给你机会，你应该加倍地给自己机会；如果你们真的爱自己，就会为自己找到自己需要的东西，没有人可以阻止辛德瑞拉参加王子的舞会，没有人可以阻止辛德瑞拉当上王后，除了她自己。对不对？

学生：是的！！！

老师：最后一个问题，这个故事有什么不合理的地方？

学生：（过了好一会）午夜12点以后所有的东西都要变回原样，可是，辛德瑞拉的水晶鞋没有变回去。

老师：天哪，你们太棒了！你们看，就是伟大的作家也有出错的时候，所以，出错不是什么可怕的事情。我担保，如果你们当中谁将来要当作家，一定比这个作家更棒！你们相信吗？

孩子们欢呼雀跃。

这篇文章给我带来的震撼胜过了很多重量级的评论与分析。

这位天使般的老师完全是捧着良心在教书，在这样的教育下，孩子怎么会没有良心与爱心，怎么会受某种条框的约束和限制呢？静下心来进行反思，我们需要捧着怎样的良心来教书呢？

首先是善良。善良的另一种表现形式就是"爱心"。这样，我们就不会有意识或无意识地去打击学生的自尊心，就不会当众对成绩不好或行为不良的学生正话反说，就不会把自己工作中的怨气、急躁转嫁到学生头上，就不会简单粗暴地来处理学生的错误和失误，就不会看学生不顺眼，看家长也不顺眼。

其次是尊严。尊严就是做教师要有人格，对自己自尊、自爱、自信，对他人真诚且不卑不亢。自尊需要实力来支撑。当我们刻苦钻研、努力工作，我们就会成为学校里不可替代的人。我们就无后顾之忧，就有了底气，就可以追求一种"得失从容"的境界。

做人热情大方、不卑不亢，也是做一个有尊严的老师的一个重要方面。因为老师的良心要求我们善待学生、善待家长、善待他人。但是形形色色的人群中不乏践踏老师尊严的人，仗势欺人的、无理取闹的、强加责任与义务的等，我们不能顺着这股不正之风甘做"弱势群体"。如果我们做到"善良"，做到"自尊"，那我们就可以"不媚俗"，就可以"不屈从"。

"良心"真是个好东西,它让我们至少还能远离"浑浑噩噩、平平庸庸"。它让我们对教师的认识从一般为谋生和简单的乐趣中提升到一个精神文化的境界里,到那时,我们才可以全然不顾别人对我们的评价,不在乎评价,是因为我们在为自己活着。因为良心,我们善待工作,不知不觉在积极进取着。

也只有这样,才算是真正对得起自己的良心。

"自化"自己的灵魂

教师肩负着传播文明,塑造人格的神圣职责。教师职业的特殊性决定了教师的人格在整个教育过程中具有不可忽视的重要作用。伟大的人民教育家陶行知曾指出:"教师的职业是变化、自化、化人。一说到当教员,必须有个理想的社会悬在心中。"对这句话,我的理解是,教育是一项以人格塑造人格的伟大事业,所谓"人类灵魂的工程师"的光荣称号的深刻含义也在此。

很难想象,一个自身灵魂卑下的人能塑造出他人高尚的人格。所以,教师的职业道德要求教师必须不断地"自化"自己的灵魂,自觉地、高标准地塑造自身的人格,从而达到"化人"(影响学生人格)的目的。

一、举手投足皆人格

教师劳动对象的特殊性,决定了教师人格的高要求。一般职业的劳动对象是物,而教师职业的劳动对象是人。而人格的影响力就是在人与人的接触、交往中实现的。学生是正在成长发展中的人,他们从家庭到学校不只是为了学一点知识,更主要的是为了学做人。限于他们的经历、阅历、知识和认识能力,在他们步入社会之前,教师首先成了他们学习、模仿甚至崇拜的对象。可以这么说,在学生的心目中,教师就是他们学习的榜样。人们常把教师比作"航海的灯塔""花圃的园丁""人生路上的引路人"都说明了这一点。

也正因如此,学生对教师往往有一种特有的期望和信赖,这就造成

了学生在观察教师时产生一种"放大效应"。有人说过：教师的一笔好字，在学生眼里胜过书法家；教师的一次耐心的辅导，会使学生终身难忘；即使是在路上碰见，唤一声小名，问一句冷暖，都会使学生兴奋不已。但同时，教师身上有时连自己都没有注意到的一点小瑕疵，在学生的眼里也会被"放大"，使学生产生巨大的失望的同时影响着学生人格的塑造。

所以作为教师一定要牢记：教育无小节。你的一举一动、音容笑貌，甚至服饰、发型都是你人格的体现，在时刻影响着学生。作为教师要经常不断"自化"自己，使自己的人格不断升华，从而影响、塑造学生。

二、润物无声化人格

教师劳动手段的特殊性决定了教师人格影响力的潜化性。陶行知先生把教师人格对学生的影响用一个"化"字来表述，真谓十分传神和到位。教师对学生人格的塑造不是靠"教"出来的，而是一种"随风潜入夜，润物细无声"般潜移默化的过程。也就是说，教师对学生人格塑造的手段就是教师自身，教师自身的言行是塑造学生人格的"精神教具"。这是任何教科书和其他物质手段所无法代替的。人格塑造的这一特殊手段，决定了对教师"以身立教"的要求。

陶行知先生说："要想学生学好，必须先生好学，唯有学而不厌的先生才能教出学而不厌的学生。"一个自己不钻研业务的教师，即使一天到晚教育学生要认真学习也很难真正使学生认真学习起来；一个上课时完成任务式的教师，很难真正激发起学生对知识的欲望；一个在劳动课上自己双手插在口袋里督促学生劳动的教师，不能说他在培养学生热爱劳动的品质；一个对权贵家长弯腰的教师，其学生也很难正直。所以，陶先生提倡并亲自实践的"以教人者教己"的信条，在今天仍是我们要坚持发扬并自觉遵守的教师职业道德。

三、行知合一真人格

陶行知先生说："身教最可贵，行知不可分。"教师以自身的人格去影响学生时的真正力量在于表里如一，行知合一。表里如一就是要求教师内心深处的灵魂和外在的表现相一致。想的是一套，做的又是一套，

42

势必底气不足,不能理直气壮。行知合一就是要求教师说的和做的相一致,对人和对己不能搞两个标准。你要去点燃别人,必须自己心中要有火种。这就要求教师在学生面前时展现真正的自我,而不是在演戏,特别不能搞双重人格,成为语言的巨人,行动的矮子。

> 有位学生在作文中讲了这么一件事:有位很有才华的教师,知识翔博,风度翩翩,深得学生喜爱,但一次他们听说这位教师不孝敬父母,苛待老人时,以前那光辉的形象一下子在学生心中消失了,甚至变得有点"可恶"。

当前,在教师队伍中这种表里不一、行知不一的现象仍有存在。我们很难想象违规补课并收取费用的教师,他在课堂上是如何给学生讲无私奉献的。我们也很难想象自己不想为灾区献爱心的教师,去发动学生捐款时会有多大的号召力。这样的教育非但起不到积极的作用,而且给学生树立了坏的榜样,更为严重的是会使学生也形成双重人格。有的学生,教师在时抢着扫地,教师一走便溜之大吉;教师在时循规蹈矩,教师不在便破坏纪律。这难道没有一点教师的双重人格因素在里面吗?

所以教师"以身立教"的真正力量不在于表面的说教,而在于由内而外的表里如一,行知结合。

四、自觉营造"人格防"

所谓教师人格,即教师履行教育权利和义务的主体在道德上应当具备的人品和资格。由于学生人格是由教师人格去感化、去塑造的,故决定了教师必须终身面临人格的挑战,必须终身义无反顾地朝着人格的高峰攀登。这就要求教师时时刻刻加强学习,严格要求自己,不断提高自身的修养,而且在目前显得尤为重要。因为当今的中国正处在社会的大变革之际,可称为社会的转型期。许多旧的思想观念、伦理道德正在受到冲击,形形色色的新思想、新观念、新行为不断地冲击着人们,而新时代公认的思想伦理标准尚未形成,许多事情一时间难辨是非曲直。在这种特殊的社会转型期,作为"人师"的教师特别要保持清醒的头脑,不能失去最基本的做人准则。

陶行知先生曾经说过:"一个国家要防止外来侵略,要有国防,一

个人要抵御不良思想的影响，就必须在心中筑起'人格防'。"

那么，你筑起"人格防"了吗？

勇于付出，常怀感恩

相传有个寺院的住持给寺院立下一条特别的规矩：每到年底，寺里的和尚都要面对住持说两个字。第一年年底，住持问新和尚心里最想说什么，新和尚说："床硬。"第二年年底住持又问新和尚心里最想说什么，新和尚说："食劣。"第三年年底，新和尚没等住持提问，就说："告辞。"住持望着新和尚的背影自言自语地说："心中有魔，难成正果，可惜！可惜！"

住持说的"魔"，就是新和尚心里没完没了的抱怨。这个新和尚只考虑自己享受，却从来没有想过别人给过他什么，他又给过别人什么。

像新和尚这样的人在现实中很多，他们这也看不惯、那也不如意、怨气冲天、牢骚满腹、总觉得别人欠他的、社会欠他的，从来感觉不到别人和社会为他所做的一切。这种人心里只会产生抱怨，不会产生感恩，更不会想到要付出什么。

世道的运行规则就是那样有趣又无情，越是吝啬就越是困窘，越是慷慨却越是富足。对别人的施予心存感恩而又勇于奉献自己的人，总是感到满足和快乐，心存抱怨而又吝于付出的人却总是心怀不畅。

让我们看看下面这个寓言故事。

有一天，上帝对教士说："来，我带你去看看地狱"。他们进入一个房间，许多人正围着一只煮食的大锅坐着，眼睛直勾勾地望着大锅，又饿又失望。他们每个人手里都有一只汤匙，因为汤匙的柄太长，所以食物没法送到自己的口里。

"来，现在我带你去看看天堂。"上帝又带教士进入另一个房间。这个房间跟上个房间的情景一模一样，也有一大群人围着一只正在煮食的锅坐着，他们的汤匙柄跟刚才那群人的一样长，所不同的是，这里的人又吃又喝，有说有笑。

教士看完这个房间，奇怪地问上帝："为什么同样的情景，这个房间的人快乐，而那个房间的人却愁眉不展呢？"上帝微笑着说："难道你没有看到，这个房间的人都学会了喂对方吗？"

这个故事生动地告诉世人，人生在世要学会分享、给予，养成互爱互助，积极付出的美德。教士在地狱里看到的那群吝啬鬼，他们宁愿自己饿死也不愿意去喂对方，正像诗人勃朗宁所说："把爱拿走，地球就变成一座坟墓了。"而在天堂里，我们看到的是"施恩于人共分享""献花者手中留余香"。俄国作家托尔斯泰说："神奇的爱，使数学法则失去平衡，两个人分担一个痛苦，只有一个痛苦；而两个人共享一个幸福，却有两个幸福。"

佛教信奉因果报应，认为施予必然获得回报。世俗人生并不遵循宗教的规律运行，但勇于付出确实能给我们带来一些好处，比如精神上的愉悦和满足，有时也能得到物质的益处。最关键的是，它造就了一种良性的社会运行机制，使我们这个社会得以存续，使人间充满欢欣。

有一个盲人在夜晚走路时，手里总是提着一个明亮的灯笼。别人看了很好奇，就问他："你自己看不见，为什么还要提灯笼走路？"那个盲人满心欢喜地说："道理很简单，我提灯笼并不是给自己照路，而是为别人提供光明。我手里提上灯笼，别人也容易看到我，不会撞到我身上，这样就可以保护自己的安全，也就是帮助自己。"

许多事情往往就是这样具有两面性，我们在付出的同时又在获取，我们在索取的同时又在失去。事情好像是由一只看不见的手在支配着，其实这只看不见的手就是社会运行的机制，而这机制又基于人情世理——谁都不愿意向贪婪的索取者给予什么，却愿意向慷慨的付出者施予。

当然，付出的目的不是以之换来什么好处，勇于付出者在给予别人帮助的同时，追求的是一种精神的升华，就像下面事例中的这位刘老师。

刘老师教的是一个高三毕业班。这些天她一直感到身体不适，总觉得腹腔里鼓胀得厉害。最终，她倒在了讲台上。

醒来后，医生告诉她，她的生命只有一个月的时间了。她很镇定地接受了这个残酷的现实，但她唯一割舍不下的是那些即将高考的学生们，她知道这时候更换老师对学生是多么的不利。

突然间，她似有所悟：我完全可以利用这最后的时间做一些有针对性的事情。她列出了20个学生的名字，交给同事，要求按顺序每天来一个学生。这20个学生，她认为都是很有潜质但又有明显弱点的学生，属于只要一撒手就变成野马、一严管就浪子回头的那一类。这些学生只有她最清楚，她必须逐一进行点拨。

学生们一个个地来，刘老师的时间在一天天地减少。20天过去了，刘老师感到从未有过的满足。她对家人说，我没什么遗憾了。那一刻，刘老师消瘦的脸上溢满了其他任何一个病人都没有的幸福和满足，好像她不是面临死亡，而是去赴一个美丽的约会。

"春蚕到死丝方尽，蜡炬成灰泪始干。"刘老师就像那春蚕、蜡炬一样，默默地付出自己无私的关爱，一直到生命的终结。刘老师的爱，是人世间最无私的爱、最博大的爱，她也在爱的付出中得到满足、得到升华。

在这里我们还要说的是，也许我们是社会弱势群体中的一分子，我们没有能力能多付出点什么，而却更多的需要别人的帮助；也许，世事因缘际会，我们得到的远比付出的要多——这并不要紧，胸怀奉献之心，就说明我们已经具备勇于付出的美德，这也可以说是对社会的奉献。

与此同时，还应该对所获得的施予和帮助心怀感恩。"感恩"一词在这个时代似乎已经太过老套了，现实生活中的许多人心中有的是不满和抱怨。事实上，我们的这个时代太需要"感恩"的意念了，因为我们每个人每时每刻都是在别人的帮助之下才能生存、生活的，更何况我们对默然无语的大自然那无尽的索取……

所以，作为教师，一定别忘了：勇于付出，常怀感恩。

做无悔的奉献者

对教师的职业，人们有着数不清的赞誉："教师是蜡烛，燃烧自己""教师是铺路石，粉碎自己，平坦学生""教师是春蚕"，"教师是孺子牛"等。

我认为，教师要有一个充满关爱、热情大度的胸怀。要把奉献作为自己的快乐，把给予作为自己最大的幸福。教师要像太阳一样为学生播撒光和热，使学生变得强健有力、自强自立、努力完成自身生命的追求。

在甘肃山区有位叫张学成的小学教师，被人称为教坛的保尔。他就是值得我们尊敬的甘为奉献者之一，他的事迹使无数的读者闻之落泪。

他任教的小学是当地条件最为艰苦的地区。就在张学成任教不到一年的时候，接二连三的不幸降临到他身上。先是一次普通的静脉注射，意外地使他下身偏瘫；接着，他的左腿在进行化疗时，不慎造成大面积烧伤；此后，他的左脚又遭到感染做了植皮手术，1998秋季，他又被医生告知患有溃疡性结肠炎，而且可能会发生癌变。

病痛折磨着他的肉体，但并没有削减他对教育的热爱。路不能走了，他让妻子牵着毛驴接送；讲台上站不住了，他就趴在讲桌上讲课。学生们多次哭着把老师抬进教室。

冰雪天里，妻子抄起铁锹在前面为他铲雪，张学成紧跟身后，一跌一撞地向学校走去。一段正常人只需走一个多小时的山路，夫妻俩搀扶着却足足要走5个多小时。

他对学生关爱备至，即使在债台高筑、生活异常艰难的情况下，仍然经常用自己微薄的收入为贫困生垫交学杂费、买学习用品。他身残志坚，扎根山区、献身教育的事迹被广为传颂，被人们誉为"教坛保尔"。

就是这样的环境条件下，张学成在教师的岗位上一干就是30

多年。他说："当一名教师，是我生命价值的体现。我最深的体会就是要热爱学生，热爱可以改变一切。我最大的希望就是，让山区的孩子都能走出大山，用知识来回报山区、回报社会。"

另一位普通教师的话语更体现了他们奉献精神的伟大：我们不要需要太多的荣誉和赞美，因为我们已经习惯了默默的奉献；不要给我们太多的物质和金钱，因为我们怕世俗的物欲污染了我们纯洁的心灵；不要给我们太多的称号，因为我只喜欢两个字"老师"……

当然，奉献的同时，我们也在收获着，而且硕果累累。

收获什么呢？

著名教育家魏书生这样说过："教师在付出劳动的同时，还有三重收获。"

一、收获各类人才

农民劳动，收获粮食、蔬菜等农业产品；工人劳动，收获钢铁、机器等工业产品。农民、工人看到社会需要粮食、机器，看到自己生产的粮食、机器服务于社会，满足人民的需要，于是产生幸福感、自豪感。教师呢？教师的直接劳动对象是人。一个开始知识面很窄，各方面能力很低的娃娃，经过幼儿教师、小学教师、中学教师、大学教师的精心培育，就成了知识较丰富，有一定分析问题解决问题能力，有理想、有抱负的人才了。看到自己培养的人才在工、农、商、学、兵各条战线上为党、为人民做着实实在在的贡献，哪一位教师能不感觉到幸福、自豪呢？当然，人才的培养周期不像粮食、机器的生产周期那样短，那样很快就能看到效益，那样容易引起领导者的重视。唯其如此，才更使教师产生一种为祖国未来而鞠躬尽瘁的历史责任感，产生一种更加神圣的自豪感与幸福感。唯其如此，才使教师不那么急功近利，从而培养了较为宽阔的胸怀、较为远大的目光和较为坚强的韧性，并且强化了教师把自己的命运和国家民族的未来命运紧密联系在一起的信念。

二、收获真挚的感情

教师除收获各类人才外，还有一个更大的收获就是真挚的感情。人是有感情的，特别是学生时代培养的感情尤为真挚。师生之间心与心的呼应就像人们在群山之中得到回声一样，教师对着学生心灵的高山呼唤："我尊重你，我理解你，我关怀你……"学生便在心灵的深处回应："我尊重你，我理解你，我关怀你……"年复一年，教师就像从一条河的岸边接一届新生上船，用满腔热情与真挚的爱，把他们送到理想的彼岸，让他们奔向远大的前程。学生们不仅在船上时不断表达着对老师的满腔热情和真挚的爱，就在他们奔向远大前程以后，三年五年，十几年甚至几十年以后还不断表达着这种满腔的热情和真挚的爱。公式可能淡漠，定理可能忘记，而师生之间培养起来的真挚感情，却经年累月不仅不会淡忘，反而会越积越深。

三、收获创造性劳动成果

教师的工作对象是人，人是千差万别的，要做好教育工作，就得充分发挥创造性。正是这种工作性质，决定了教师必须学识渊博，并且每时每刻都要开动脑筋，针对当时的情况和学生的差异，创造性地处理各种问题。从这个意义上说教师随时都有科学研究的机会。我之所以爱教书，重要原因之一，就是觉得教师从事的是最富有创造性的工作。每一段时间、每一处空间都有科研题目，都能有新发现，都能看到学生中新的、积极上进的因素；也能看到教师自己向更高层次发展的潜能；还能看到环境中的各种有利因素。教书不是自古华山一条路，而是条条大路通罗马。我总想，同一堂课，能有上百种甚至上千种讲法。我们应该努力研究更科学的讲法，即使今天这种讲法比昨天科学，那也仅仅是向后看得出的结论，向前看呢？一定还有更科学的方法等着我们去探索研究。

不同层次的人对不同层次需要的强烈程度也不同。有的强烈地需要物质，有的强烈地需要感情，更有的强烈地需要追求理想。尽管教师穷，不能满足强烈的物质的需要，但由于教师的劳动能有三重收获：收获各类人才，能满足人们为社会尽责任、尽义务的需要；收获真挚的感情，能满足人们感情和谐、融洽的需要；收获科研成果，能满足人们研究、创造的需要。所以，大部分教师还是在简朴的条件下，呕心沥血为人民的教育事业奉献着自己的青春和年华。

人之所以为人，在于我们拥有区别于其他动物的精神和灵魂。教师被称为"人类灵魂的工程师"，因为他们把人们带进了具有高尚精神的社会大家庭，是他们加快了人类社会走向文明的步伐。

所以，奉献者，一生无悔。

做个堂堂正正的好人

陶行知有一句名言："千教万教教人求真，千学万学学做真人。"敢说真话的老师，才是真正的"灵魂工程师"，才无疑是最具人格魅力的。

真，是道德的基石。一个国家、一个民族，如果失去了真诚的基石，就会失去发展和未来。

真，是美的要素。任何一件事物中如果掺杂了虚假，都会破坏美，至少不是完整意义上的美。

一位当年的学生回忆道：20世纪50年代，一位教师出了道作文题：为什么要进学校念书。不少同学写的是"学好本领为人民服务""长大以后为革命事业多做贡献"等。对此，这位教师不以为然，有同学写道：我进学校念书是为了妈妈，妈妈平时太爱我了。这位教师对这样的答案很是满意。他说："看得出来，这几位同学讲的是心里话，要把自己体会到、感受到的东西表达出来，要讲真话，不要人云亦云"。

也正是这样一句真话，让这名学生整整记了几十年，可见敢讲真话的教师，其魅力有多大。

一所成功的学校，离不开一支高素质的师资队伍。一位优秀的教师，除具备敬业和奉献精神外，必须坚定、诚实，是一个正直的人。

学校是净化人心灵的地方，是教人学会做人的地方。诚实是道德的核心部分。然而，最近在《新民晚报》上看到一篇题为《教育也要打假》的文章，不禁感到触目惊心！

现摘抄如下：

四川省某重点中学对500名来自不同学校的高年级学生，进行了一次有关"作弊"的不记名问卷调查，其调查结果显示，竟有90%的学生坦白在去年有过作弊行为。闻此，不胜惊讶！

从假酒、假烟、假药开始，发展到假发票、假证明、假钞票，还有假高干、假教授、假董事、假和尚，甚至连打假办也有假的。结果令一些青年学生认为："反正一切都是假的，包括自己这个人。"

这是多么可怕的现象啊！看透一切，玩世不恭，甚至连自己也不相信自己。

我们不说别的。就以如今的考风而言，令人咋舌，可谓作弊盛行，怪现象五花八门：请"替身"出场的；夹带纸条的；交头接耳互相抄袭的；老师里应外合，"保驾护航"的，堂堂考场变成了"抄书场""名利场""造假场"。

弄虚作假的考风也刮到了高等学府。某报曝光了一大城市10多所高校，传递条子、营私舞弊、公开抄袭的应有尽有。

更有甚者，有的人根本无意读书求学，志在拿一纸文凭。于是，当地一条街，堂堂高等学府门口，卖假文凭者毫无顾忌，公开开价，大学文凭300元，博士生文凭1600元，连考试这一"环节"，也都省去了。好不干脆，好不省力！

呜呼！这样弄虚作假考出来的大专生、本科生、研究生、博士生，除了作为个人谋职、晋级、升官发财的敲门砖，作为牟取名利地位的一份"通行证"外，又有什么用处？难道能企盼这样的人能老老实实对待工作和事业？能研究出高新技术，助力中华民族腾飞吗？

最可悲的是这种弄虚作假的考风腐蚀和毒害了一批青少年。在他们还没有走出校门，还在接受教育的时候，就受到巨大的人格和心理的严重伤害，使他们对自己成为一个"诚实的人"缺乏应有的信心和勇气。而又有什么比对培养自己成为诚实的人丧失信心和勇气更可悲的呢？

不少学生已经对停课突击打扫卫生，以应付上级检查；教学公开课，排练成"表演课"；在上级领导面前说"好话"；讨好老师；等虚假的做法熟视无睹，习以为常。可怕的是这些天真烂漫、纯洁无瑕的孩子，已经将不正常的说谎行为，认为是正常的"爱护学校荣誉"的做法。伦理道德标准的颠倒，是非观念的颠倒，将会给我们的国家带来毁灭性的灾难。更可怕的是，这一切教育舞弊现象，都有戴着"教师"桂冠的人，里应

外合，参与其中。

教师应以崇高的人格品行抵制不正之风，洁身自好，保持自己的一身正气，像莲花那样"出淤泥而不染"。倘若不能"顶风而上"，却也不"随波逐流"，甘愿"唯我独醒"才是真正的教师对学生产生永久魅力之处。

教育留给我们的，就是做个堂堂正正的好人！

把教师工作当终身事业

教师工作对于教师来说首先是一种职业。教师也是人，并非不食人间烟火，甚至有很多教师靠着这一份工作养家糊口。但这又不是一份简单的职业，不能仅仅将自己所从事的工作作为谋生的手段；也不能只要求教师提高教学的熟练程度，成为"教书匠"，只有付出，没有回报。客观地说，教师工作是一种高尚的职业，是一项永恒的事业。

把教师工作作为"事业"，是指教师不仅将自己所从事的工作作为谋生的手段，还融进了自己的理想和信念，热爱教师工作，对学生充满爱心，对自己和社会有强烈的责任感。

韩愈在他的千古佳作《师说》中提到："师者，所以传道受业解惑也。"在新的时期，师者，理应有新的诠释：传道，不仅传学问之道，更要传为人之道；授业，不仅要授学业，更要催发学生的求知欲望；解惑，不仅要解共同之惑，更要解个体的特殊之惑。既然选择了教师工作，就应义不容辞地担负起教书育人、传承文明的神圣责任。在今天这个特定的历史时期，振兴中华、培养下一代的重任落在了我们的肩上，我们要完成这一历史使命。教师教学生三年，要为其一生考虑三十年。教师应该从一切为了学生，一切为了学生的发展出发不断地进行教育思考与实践。教师只有把工作当作事业，才会有终身从教的献身精神。

下面这个例子中，郭裕杭校长的终身从教的献身精神就值得我们学习。

埔县枫朗镇中心小学校长——郭裕杭。三十年如一日，扎根山

区的教育教学工作，从民办教师转为公办教师，一步一个脚印，不断进取，忠诚于党的教育事业，1986年7月在大埔县教师进修学校中师函授毕业，在小学任教具备合格学历，成为一名小学高级教师。1993年起任学校行政领导至今，担任过教导主任、副校长、校长、中心小学校长。三十年来，无论是任一般教师，还是任小学校长，他都心系教育事业，痴情执教，干一行、爱一行、专一行，默默奉献。在教育教学工作中，努力践行"三个代表"重要思想，取得一定的成绩，党和人民给予他较高的评价：2003年光荣当选县人大代表；同年9月被评为省"南粤优秀山区教师"；连续多年被县、镇评为"优秀共产党员"；所在学校多次被评为大埔县"文明单位""先进集体"；2003年学校晋升为县一级学校；2004年被县教育局评为"绿色学校"。

他热爱山区，愿为人梯。在任民办教师期间，他曾在教学点任教，那时，很多人都笑他傻，而他觉得从事自己热爱的事业无怨无悔，应该服从安排，安心教书。

1993年他担任小学校长后，还教毕业班数学。在别人看来，当校长还教主科，而且还教毕业班主科，是自讨苦吃。但他认为无论是做教师还是校长都要履行好自己的职责，否则就会失去当教师的价值，他对工作非常投入，把全部心血和精力都花在教学上。功夫不负有心人，当年所教班级的成绩，不管是平均分，还是及格率都比同年级高很多。令干部满意、群众高兴、家长喜欢、学生尊重。

他对自己要求非常严格，凡要求教师做到的，自己先要做到。在工作中，他坚持原则办事，从不徇私情。虽然他家离学校很近，但是他坚持吃住在校，以校为家。不管工作有多忙，他每天都坚持到课室、办公室查看，了解师生到校和教学情况，发现问题，协助值日教师及时处理。他身为一校之长，不但要全盘考虑学校工作，就连每个教师的思想、爱好、特长、性格及教师的需要和困难都要了解，及时地解决他们的具体问题。教师中有困难时，他都热情主动地关心，千方百计为教师排忧解难，以解除教师的后顾之忧，使教师们全身心地投入工作中。

多年来，他一心扑在教育事业上，一心为公，关心集体，从不计较个人得失，经常利用寒暑假、周末，为学校工作加班加点。为

筹集资金，改善办学条件，他千方百计地争取社会力量资助学校，不畏疲劳，不嫌琐碎，经常工作到深夜，不计报酬，遇上节日常常忘记了与家人团聚，而在回家探亲的乡贤家中和他们共商学校发展大计。2004年10月至今一直在筹备日新小学的百年校庆工作，为了向百年华诞献上厚礼，他不惜放弃假日休息的时间，争取上级的支持，热心教育事业的乡贤、侨胞的资助，筹得资金一百多万元，使得六项献礼工程顺利开展。通过他的努力，创建了学校优美的校园环境，创设了优良的校风，呈现在世人面前的是焕然一新、环境优美、雅致，土地无处不绿，地面无处不洁，处处令人悦目的学校。2003—2004年两年间，中心小学、双溪小学、广德小学三所学校晋升为县一级学校，创下了乡镇全部小学上等级学校的全县之最。

在现实生活中，像郭校长一样的教师还有许许多多，他们从不计较个人得失，默默无闻地工作，把自己的全部心血都放在工作上，把自己的一生都献给了教育事业。

教师的"献身"精神

人生的价值在于奉献。爱因斯坦说过："人只有献身于社会，才能找到那实际短暂又有风险的生命的意义。"人只有献身于社会，才能使生命有意义。我们教师的工作就是培养合格的科技人才，满足社会的需要。培养人才要花大量的心血和汗水。人们用蜡烛来赞美教师的奉献精神，最能体现教师的人生价值。

作为国家级研究课题主要负责人之一，江苏技术师范学院副教授莫小新在最近一次"人体艺术与人性意识教育"现场教学研讨会上，当众脱光衣服，赤裸着身体向几十名学生及老师阐述自己对人体艺术和人性文化的理解。莫小新教授为艺术研究"身体力行"、挑战禁忌的举动引发了极大争议。

大学副教授裸体授课，可谓是开了中国教育界的先河，大凡开先河者在中国总会引发两种不同的声音，有人支持，有人痛骂。莫教授"裸体授课"一事经媒体曝光以后，似乎谩骂者居多，有人认为他教学方法太出格，有人认为他有伤风化，甚至有人认为他在课堂上"耍流氓"，网络上成千上万个"板砖"拍向这位"可怜"的教师……这件事情的最后定论还不能确定，毕竟开先河之举还需要时间来检验。在一名教师看来，莫副教授此举彰显出来的精神是让我等钦佩的，绝对谈不上有伤风化，更谈不上"耍流氓"。

首先，我们可以看看莫副教授的出发点。莫小新认为"作为一个艺术教学者，如果自己对自己的人体都是麻木的，那么就无法再去教学生，这些油画内涵体现在每个不同时期、不同心情和对社会的一种态度，而自己在传授学生艺术技艺时，也更加有的放矢。"众所周知，艺术专业特别是美术专业，人体艺术是必攻科目，一位教授艺术的老师裸体授课，显然是想通过自己在课堂上的直观而直接的演绎，让学生能够全面而深刻地接受到所学的知识，也就是他所说的"有的放矢"。那么，也可以这样认为，莫副教授是将自己的裸体作为授课的工具和手段，一个56岁的大学副教授难道还期望"一脱成星"不成？他那是带着"教书育人"的一颗心而裸露自己干枯的身躯，这样的精神不值得我们钦佩吗？

其次，我钦佩莫副教授率真的品行与平等的思想。莫教授光着身子面对着学生授课时，神情镇定地讲解说，"我自己56岁的身体形状如此，可以反映我那个时代的特点，强调劳动和自然美。"莫教授还幽默地表示，他的"虎背熊腰"也是因为自己有十几年的劳动经历而在身体上烙下的"历史印迹"。如此率真的表达，我想那些在现场听课的学生除了心灵的巨大震撼，是绝对不可能产生鄙弃与厌恶感的。报道中所说的"大多同学表情显得十分惊讶和不自然，有的同学低着头侧耳倾听，有的目光呆滞地仰视，有的同学则尴尬地埋头'专注'地看着地面……"这些我都能理解，作为学生，第一次看见自己的老师裸体站在自己面前授课，怎能不惊讶？但是当他们课后认真地想一想，就一定会明白老师的"献身授课"的高尚与伟大。裸体模特早就进入了美术专业的课堂，但那些模特基本上是一些以此为生的专业模特，在他们眼中，自己的裸体就仿佛一件商品，他们以裸体换得金钱，所以在大众的心目中，那些裸体模特似乎都是"地位低下"之人，莫副教授"裸体授课"之举不正能说明：在他的心中，自己和裸体模特的地位是平等的。一位大学副教授可以将自己和裸体模特一样看待，这正是"人人平等"的思想的高贵显现。

以自己的裸体作为直观的形象来授课，我认为，莫副教授创新的精神和对教育事业的忠诚也是值得我们钦佩的。对于一个有创新精神的教师来说，就算有如此大胆的教学设想，但真正要实施这样"出格"的行为，我想必须有对教育事业的高度忠诚才行。我作为一名教师，是能够体会到莫副教授对教育的这份赤诚之心的。

一名教育工作者，能够切合自己所授专业的知识范畴而"裸体授课"，其甘愿为教育而"献身"的精神应该值得我们钦佩！

解读教师的敬业精神

关于敬业，南宋著名哲学家、教育家朱熹认为"敬业者，专心致志事其业"。也就是说，敬业，就是敬重自己从事的事业，专心致力于事业，千方百计将事情办好。

在《教师职业道德规范》中就明确指出教师应该做到爱岗爱业。教育工作者要以正确的态度对待自己的职业劳动，努力培养、热爱自己所从事的工作的幸福感、荣誉感。

一个人爱上了自己的职业，他的身心就会融合在其工作中。真正认识到自己工作的社会意义的敬业，是一种高层次的精神追求。这种内在的精神，是鼓舞人们勤勤恳恳，认真负责工作的强大动力。

敬业精神和品质对于教师而言是至关重要的。作为一名教师，强烈的敬业意识和忠诚于自己本职工作的事业心、敬重本职工作的责任感和成就本职工作的使命感，这是从事教师职业不可或缺的。教师的道德具有示范作用，其作用主要体现在教师敬业方面。教师的敬业体现了教师对职业的尊敬和喜爱，更体现了对工作的事业心和责任心；体现了对教师职业的追求和情感。

2006年感动漳州十大人物评选候选人中有两位教师的感人事迹。云霄县宜谷径小学教师高养清，两腿瘫痪，身残志坚，多年来，他克服了常人难以想象的困难，始终坚持在教学第一线，孜孜不倦地把文明洒在山乡，播在每个山乡孩子的心中。

龙文区石洲村的教师阮文发仅靠他健康的左腿，在石洲小学的讲台上一站就是几十年，将知识和爱心献给渔村一代又一代的孩子们。

事例中的两位教师用自己的行动体现了崇高的事业责任心，敬业精神使他们战胜身体的残疾，几十年如一日，兢兢业业地在教学岗位上默默奉献。

教师敬业要做到爱校爱教，尊重教师职业。尊重自己所从事的教育事业是教师敬业精神的首要标准，是一个教师必备的、最基本的心态。热爱和尊重是教学成功的前提，只有对自己的职业有积极的态度，对自己从事的职业充满敬重的情感，才能维护它和成就它，才能引起喜悦和快乐等积极的体验，在教学活动中做出积极的贡献。

一个教师确立和培养崇高的职业理想和事业心，真正地尊重职业，必须具有不能放弃的使命感和责任感，把自己从事的教师职业看成无比神圣的职业。这种敬重职业的事业心，包含着决心成就事业的高尚情感、忘我品格、实干作风和奉献精神。

教师敬业要严格遵守职业规范。认真执行教育方针，遵循教育规律，尽职尽责，教书育人。不断提高科学文化和教育理论水平，钻研业务，精益求精，实事求是，勇于探索。面向全体学生，热爱、尊重、了解和严格要求学生，循循善诱，诲人不倦，保护学生身心健康。热爱学校，关心集体，谦虚谨慎，团结协作，遵纪守法，作风正派。衣着整洁、大方，举止端庄，语言文明，礼貌待人，以身作则。

教师敬业要做到精通业务。要努力提高自身素质，精通业务，胜任本职。刻苦钻研教育教学理论，并用它指导自己的教学实践，为了提高自己的业务水平，要虚心求教，积极参加各种教研活动，努力探索教育教学的新路子。干一行、钻一行、精一行，不断提高业务水平和教育教学能力，成为优秀的教育工作者。努力成为教育工作的行家里手，是做好本职工作必备的条件。

教师敬业要有认真负责的工作态度。教师以认真负责的态度对待工作、对待学生是教师爱岗敬业的直接体现。教师的爱岗敬业具体体现在

工作中的点点滴滴。比如，认真备好每一节课，上好每一节课，认真批改每一本作业，不敷衍塞责，必须从小事做起，一切为了教育工作，一切为了学生的学习成长。在本职工作岗位上勤勤恳恳，认认真真。有一份耕耘、必然会有一份收获。

方永刚是海军大连舰艇学院政治系中国特色社会主义理论教研室教授、博士、硕士生导师。20多年来，在马克思主义理论教育和研究的工作岗位上，做出了突出的贡献和业绩。

方永刚为了讲好一堂课，总是很早就着手备课，细细分析每一个讲课的论点及可能需要关注的地方，并且把讲课内容拓展开来，使得原本乏味枯燥的政治理论课变得非常生动，吸引了很多学生的到课听讲。他为群众和官兵宣讲党的创新理论1 000多场次；写了300余万字的论文专著，这些枯燥的数字充分反映出了他对工作高度负责的敬业精神。

应该说，敬业精神每个人都有，但是和方永刚同志比起来实在是不值得一提。作为一名教师，在教学中应严格要求自己，不怕困难，服从学校的工作安排，以高度的责任感和良好的职业道德认真履行教育教学职责。

教师敬业精神的养成，还需要社会、学校的不懈努力，形成尊师重教的社会风尚，为教师创造良好的学习、生活、工作环境。百年大计，教育为本。教育大计，教师为本。教师树立了敬业精神，就能在崇高的教育事业中，为培养合格的社会接班人而做出更大的贡献。

教师要有敬业精神

教育事业的生存和发展须依靠全体教师敬业爱岗。社会的进步说到底，是靠科学技术和生产力的发展推动的。而科学发展的历程告诉我们，每一项科学发现，每一次技术进步，都需要人们付出巨大的代价，都闪耀着敬业精神的光辉。

世界上所有的财富，都是劳动者用自己的心血和汗水创造出来的。离开持之以恒的劳动，没有敬业精神的灌注，财富从何而来？不论是一个时代还是一个民族，敬业的人越多，敬业精神越强，这个时代进步就越快，这个民族发展就越迅速。当然，社会进步还包含着精神文明的发展。教育事业作为精神文明建设事业的一部分，其发展，需要从事这一事业的人们具有很强的敬业精神。

教育大计，教师为本。教师被称作是"太阳底下最崇高的事业"，是"人类灵魂的工程师"，这是因为教师教书育人的工作任务任重道远，教师要培养热爱祖国、理想远大的人，追求真理、善于创新的人，德才兼备、全面发展的人，胸怀宽广、视野开阔的人，知行统一、脚踏实地的人。而要培养如此高素质的人才，教师本身须具有全面的、良好的素质，其中敬业精神是首要的、最基本的素质。教师的敬业精神正是教师爱业、勤业、乐业、精业、创业的基本品质。

成为一名优秀的教师需要很多美德，而教师最大的美德莫过于敬业精神。没有敬业精神，谈不上业务的熟练；没有敬业精神，更谈不上对学生的一片爱心。

教师的职责是培养合格的人才。没有什么生产劳动比培养人更为复杂，更为神圣。所谓"十年树木，百年树人"。正因为如此，教师是太阳底下最光荣的职业，也是太阳底下最艰巨的职业。要肩负这样光荣而艰巨的职业，没有与之相应的敬业精神是不行的。

一位学者讲过："我们前有先辈，后有子孙，我们的所作所为，要对得起先辈，更要对得起后人，我们是肩负着一种责任生活的。"因为，教育是关乎国家未来的一件事情。作为一个教师是决不能"误人子弟"的。

因此，树立教师的敬业精神，已成为教育改革与发展中一个必须面对和解决的重要课题。

当然，在教育战线，也涌现出了许多敬业奉献的英雄模范人物。比如：

贵州省黔南布依族苗族自治州三都自治县羊福民族学校的教师陆永康出生9个月时，患有小儿麻痹症导致双腿膝盖以下肌肉萎缩。别人学走，他学跪。但他身残志坚，20岁那年，他成为一名小学民办教师，从此开始漫长的跪着教书的生涯。几十年来，陆永康日复一日地跪在讲台上传

道授业；年复一年跪着前行在山间道上，走村串寨做家访，始终胸怀一颗为教育事业挥洒热血的赤诚之心，在平凡的教书育人岗位上做出了不平凡的业绩。

树立敬业精神的关键是依靠教师内在的品行修养。"德高为师，身正为范。"教师是道德的引路人，是品行的示范者，其敬业精神，主要包括强烈的敬业意识和忠诚自己本职工作的事业心，敬重本职工作的责任感和成就本职工作的使命感，追求言传身教、行为示范、铸造灵魂的崇高境界。韩愈在其《师说》中提出"师者，所以传道受业解惑也"。传道，不仅是要传授为学之道，更要传授为人之道；而最佳的传道方式，莫过于言传身教，这就要求教师有无限的敬业精神。

树立敬业精神要求教师必须有诚心。孟子曰："诚者，天之道也；思诚者，人之道也。"任何人都要在"诚"字上下功夫。忠诚于自己所从事的教育事业是教师敬业精神的首要标准，是一个教师必备的、最基本的心态。一个教师最大的成就就是桃李满天下的满足感，让所有的学生在学校学有所成，在社会上有所作为，这也是每一位教师应具备的社会责任和道德责任，而这一切不仅需要对本职工作尽职尽责，还要有一颗诚心对待教育中的任何一件事。

树立敬业精神要求教师必须有精心。在当今这个信息高度发达，社会面貌日新月异的世界，学生的思维越来越活跃，观念越来越新颖，不能把他们限制在教师的知识范围内，这使得教育成为一项复杂的事业。作为教师，不仅要专心致志、精益求精，更要不断更新教学观念、课程体系、教学内容和教学方法、手段乃至教学艺术，以适应当今科学技术发展的新趋势和经济社会发展的新动态。

树立敬业精神要求教师必须有恒心。对于一个教师而言，要敬重教育事业，就要潜心研究业务，不浮躁，不急功近利，耐得住寂寞，经得住诱惑。所谓"十年磨一剑"，作为一名青年教师，要在教学实践中不断磨练自己，应虚心向其他教师学习，应频繁与其他教师交流，应多参加学校组织的诸如说课、演讲等活动，使自己快速成长起来，成为学校、家长、学生可以信赖的教师。

树立敬业精神要求教师必须有爱心。爱生和敬业是密不可分的。不爱学生，就谈不上敬业；不爱所有的学生，更谈不上敬业。教育以育人为本，每一位学生都是教师职业路上的礼物，爱护学生就像爱护孩

子，循循善诱，耐心细致地引导学生养成良好的生活和学习习惯，让每一名学生在充满爱的氛围中学习，师生心灵相通，彼此就像有了一座无形的桥梁，思想的交流，知识的传递就畅通无阻，师生关系就会越来越密切。

是什么力量支撑着北京大学中国语言文学系教授孟二冬在三尺讲台上不知疲倦地讲授，直到倒在讲台旁，甚至在三次大手术之间，他还念念不忘给学生讲完那些曾经因病中断的课，是什么力量支撑着他在病榻上还牵挂着远方的学子——是为师的责任，是为师的信念，是为师的爱心，更重要的是他的那份敬业精神。

要想完成建设中国特色社会主义的伟大事业，各行各业从业人员都应该努力做到爱岗敬业。现代化事业的大厦由一砖一瓦累积而成。在教育事业中倡导敬业精神是关系全局的大事。因此，我们要在教师职业道德建设中提倡敬业精神、表彰敬业模范，又要对教育中存在的问题和弊端进行分析和批评。这样，教育事业才能得到更好的发展。

愿所有的教育工作者都有爱生、敬业之心，都能在新时代如此美好的教育园地里为祖国培养合格的栋梁之材。

新时代的园丁精神

面对处在基础教育阶段的少年儿童，教师的责任是全心尽职地培养他们，哺育他们茁壮成长，这也是人们常说的园丁精神。

可作为新时代的教师，我们自己应该清醒地明白：每一个孩子都是那么生机勃勃，鲜亮而蕴藏着智慧，洋溢着情感。他们是可塑的人，具有强烈的求知欲，比大人更富有情感，充满活力与主动。教师应给学生成长引路，而不是限制学生的发展空间，更不能区别对待不服自己管教的学生或有各种缺陷的学生。

新一轮的课程改革提出了"一切为了每一位学生的发展"的理念，这就要求我们的教学过程应该关注学生的情绪生活和情感体验，关注学生的道德生活和人格养成，新时代的园丁应如何关注学生，培养适应社会发展的未来人才？应从以下几个方面着手：

一、完全彻底地尊重学生

曾看到过这样一则报道：

> 一位失学很久的学生，在老师同学的帮助下，终于回到了校园，可是他的脸上并没有笑容，他觉得学校并不是一个快乐的地方。为什么我们的校园会给学生这样的印象？静心思考，我们何曾为孩子们想想，他们要的究竟是什么。学生为什么见到老师就像老鼠见到猫一样？为什么他们的脸上没有一点朝气，只有沉默？

其实教师的思想意识里总有"教师为主体"的传统观念，觉得自己应该是课堂的主宰者，学生的主宰者，这就造成了学生主体地位的弱化，使得学生总是盲从、被动，造成了学生主动精神和个性被压抑，其结果是本应生动活泼的"我要学"变成了枯燥无味的"要我学"。要想改变这种做法，就得学会完全彻底地尊重学生。

1. 尊重学生，教师要学会低下身子倾听

作为教师，我们不能就教材讲教材，我们要尊重学生，发挥学生的自主性，低下身子去倾听，了解学生最想知道什么，已经知道了什么。我们应该让学生带着这些问题走近教材，走近教师。我在平时的教学中总是课前问问学生：你们已经知道了什么？还有哪些想知道的？课堂中就讲学生想学的、不懂的。课后再问问：你们还想知道什么？打算怎样去弄明白？课堂教学应该常常出现"同频共振"现象，在双边的活动中调动学生主动参与，及时听取学生建议，彼此尊重信任，使学生学习的积极性得以激发，学生会感到学习的乐趣，情感得以充分流露，人格得以尊重，自信心也将得以发展。

2. 尊重学生，教师要学会宽容

学生是处于发展中的人，他们的思想、解决问题的能力、思考问题的方式都不太成熟，也许他们的回答是幼稚的、片面的、甚至是错误的，面对这些我们要学会宽容。因为在课堂中要鼓励学生参与学习，让学生成为学习的主人，也许我们不轻易间的一句否定、一个眼神、一个表情都会挫伤孩子的表现欲、自尊心、积极性。所以，我们必须学会宽容对

待学生：允许学生插嘴，允许学生争辩，允许学生答错。因为当学生在不由自主插嘴时，正是他积极思考，发现新知的时候，我们要保护那些可贵的创造性的火花；允许学生争辩，让孩子把感受和怀疑带到课堂中来，展开无拘无束的交谈，鼓励他们说出自己的观点，并据理力争，让学生在争辩中明理，在争辩中锻炼；允许学生答错，这样可以拉近师生间的距离，诱发他们心中表现的欲望。

3.尊重学生，教师要学会赞赏

学生都渴望得到老师的表扬，一句简单的表扬在教师看来也许微不足道，但对学生来说却是弥足珍贵的，他能扬起学生自信的风帆，甚至会影响学生的一生。记得我曾经教过一位学生，他的成绩当时在班上比较落后，而且调皮捣蛋。可是就因为他的一篇作文写得有进步，我表扬了他一次，没想到他从此精神振奋，学习的劲头一下就足了，期末时成绩居然遥遥领先。奇迹不是不可能发生，从这件事中我深刻地领悟到：辛勤的园丁不要吝惜你的表扬。

4.尊重学生，教师要学会把学生当作自己的朋友

我们要打破师道尊严的束缚，认识到自己不是学生的统治者，我们是他们的朋友，建立一种平等的师生关系，让学生感到学习是一种平等的交流，是一种享受。赞可夫在教学实验过程中就非常强调良好课堂气氛的培养，他认为，学生在课堂里高高兴兴地学或愁眉苦脸地学，效果是完全两样的。课堂中创造一种使大家心情愉快，有强烈求知欲、积极的探求知识的心理气氛，这样才能使学生开动脑筋，充分发展自己的能力。因此，我们在课堂中要以和学生做朋友的语气交谈；对待某些领域不懂的问题应勇敢地向学生承认；和学生一起全神贯注地投入学习过程中去。这样我们不仅能成为学生的良师，更能成为他们的益友。

二、完全彻底地了解学生

作为园丁我们有必要去了解学生的身心发展特点，了解学生的个性特点，这样才可以找到最适合他们发展的教学形式，激发他们主动学习的欲望。

1.“爱动”是每一个孩子的天性

在生活和学习中，孩子总是喜欢亲眼看一看、亲耳听一听、亲手摸一摸、亲自试一试。应该说，孩子没有活动就不可能迈出人生的第一

步。因此，我们必须确立一个观念：在教学过程中让学生充分地活动，创设丰富的教学环境，激发学生的学习动机，培养学生的学习兴趣。在课堂教学中经常进行课本剧的表演、创设情境做小导游、古诗竞背、各类知识大比拼等活动，让孩子在轻松愉悦的氛围中积极主动地学习。教师要把过去由自己包办的讲析提问，转化设计成学生的多种活动，不仅让学生读一读、写一写、说一说，而且让他们唱一唱、画一画、演一演、做一做。通过他们的自主活动，把课堂真正还给学生。

2. 好奇"是孩子的另一个特点

不要低估学生的判断力与好奇心，同样一个问题由教师提出和学生自己提出是一个被动与主动的问题。自己提出的问题总是很积极地去想办法解决，由教师提出问题，在多数情况下不同程度地抑制了学生的好奇心、学习动机、学习期望。教学的主要任务不是单纯的知识传授，而是学生不断获取学习方法，感受学习过程，促进知识的有效重组。所以教师在教学中要抓住学生这一特点，引导学生自己去发现问题，引导学生自己去分析解决问题，在这样自主学习的过程中收获无穷的乐趣。

所以很多时候，教师的教学目标不是课前预定好的，而是根据学生的质疑确定本节课的学习目标，学生对自己所设定的学习目标总是很积极、很认真地想办法完成。久而久之，学生自己也养成了爱思考、会思考的学习习惯，而这才是我们教师教学的根本目的，也是学生受用终身的学习本领。

3. "知识丰富"是当今孩子的显著特点

在这个信息传播极为便捷的时代，电脑、电视、报纸为学生提供了众多了解世界、认识世界、捕捉信息的窗口。学生每天都会获得大量信息，知识面很丰富，所以我们在课堂中应充分给予学生说话的机会，鼓励他们大胆表现，同时学会倾听、吸收别人的信息；课外经常布置学生看新闻、写摘录，结合课文收集相关资料，阅读课外报刊出手抄报、开介绍会等作业形式。

三、扎扎实实培养学生终身学习的能力

"让水手站在海边，而不让他游泳，他永远都不能征服大海。"同样，如果学生不能学会自己学习，不具备终身学习的能力，那他以后也不能适应社会的残酷筛选，所以我们必须重视那些学生受用终身的能力的

培养：

1. 要培养学生养成良好的学习习惯

①养成预习的习惯。②养成查阅工具书的习惯。③养成读书写批注的习惯。在读的基础上写眉批或尾批，对好词佳句品评，对含义深刻的词句写解说，等等。将悟与写结合起来，长期坚持，学生的语文能力何愁不能提高？④养成合书重温的习惯。一篇文章看完，或多或少都会留下一些印象，也许是一些词，也许是一段话，也许是一个道理。合上书，再重温一遍，印象会更深刻。有了平时的积累，才能有用时的"顿悟"，正所谓厚积薄发。

2. 要培养学生发现问题、分析问题、解决问题的能力

古人说："为学患无疑，疑则进也"。只有疑才有思，有思才能学到真正的知识。所以在平时的教学中经常创设问题情境，设疑问难。导入新课时让学生提出问题；在课文重点环节设置悬念；抓文章言已尽意无穷的语言材料，设置疑问，拓宽学生思路；对文章的不足鼓励学生大胆怀疑，"唱反调"。长期训练可以使学生质疑问难的能力明显增强。但对于这些问题的分析解决，教师还应教给一定的方法：①抓重点词句品悟领会。记得在教学《赤壁之战》一文时，学生提了这样一个问题：周瑜、诸葛亮为什么会想到火攻？我让学生读读划划重点词语，圈出关键词"连""接"，学生一下就明白了。②迁移旧知、联系生活化解疑问：许多事物、情感单从书本上去认识是不够的，如果不联系自己的亲身经历，怎么读都觉得隔了一层，可一旦联系到自己的生活实际，就仿佛身临其境，对文章中的意境会有更深的感悟。在教学《养花》一文时，我问学生：你们的生活快乐吗？没想到学生一个个怨声载道，不是抱怨家长成天不许自己出去，就是关在家里看电视、写作业，生活很无聊。我追问道：你们为什么会这样？有学生说自己没有什么兴趣爱好，平时不太爱关心周围的人和事。认识到学生生活观的消极后，我又问他们下一步的打算。学生各抒己见，表示要选择一样自己感兴趣的事情作为爱好，平时多去关心那些需要帮助的人，多和好朋友相处，学会美化生活。这样的教学引导，使学生明白：其实生活很丰富，只有乐于付出、积极对待，就感到生活的快乐。③通读全文，顺藤摸瓜，找到原因。曹操为什么要把船连在一起呢？学生通读文章，一下就能找到答案：曹操是北方人，坐不惯船，可是要渡大江，非坐船不可。

3. 要培养学生与人合作的能力

一个人的力量是单薄的，一个人的智慧是有限的。只有将大家的力量和智慧凝聚起来才能将事情办得更出色。所以现代社会除了强调竞争，更强调合作精神。身为教师必须清醒地认识到这一点，在平时的教育教学中要努力培养学生的合作意识、合作精神。

小组合作学习是培养学生合作精神的有效形式。在小组学习中组内成员应在组长带领下，让各种角色有共同的学习目标，在各自独立思考的基础上进行讨论，每个人轮流担任职责：主持人负责组织大家有序讨论，协调进程；记录员负责将大家的发言进行总结，记录学习成果；中心发言人负责将大家的学习成果对全班同学进行汇报；检察员负责检查小组成员的学习情况，帮助有困难的学生纠正不足。这样分工合作、密切配合、各尽所能，同学之间互相启发，集思广益，既提高了集体的竞争能力，又使组内个体的学习积极性得到调动，学会多角度思考问题，培养了团队精神。

四、扎扎实实塑造学生的人格

教学过程如果不能成为学生道德提升和人格发展的过程，那将是教师的失职。学生是完整、独立的人。所有的教育工作者都应关注学生，从而使教学过程成为学生一种高尚的道德生活和丰富的人生体验。这样我们所教育出来的学生才是富有爱心、富有同情心、富有责任感、富有教养的人。

人文精神、价值观、人生观、生活情趣等方面的教育和熏陶，在小学阶段，往往是在一篇篇优秀的文学作品的陶冶鉴赏中得到的，教书更要教做人，将字里行间蕴涵的人文性挖掘出来，滋润孩子的心田。

五、学做开放型的教师

做开放型的教师要敢于冲破传统观念的束缚，以全方位开放的心态吸纳新潮，树立新的教育观、人才观、教师观、学生观。

1. 备课要学会"合奏"

新课程理念要求我们树立大语文的教育观，让学生时时处处学语文，将语文和其他学科有机融合，这就为新时期的园丁提出了更高的要求。一个人的所得、所思总是有限的。在平时的备课中要打破那种学科教师

"独奏"的形式，要学会与其他学科教师建立联系，从独立完成教学任务走向和其他教师一起合作完成对学生的指导；从习惯于孤芳自赏走向学会欣赏其他教师的工作和能力。还要学会放手发动学生参与备课，将学生预习笔记中反映的情况录入教案，以促进教师有的放矢地进行教学。

2.“走出去”，建立学校、社会、家庭全方位的开放型教育

学生不能只学书本，社会、自然更是学生成长、锻炼的舞台。只有在实践中学生才能找到快乐、提高能力。所以教师必须带他们走进生活，让学生真正地动起来，将教材所体现的思想、道理与他们的生活实际联系起来，激发他们自主学习的兴趣。也可以请有特长的家长或相关方面的专家学者，对学生的学习活动进行指导。

3.发动学生全方位交流

学生与学生的交往不应仅局限在本班学生中，教师应允许并鼓励学生实行跨班级、年级以至学校的自由组合学习方式，让志趣相投的学生学得更积极主动。

4.为学生提供一个开放的、主动的、多元的学习环境

我们应该学会了解学生，承认他们个性发展的差异，尊重学生的兴趣爱好，找到他们的闪光点，挖掘出他们的潜能，有意识地将优势领域活动所表现出来的特点、品质迁移到弱势领域中去，促使学生全面健康的发展。

其实，给学生打造展示才华的舞台方式很多。例如，①让学生自由选择学习的方式。在平时的教学中让学生自己选择方法学，可以借助参考书；可以和好朋友商量；可以自己大声读，努力思考；也可以问老师。读书时可以读给好朋友听，可以同桌互相读，可以自己大声读。②让学生自主设计作业。可以抄写文章的优美段落，也可以试着写一段，也可以画成一副画，也可以写写自己的感想，等等。③让学生参与板书。让学生把自己的想法写在黑板上，如你想用哪些名言概括你对课文的理解？师生共同合作，共同设计，共同完成板书。④让学生参与评价。例如，课堂中让学生评价别人的朗读、发言，互评别人的作文。学生在这种宽松的氛围中，没有压力，只有自主选择的权利，因此往往会发挥出最佳水平，调动起学习的积极性。

“十年树木，百年树人”，作为新时代的园丁，教师应意识到自身责任的重大，更应该深刻地明白：只有尊重学生，了解学生，让他们具备

正确的世界观、价值观、人生观，努力让学生学会自我生存、自我学习、自我发展，具备适应社会的能力，才能造就百年的大树，无论风吹雨打，总能坚强屹立，最终成为祖国建设的栋梁。也许这才是新时代园丁精神的精髓所在。

园丁精神的核心就是爱

园丁精神的核心是爱。爱是教育的桥梁，爱是教育的钥匙，爱是教育成功的种子。爱学生，是教师的天职与美德，是师德师风的核心所在。可以说，不热爱学生的教师，是不称职的教师。没有爱，教育将变得枯燥乏味；没有爱，就没有真正的教育。

教师对待学生，要像对自己的孩子一样，关心他、爱护他、教导他。许多优秀教师之所以能在教育事业上取得成功，最根本的一条就是热爱学生。有一份教师素质调查表明，无论是学生、家长还是教师自己，在对教师素质进行排位时，都将"热爱学生"排在首位。爱是学生成长和发展的基本需要；爱是基础，离开这一基础，一切都将变得苍白无力，毫无意义。

《假如给我三天光明》的作者海伦·凯勒身受盲聋哑三重残障，七岁之前一直生活在没有声音，没有光明的世界里，直到遇到了生命中的天使——她的老师莎莉文，莎莉文老师用了毕生陪伴这个可怜的孩子，将她变成了一个勇敢博爱的伟大作家。是什么样的伟大力量创造了这一奇迹呢？是爱，一个无私奉献的老师给她的爱，如果不是爱，如何有如此大的奇迹？如果不是爱，怎能在残缺的身体上播种健康的灵魂，在黑暗的心中灌注光明？爱是教育的动力。没有爱就没有真正的教育。

孩子是纯真的，他们要求获得纯真的爱，也只有这种爱才能促进他们健康成长。每一个学生就是一棵成长的幼苗，教师对学生如同园丁对

幼苗一样，给它多一点保护，多一点浇灌，它就能茁壮成长。教师又是船长，他用目光和爱叠成跳板，引学生们上船，船儿离岸，他用如弓的脊梁做桨，忘情地为学生引渡；他用沙哑的喉咙，给学生讲述另一个世界的故事……沿途的风霜，漂白了他的鬓发，风浪的影子，烙进了他的额间，最后他送学生们上路，他还要回去，因为后面还有许多孩子等着上船，需要爱的滋润……没有爱，哪有幼苗的茁壮成长？没有爱，哪有航帆的风雨漂泊？

著名教育家夏丏尊先生在把《爱的教育》翻译至中国时，曾在序言中写道：

> 学校教育到了现在，真空虚极了。单从外形的制度上、方法上，走马灯似的更变迎合，而于教育的生命的某物，从未闻有人培养顾及。好像掘池，有人说四方形好，有人又说圆形好，朝三暮四地改个不休，而于池之所以为池的要素的水，反无人注意。教育的水是什么？就是情，就是爱。教育没有了情爱，就成了无水的池，任你四方形也罢，圆形也罢，总逃不了一个空虚。

夏丏尊先生的话如果用一句话总结：没有爱，就没有教育——爱是教育的灵魂。

苏霍姆林斯基也曾说："教育技巧的全部奥秘就在于如何爱护儿童。"教师作为一名"传道受业解惑"的引路人，作为一名从事着"太阳底下最光辉事业"的"人类灵魂的工程师"，他们对于儿童发展的重要性是有目共睹的。师德的核心是爱，只有教师对教育这份事业心中有爱，才能有强烈的事业心、崇高的使命感；才能视教育如生命，视学校如家庭，视学生如子女；才能朝夕思虑其事，日夜经纪其物，无私奉献，鞠躬尽瘁；才能拒绝平庸、追求卓越、出类拔萃。

实践证明，教师只有从爱出发，才能发现每一个孩子身上的"闪光点"，对学生动之以情、晓之以理、导之以行、持之以恒。只有这样，学校和教师才不会把孩子分成三六九等，也只有这样，在教育者眼中才没有"问题学生"，才没有教不好的孩子，我们的教育工作才能始终围绕为了学生身心健康发展的这一终极目标！

可以说，没有爱，就没有教育。未来的教育面临的最大挑战不是技术，不是资源，而是教师的素质。教师没有对教育的事业心，对学生的拳拳爱心，对工作的责任心，实施素质教育将是一句空话。作为一名新世纪的教育工作者，应把爱洒向学生，并能做到"捧着一颗心来，不带半根草去。"这颗心便正是对学生的无私的广博的爱！

教师要自强不息，在岗位上拼搏

拼搏，是每一个人应具有的精神。面对接踵而来的困难，我们要做的是什么？是退缩吗？不，我们需要的是拼搏！

拼搏，就是在困难面前不低头，在压力之下不逃脱，在坎坷路上往前走。拼搏不是一时心血来潮，不是空喊号子，拼搏是长期的，需要用坚韧的毅力来维持，需要让坚定的信心来导航。我们今天的学习，便是人生一个漫长的考验，对于我们来说，长期的努力固然重要，但拼搏精神也必不可少。

在经济高速发展的现代社会，每一个人都面临着"适者生存"的严酷竞争，这就需要提高自己，完善自己，奋力拼搏。不要逃避压力，因为那不是彻底解决问题的途径，我们要做的只有一点：那就是不断上进。也许你已经感到十分疲惫，也许你感到自己的力量已到尽头，那么，朋友，让我们再看一看"硝烟弥漫"的足球场。看，这球多么有力而迅猛，几乎没有被阻挡的可能，但队员们毫不犹豫地高高跃起，用自己的身体去抵挡，此时，他们在想什么呢？是自己跳得不高，根本没有希望呢？还是不能瞄准呢？不，时间不容许他们再多想些什么，他们只知道，只要全力挡球，一定会成功！

一位将军被强大的敌人打败了，他的军队溃不成军，将军也被迫躲进一个废弃不用的马槽里躲避敌人的搜捕。恰好一只蚂蚁也在马槽里忙着自己的营生，它在努力地扛着玉米粒，试图爬上一堵垂直的"墙"；蚂蚁当然不会知道将军的一些事情，但将军的目光和心智却被它吸引了。

　　那粒玉米的重量不知是蚂蚁体重的多少倍，也许不亚于人类去托一头大象吧！第一次，玉米粒被它稍稍顶起，很快又掉下来，蚂蚁似乎连一丝的犹豫也没有，接着开始再次的努力。将军屏神静气地注视着蚂蚁的一切，一次，两次，三次，四次。将军默默数到了第69次，这次玉米粒被蚂蚁顶上去了，但又掉了下来。将军想，蚂蚁不可能成功了，69次的失败就是证明。就在这时，奇迹出现了，蚂蚁终于把那颗玉米粒推出了"墙头"。

　　将军被感动了，也找回了失落的自信心。后来重整军队，把敌人打得落花流水，他的帝国版图从里海之滨一直伸展到恒河沿岸。这位将军就是16世纪蒙古莫卧儿帝国的建立者巴布尔皇帝。

　　确实，一个人的出生是天定的，由不得个人去选择，不管你有多大的能力也改变不了这个事实。但是，不管怎么样的出身，只要通过自己的努力，通过后天的奋斗拼搏，就有可能改变自己的命运。当今，我们有些教师总是埋怨自己的出身不好，对于教师这个职业认识不够，认为没有发展的前途，只会怨天尤人。其实，这种人就是没有自强不息的精神的人，只是顾着眼前的个人私利，没有把国家和人民的大局利益放在首位，人生的目标不够明确，对工作敷衍了事。如果他们认识到，教育工作关系到党和国家的未来，关系到民族的前途命运，关系到整个人类的文明发展，就不会再这样的抱怨，而是自强不息，发奋图强，为国家和社会培养好下一代人才了。更何况，如果教师自己整天停滞不前，没有进取心的话，他又怎么能以良好的精神状态教育好自己的学生呢？教师对学生的教育，不仅仅是来自书本知识，更重要的是来自教师自身的言传身教。所以，教师的人格、精神状态也必将直接影响着学生的心理发展。因此，为了国家和民族的未来，教师必须要有自强不息的精神品格，而且要用这种上进的人格魅力来感化、影响自己的学生，使学生能在良好的环境下健康成长。

　　当然，教师有了自强不息的精神还不够，更重要的是怎么把这种精神传递给下一代，传递给每一个学生。在我们的学生当中，有一些是家庭贫困，生活拮据的。这种学生天生就有自卑感，不敢表现自己，不敢大胆与人交往，做任何事情都缩手缩脚。特别在有些公共场合更加不敢表露自己，这样会严重影响一个人的正常发展。所以，教师要综合了解

学生的家庭情况、学习情况，根据他们平时的表现去判断他们是否具有自卑的情绪。如果有的话，要进行心理辅导，用健康向上的思想来鼓励他们，平时也多给他们锻炼的机会，让他们得到重视，找回失去的信心。并且通过班级的集体力量，去培养学生自强不息的精神。

魏书生 19 岁当民办教师，从 20 世纪 80 年代初作为"优秀班主任"脱颖而出，到后来被任命为校长、教育局局长。他认为教育工作者是要把"自强，育人，教书"作为人生幸福的三件事。摆在第一位的是自强。他认为要自强，一要处理好人与社会的关系，用理想主义的态度激励自己奋斗，用感恩的心回报社会，让自己适应社会。二要处理好人与岗位关系，每个人都要守住自己的阵地，敬业乐业，提高素质，等待机遇；努力享受岗位带给自己的乐趣。三要处理好人与人的关系，做到不神化人，也不鬼化人。四是要处理好自己与自己的关系。不迷失自我、而要解放自我、珍爱自我。千万要学会这样思考问题：爱生存的每一处空间，好好爱脚下土地，才能从深处扎根，尽到自己责任和义务。

第二位的是育人，他的育人法宝就是有三个：益体操、民主和科学。益体操，就是经常做到四个字"松净匀乐"，即"身体松，心灵净，呼吸匀，情绪乐"。民主，一要树立服务思想，越想为学生服务，书就越好教；二要建立互助的关系，坚信每名学生心灵深处都有老师的助手，老师也是每名学生的助手；三要坚信人性的力量，发展学生的人性和个性。科学，就是管理要自动化，依靠制度管理，做到班级法规面前人人平等，法规之内人人自由，法规之上没有权威，法规之外没有民主。建立三大系统，即计划系统、监督系统和总结反馈系统。

第三位的才是教书。教书最重要的就是引发学生学习的动力。一要激发学生自觉磨炼意志；二要培养学生良好的注意力，全身心地投入干好每一件事；三要培养学生良好的记忆力。

活着，就应该学会去适应一切不尽如人意的事物，在平凡的工作岗位上寻找自己的闪光点，永远保持乐观进取、积极勇为的生活态度，在逆境中不断地修炼内心，提高自我，唯有自强不息方能有所作为。在这个多变的世界里，每一个时代的人们都有特定的苦楚，每一个人、每一个岗位都有其不为人知的烦恼，教育事业也不例外。然而，我们要知道："生活是一面镜子，你对它笑，它就对你笑；你对它哭，它就对你哭……"。

21 世纪把我们带入一个全新的时代，信息技术的发展使得人们的

脚步变得更加匆忙，生活和工作的压力越来越大，不珍爱自己也就等于摧残自己，不前进也就等于后退，不自强就会变得懦弱，只要活着，我们就得去认识生活，去探索世界，心灵永远是自己的归属，何不好好活着呢？

一个禅师对前来问道的人说："你拿起来吧！"那人一愣，问："拿什么？"禅师说："那你还是放下吧！"于是那人便有了顿悟。虽然没有那么深的智慧，但不难得知，人活在这个世界总得面对许多事情，乐也好，苦也罢，人总得前进。

在美国麻省理工学院，曾经进行过一个有很有意思的试验。试验人员用很多铁圈将一个小南瓜整个箍住，以观察南瓜长大能承受多大的压力。

最初，他们估计南瓜最大能够承受500磅（1磅约合227千克）的压力，然而，在试验的第一个月，南瓜承受的压力就达到了500磅，到了第二个月，承受了1 500磅，当它承受到2 000磅压力时，铁圈被撑开了，研究人员只好给铁圈加固。当整个南瓜承受了超过5 000磅压力后，南瓜皮才产生破裂。

研究人员打开南瓜，发现它已经无法食用了。为了突破包围它的铁圈，这个南瓜充满了坚韧牢固的层层纤维；他们还观察了南瓜的根部，为了吸收充足的养分，它所有的根往不同的方向全方位地伸展，长度超过8万英尺（约合24 384米）。

又嫩又脆的南瓜，变得如此坚韧，顶住了难以想象的巨大压力。它启示我们：压力并不是坏事，它可以让我们更加完善；在压力面前不必畏惧，无须退缩，每个看似弱小的生命，都蕴含着无穷的战胜压力的力量！

一位书法家练字，用的是昂贵的丝帛，由于对丝帛的珍惜，每一笔都仔细琢磨，斟酌再三，以期传神，书法自然日见长进，终成大师。可以说，书法家不满于自己无压力，用昂贵的"草稿纸"给了自己压力，逼着自己不能随意涂鸦，败笔多多，只能时时用心，笔笔长进，自然成功。

"机不可失，时不再来"，人生无"草稿"，不允许随笔涂抹，虚度光阴。所以，人要学会用压力逼迫自己，谨慎地走好每一步，在压力下成长。

深潭选择瀑布作对手，是因为只有瀑布的冲击才能让自己更深；钻机

选择岩石作对手，是因为只有岩石的阻碍才能让自己迸出激情的火花。

我们常说，有压力才有动力，就是这个道理。

有这样一句谚语："如果你想翻墙，请先把帽子扔过去。"在很多时候，不给自己回头的理由，不给自己留后路，学会用压力逼迫自己，才能珍惜自己的人生，浓墨重彩地书写每一页。

回顾历史，我们追寻先人留下的印迹——朝堂之上，孟子警醒世人"生于忧患，死于安乐"；巨鹿之战，项羽破釜沉舟，逼迫兵士以一敌百，"百二秦关终属楚"；韩信背水一战，置之死地而后生……先人们早已意识到压力便是动力，而利用压力逼迫自己，成就了生命里最壮美的诗篇。

压力让人挖掘自己的潜力，迸发出最大的力量。这个道理，还可以扩展到各个领域。日本位于亚欧板块和太平洋板块之间，是一个地壳运动活跃的海岛国家，地震就像达摩克利斯之剑悬于日本人的头顶，这一压力使得日本人极为重视防灾与救灾，从小就注意加强灾难中的自救意识。

"自古英雄多磨难，从来纨绔少伟男"，养尊处优的膏粱之子，锦衣玉食，百事无忧，自然没有压力，于是在灯红酒绿、纸醉金迷的生活里沉沦了自己。一遇不测风云，厄运袭来，才发现手无缚鸡之力、身无一技之长的自己，已没有了维持生存的起码能力。

吴王夫差，继承了先王的霸主基业，却沉醉于美酒，不图进取，被只有三千越甲的勾践卧薪尝胆，一举吞没，留下千古遗憾。生命里没有了压力，往往不会懂得珍惜，信手涂鸦之后，才发现人生已被当作草稿涂鸦得所剩无几。不承受压力的人生，往往在庸庸碌碌中沦为失败的人生。

在教育教学工作中教师也应该有战胜困难的勇气。最后，有两句名言与大家共勉：

一句是我国著名的政治家和著名学者梁启超说的："患难困苦，是磨炼人格之最高学校。"

一句是法兰西帝国缔造者拿破仑说的："困难要靠自己克服，障碍要靠自己常年突破，在我的字典里没有'难'字。"

教师们，拼搏吧！

追求卓越，做学生的榜样

教育家和教书匠的一个最大区别，就是教育家有一种追求卓越的精神和创新的精神。很多家长在为孩子挑教师、挑班级的时候，都喜欢挑一位年纪大一点儿的"富有经验"的教师。其实，大可不必这样，教育家不分年龄，一个教师不在于他教了多少年书，而在于他用心教了多少年书。一些人，他教一年，然后重复五年十年乃至一辈子；有些人，实实在在地教了五年。一个实实在在教五年的人与一个教了一年却重复了一辈子的人，他们的成就是不一样的。

一个优秀的教育家，应该是一个不断探索、不断创新的人，应该是一个教育事业的有心人。一个人之所以能够成功，在很大程度上是因为他是个有心人。有心就能成功，无心就不能成功。尽管古语说，有心栽花花不发，无心插柳柳成荫，但是，毕竟大部分情况是有心栽花花自发，无心插柳柳无荫。这就告诉我们：不能把成功建立在不可捉摸的侥幸和偶然上。

你可以从今天开始写教育日记，做一个有心人，认真总结教育的得与失。一件事情，今天成功了，是怎么做的？有什么体会？有什么感受？今天发生了一个矛盾，是怎么解决的？今天产生了一个挫折，又有什么样的感受？把这些原封不动地记录下来。五年以后将那些最精彩的东西选编出来就是一本最精彩的书。那些闪烁"火花"的东西，对自己会产生强烈的心灵震撼，对他人也可以提供"借鉴"。

现在的问题是，很多教师激动了一下，兴奋了一下，没有付诸笔端，这些"火花"不久就烟消云散了。做一个有心人，什么都能做学问。在有心的前提下，才能把各种碎片串成最美丽的服装。本来那碎片单独看好像没有价值，实际上那不是因为它们没有价值，而是因为它们的价值没有被发现，没有被利用。如果把它们加以组合，就会变得光彩夺目。所以，理想的教师应该是一个有心人。中小学教师搞教育科研，就应该从记录教育现象、记录自己的感受、记录自己的思考开始。把这一颗颗"珍珠"串起来，那就是一条非常美丽的项链。这样的教育科研应该鼓励。

教师在追求卓越的同时要做学生的表率，而要做好学生的表率应主要做到以下两点：

第一，相互尊重，做学生的知心人。一个好的教师首先要有能力与学生建立良好的人际关系，学校是育人的场所，每个人都有同等的尊严。学生当然也包括在内，教师本人是学校里最重要的师表，是学生直观的最有效的模范。教师的一言一行直接感染和影响着身边的学生。例如：中午，起风了，校园里有许多外面和角落里刮进的纸屑和塑料袋，一位教师指手划脚地让学生快点捡一捡，而他自己却走了，随手把捡的垃圾扔掉并跑开了；而另一位教师这时却走过去，把垃圾和纸屑捡起来，在这位教师弯腰捡的同时，她身边的同学也迅速弯腰随老师一起捡完纸屑并扔进垃圾桶。人常说："身教胜于言教，无声胜于有声"，老师做学生的榜样应当在方方面面，处处事事做出表率，做出样子。

被誉为"万世师表"的陶行知先生说过："要学生做好的事，教职员躬亲共做；要学生学的知识，教职员躬亲共学；要学生守的规矩，教职员躬亲共守。"上课要求学生不迟到，教师每节课也不能迟到。爱因斯坦说过："使学生对教师尊敬的唯一源泉在于教师的德和才。"如果让学生学会尊重教师，应该首先让学生感受到被尊重。例如：在《小学生行为规范》中有一条"见老师要问好"，大部分学生都能做到，而很少有老师扪心自问"当学生向我问好的时候我给予回应了吗？"尊重是相互的，只有你从心里去爱学生，去尊重和关心学生，学生才会从内心感激和尊重你。

第二，学会赞美、欣赏学生。尊重每一名学生，赞赏每一名学生是为师者应有的素质。教师要赞美每一名学生的独特性及兴趣、爱好、专长；赞赏每一名学生对教科书的质疑和对自己的超越。除了在教学中赞美学生，在日常生活中教师也应该是热情洋溢、乐观向上的，言行举止都要散发着艺术魅力、充满艺术激情、深深地吸引学生模仿、学习、追求和超越。在上课时，教师要做到精神饱满，尤其是上课的前十分钟，教师一定要用语言或动作吸引学生的注意力，激发他们的学习兴趣，从而产生学习的欲望。在课堂中教师不要一味地说教学生，而要用激情、赞美来感染学生，激励学生。成长中的学生最需要来自教师的赞美，哪怕是一个赞许的眼神，一个简单的"好"字，一个轻微的"抚摸"，学生就是在教师的赞美和他人的认可中慢慢将人生观定向，向着真善美发

展的。教师应该学会时时处处，宜时宜情地赞美他人，激励他人。做学生的知心朋友，与学生建立平等的师生关系，营造一种平等民主、相互交流的教学气氛，把关爱和笑容留给学生，从而使他们"亲其师而信其道"。

当前，教育改革正逐步深入，每一位教师都必须从传统教育观念中解放出来，淡化自己的权威意识，增强自己的服务意识，尊重学生，相信学生，热爱学生，解放学生，开发学生的创新精神，教师要不断更新观念，以身作则，以自身的人格魅力去影响和感召学生，不断追求卓越。

奉献是教师的天职

教师的奉献精神，就是教师在教育教学工作中要有明确的目的，教师不仅要把教育教学工作当作一种职业，而且要把教育教学工作作为人生意义中的一项很好的事业。教师要能够处理好教师劳动价值与劳动报酬的关系，处理好教师劳动与教师地位和教师荣誉之间的关系。在现实社会中，如果你选择了教师，那么你同时也就选择了奉献。教师职业本身就确定了教师执业者必须具有奉献精神。

教育是事业，事业的意义在于奉献。从事教育，就是奉献，这早已成为人们的共识。但是，作为一种信念，一种精神，新时期教师的奉献还有更深的内涵。它来自思想的深处，是骨子里的一种气质、风度、风格、风范或雅量，是一种长期存在、固定不变的、只付出而不求任何回报的、不计较任何个人得失的一种精神和信念。

一谈起"教师要有奉献精神"，可能有的教师会不满意，甚至会发牢骚：为什么单单是教师？为什么教师就应该奉献？有这些牢骚是正常的，因为有人会说，不能把教育只看成是一个职业，要把它看成是一项事业，当教师本身就意味着不能强调索取，要讲究奉献。这话实在好笑。教师也是人，也需要人文，需要民主，也需要享受。教师也只是众多普普通通人中的一部分而已，一味地强调"奉献"似乎是已经过时了，"吃的是草，挤出来的是牛奶"这样的世界观、人生观和价值观也许是人们

对崇高精神境界的一种奢望了，但是我还是要说：教师是需要有奉献精神的！

首先，这是由教师职业的重要性决定的。教师所从事的职业"是天底下最光辉的职业"，从小处说，它为我们的生存提供了有效的保证；从大处说，我们所做的工作又不单单是为了自己生存，还关系到祖国的未来、社会的发展、人类的进步！虽然每一节课教师也许只是为学生讲解了一个知识点、演算了一道习题、解决了一个教学难点，但也正是在这一个个知识点的链接中，培养和造就了祖国建设的栋梁之材，就在这一节节微不足道的课堂教学中，继承和发展了祖国悠久的灿烂文明！这种和祖国利益息息相关的职业，难道就不应该去认真地恭恭谨谨地去做好它吗？

其次，这是由教师所面对的教育对象所决定的。大家都知道，我们的教育对象是活生生的人，"十年树木，百年树人"，培养人的工程是最为艰巨的。因为我们所面对的是一个个鲜活的生命，而教学就是与生命的沟通，与生命的沟通就需要时刻谨言慎行。也许我们的一句伤害学生自尊心的话，会摧毁他对未来的信心和对美好事物的憧憬；也许我们的一次错误的知识传授，会使学生形成错误的思维定式，不再去追求创造与发明；也许我们的一个毫不负责的主观臆断，会泯灭了学生的灵性，使他在浑浑噩噩中苍老终生；也许我们的一个缺乏关爱与期待的眼神，会使学生误解人与人之间不存在温暖，从而使他对整个社会充满敌意和寒冷。如果真的因为自己的失误，而影响了学生的成长与发展，我们的内心会安生吗？难道我们就不该去认真、恭谨地去做好一切工作吗？

教师的职业与祖国宏伟事业紧密相连，和提高民族素质紧密相连，和家家户户紧密相连，和孩子的现在与将来紧密相连，因此我对身为教师情有独钟，深感作为一名教师神圣而自豪。教师心中要有一团火，在任何情况下都要朝气蓬勃，对学生有感染力、辐射力。只有燃烧自己，才能在学生心中点燃理想之火，塑造美好的心灵。这种激情来自对社会主义忠贞不二的信念，来自对为国为民的无数先烈、无数英雄人物的由衷爱戴与崇敬。有了这种信念和激情，受挫折更刚强，有使不完的劲。在教学生涯中，要为了做一名符合党和人民要求的合格教师而努力。

把奉献落实在行动上

一、奉献从学生的需要出发

教师想要奉献给学生的东西太多了。作为一名教师，希望能带给他们丰富的知识，希望教会他们做人的道理，希望……

> 一对老夫妻年逾五十，经济条件不错，理当是安享退休生活的时候，却一同到律师那儿要办离婚。
>
> 面谈后，律师提议三个人去吃一顿饭。吃饭时，服务生送来一道烤鸡，老先生马上挟起一块鸡腿给太太说："吃吧！你最喜欢吃的鸡腿。"
>
> 律师眼睛一亮，心想事情也许有了转机。
>
> 未料太太红着双眼说："我很爱你，但你这个人就爱自以为是，什么事都自己说了就算，从来不管别人的感受，难道你不知道，我这辈子最讨厌吃的就是鸡腿吗？"
>
> 这时老先生也有点哽咽地说："你……总是不了解我爱你的心，时时刻刻我都在想，要如何讨你的欢心，总是把最好的留给你，你知道吗？这辈子我最喜欢吃的就是……鸡腿。"

老先生每次都把自己认为最好吃的东西给太太吃，得到的却是太太的埋怨。教师日常的教育教学工作又何尝不是如此呢？我们想把自己认为最有用的知识传授给学生，换来的却是学生的厌学情绪；我们花额外的时间给学生答疑巩固，希望他们多掌握点知识，得到的却是学生的不理解。许多教师觉得很委屈，为什么明明是有用的东西学生就是不愿意学？为什么当我们想把自己的一生都奉献给学生的时候他们却不接受？为什么教师的"爱"换来的却是学生的"恨"？这值得深思。

这不是"奉献"本身有错，而是在我们"奉献"的时候，是否只是一味地去想"我们要奉献什么"，却忽略了"奉献"的对象——学生。

学生想要什么？学生需要我们奉献什么？在我们"奉献"的同时有没有想到这一点呢？如果没有的话，那我想，再多的"奉献"也只能是盲目的奉献，即使你的出发点是好的，是为学生着想，但最终只会"吃力不讨好"。

所以，我觉得教师的"奉献"应该是从学生的需求出发，先站在学生的角度来想一想，再来思考怎么"奉献"。

二、给奉献加个科学的前提

有很多形容教师奉献的话语，比如"呕心沥血""加班加点""抛家别子""无怨无悔"，教师真的很伟大。但是，教师真的应该这样伟大吗？伟大到任由发着高烧的孩子眼睛失明也不让学生落下一节课；伟大到一身病痛倒在讲台边也不去医院；伟大到在去世前几十分钟感觉呼吸不畅还忍着疼痛，用纸笔讲解数学题，最后英年早逝？此类报道已经不能算新闻了。时代在进步，在新课程理念下的奉献是否也应该是有前提的？

首先，学生有支配课余时间的权利。学生有休息权，不能把奉献等同于无限制地占用学生的时间。

其次，应维持和睦的家庭关系。优秀的教师应该能调整好工作和家庭的矛盾。人是处在社会中的矛盾体，除了职业角色，还应该有许许多多的社会角色。你可能在教育事业上获得很大的成功，但从一个大的社会角度上讲，如果放弃了做父母、做夫妻、做儿女的责任，可能造成家庭的不和，可能造成亲人健康上的问题。

第三，应保证自身健康。"身体是革命的本钱"，会休息的人才是会工作的人。讲究工作效率，不是非得加班加点，以牺牲自身时间和健康为前提的奉献是不明智的。以前说"教师是蜡烛""蜡炬成灰泪始干"；"教师是春蚕""春蚕到死丝方尽"。在新时代新课程背景下，教师还应是传统意义上的蜡烛和春蚕吗？为什么优秀教师的形象就一定是呕心沥血，未老先衰呢？为什么教师讲奉献就非得把自己乃至家庭熬干了呢？教师的奉献过程也应该是自我提升、自我发展的过程。不是"春蚕到死丝方尽"，而是"化成飞蛾又重生"。优秀的教师应该是健康的，有活力的，这样才能从形象、气质上感染学生，感召学生，学生才可能精神抖擞地学。那种未老先衰，浑身职业病，为了不落课宁可倒在讲台前也不到医院瞧病的教师是感人的，但不是明智的。并且，这里所讲的"健康"包括身体健康和心理健康。教师是人类灵魂的工程师，如果教师都不能使自己

心灵健康发展，怎么去塑造学生的灵魂？

所以，在讨论教师拿什么奉献给学生的时候，应该给"奉献"加上科学的前提。

三、奉献的目的就是培养更多的合格人才

奉献的目的不是培养只会考试的机器。学生学习兴趣的丧失，学习能力的不足，情感的匮乏，创新能力的缺失，将会严重影响学生未来的发展，甚至造成学生心灵的扭曲、心理的变态。大学生造成的伤害性事件，都给我们敲响了警钟。让学生只会考试，不会做人，不是真正的奉献。

奉献的目的不是按自己的主观意愿剥夺学生的时间和空间，扼制学生的个性发展。有这样一位教师，连续几年都被学校评为"师德标兵""爱岗敬业标兵"，可就是这样一位教师，学生给他的教学评估打了全年级最低分。学生为何会这样对待他？这位教师几年来几乎放弃了所有的休息时间义务为学生补课，可以说是一心扑在教育事业上。可学生认为教师剥夺了他们的自由，而且占用了学习其他学科的大量时间，学生情绪有抵触，但又无可奈何，因为他们也知道，"老师也是为我们好"。显然，这位教师的"奉献精神"，既失去了社会价值，又失去了个体价值。

奉献的目的是培养合格的现代人，培养具有健全人格的人。这种奉献才具有社会意义和价值。素质教育下教师的奉献精神应以教育规律为基础，应与学生主体的全面发展相联系，应以学生为本，一切违背教育规律的"敬业精神"都是没有社会价值的。

奉献的目的也是更好地发展自我，实现自己的人生价值。奉献就好比是提灯夜行的人，照亮别人的同时也照亮自己。要对学生进行启发式教育，培养学生的创造力，教师必须具有创新精神和创新意识；要教会学生如何学习，教师自身必须具备不断学习提高的能力；培养学生热爱真理，教师自身必须具有执著地追求真理、诚挚地热爱真理、勇敢地捍卫真理、不懈地传播真理的精神。点亮自己，才能照亮别人；要照亮别人，只有先点亮自己。这种奉献才具有个体价值。

奉献，既是一种真诚自愿的付出，也是一种愉悦人心的获得；既是一种纯洁高尚的精神，更是一种自我升华的境界。奉献微笑，收获微笑；奉献爱心，收获爱心；奉献真诚，收获真诚；奉献智慧，收获智慧。

奉献首先要把本职工作做好

奉献应该是一种自愿自觉的情绪和行为的表现，不属于教师本职工作范畴内的东西，但可以蕴藏在教师本职工作中，是超越本职工作的一种行为和思想的表现。

其实，只要把教师的本职工作做好了，可以说也是为社会做了一件好事，并给奉献工作打下了扎实的基础。然而，却有很多人往往连本职工作都难以做好、难以完善、难以不出现任何漏洞和差错，甚至还因为本质工作没有做好而影响其他的工作的顺利进行和开展。做好本职工作也是一种奉献，不过这奉献是应该的、必须的，是不可以出现漏洞或差错的。

奉献精神与本职工作的关系是本职工作是基础，是后盾，是奉献精神的一切力量的源泉。如果一个人连本质工作都做不好，何来奉献精神？又从何谈奉献精神？应该说敬业是奉献的基础，乐业是奉献的前提，勤业是奉献的根本。在奉献前必须做好本职工作，把本职工作做完善，而不是敷衍了事、得过且过、做一天和尚撞一天钟地混日子。

奉献精神是对充分做好并完成好本职工作的人讲的，因为奉献精神是我们中华民族的优良传统，是中华民族兴旺发达的动力和源泉。只要是把本职工作做得非常好、非常棒的人，都应该有这个资格讲奉献，或者是被称为具有奉献精神的人。一个人坚守在同一个岗位上，数十年如一日地兢兢业业、任劳任怨地工作，这应该算是具有了奉献精神；如果在一个岗位上干不好、干不了，奉献精神就无从谈起；如果在一定的岗位上只做了一些自己应该做和应该完成的本职工作，这也只是给奉献精神打好一个基础。

教师是"人类灵魂的工程师"。怎么为培养学生做好我们的工作，不是简单地说一说就能够解决问题的，需要教师摆正自己的位置，真正看到教师的职业特点，准确定位，投入精力，把本职工作做好、做细、做完，切实做出成效。

第二章

实干是事业成功的基础

教师团队精神的内涵与作用

一、团队精神的内涵

"团队"是管理学界近年较为流行的一个词。

实际上，团队是指一些才能互补、团结和谐并为负有共同责任的统一目标和标准而奉献的一群人，一个真正的团队应该有一个共同的目标。团队精神，就是我们通常所说的集体主义精神。它是指集体中的每一个成员都应该自觉地以团队为归属，齐心协力，团结一致，共同奋斗，达成集体的总目标。它要求每一个成员相互关心，相互帮助，竭尽自己的全部智慧和力量，去完成集体的共同任务。

每年在美国篮球大赛结束后，常会从各个优胜队中挑出最优秀的队员，组成一支"梦之队"赴各地比赛，但结果总是令球迷失望——胜少负多。其原因在于他们不是真正意义上的团队，虽然他们都是最顶尖的篮球种子选手，但是由于他们平时分属不同球队，不能形成有效的团队精神。

由此看来，团队并不是一群人的机械组合。团队精神是一个集体所必须具有的，它能够将团体中每个成员的心紧紧地系在一起，形成一股强大的凝聚力。俗话说，众人拾柴火焰高。任何一件事情只靠个人力量是办不好的，只有团队中的每个人通力合作，每一个细节环环相扣，才能获得成功。

团队精神的核心是奉献，奉献成为激发团队成员的工作动力，为工作注入能量。团队精神的精髓是承诺，团队成员共同承担集体责任。

一所学校就是一个团队，它是由各个不同的部门、班级、学科、教师所组成的。学校的团队精神包含三方面内容：

第一，在学校与教师之间的关系上。团队精神表现为教师对学校的强烈归属感，教师把学校当成"家"，把自己的前途与学校的命运联系在一起，愿意为集体的利益与目标奋斗。

第二，在教师之间的关系上。团队精神表现为教师之间的相互协作，相互宽容，彼此信任，在生活上彼此关怀，和谐相处，追求团队的整体绩效。学校成员之间没有根本利益冲突，只有理念的碰撞。

第三，在教师对学校事务的态度上。团队精神表现为教师对学校事务的全身心投入。

二、教师团队精神的作用

教师善于沟通、精诚合作，既有利于个人发展又有利于整体工作效率的提高。教师团队精神作用具体体现在以下几方面：

1. 心理支持

当教育教学活动中遇到困难时，由大家来共同面对，你的心理压力也会相应减轻，解决问题的思路会相当开阔和灵活，你的困难会迎刃而解。当你取得成功时，也别忘了你的同事。你的成功与他们的支持和帮助是分不开的。让大家一起来分享成功的喜悦，同时，你会发现同事之间的关系会更融洽、更和谐，心情也会更愉快。

2. 榜样精神

作为教师，要把教师之间的友好合作精神展示给学生。要求学生做到的，教师应首先做到，这对学生合作精神的影响是深远的。

3. 汲取力量

团队精神在教师这个集体中的作用不可估量。个人的努力固然重要，但没有集体的力量和集体的智慧，一个人的成功就会大打折扣。把自己融于集体中，发扬团队精神，只有握紧的拳头才有力。

4. 资源共享

集体备课、集体教研，大家共同努力，你提供一方面资料，他提供另一方面资料，综合在一起实现资源共享,这样大家的工作负担就会减轻，工作效率就会得到提高。

5. 增强动机

与同事精诚合作，我们会受到及时的鼓励和支持，使我们有信心、有能力去主动探索，从多种途径促进学生的发展，使教师真正成为学生的良师。

6. 促进教改

进行一项教改，个人独立承担，会有意想不到的困难，有的困难是一个人无法解决的，教改步伐会停止不前，甚至导致失败。因此，教改应当让教师集体参与，要得到所有教师的积极参与和支持，遇到问题集体研究解决，让每个人都成为教改的中坚力量，效果会事半功倍，教改成功的可能性会更大。

教师必须消除彼此孤立与封闭的现象，学会与他人沟通与合作，只有这样，教师的视野才会更加宽阔，专业实践理论的内涵得以扩充，专业水平才能得到更快更好的发展。

教师需要团队精神

一、教师要加强团队合作

在倡导学生合作学习的同时，我们教师也应该提倡合作工作。尺有所短，寸有所长，教学上有很多东西需要从彼此身上汲取而获得。合作的范围很广，不仅要和同学科的教师合作，还要与学校里不同学科的教师合作、交流，借鉴他们在教学上的长处。在教研组里也应与其他教师合作、交流、探讨，这是一种心理支持。合作与交流能带给教师个人信心和灵感，探讨使教师融入集体获得成功。

未来将是一个竞争与合作并存的时代，从某种意义上讲，有的时候合作往往比竞争更为重要。尤其是在教育工作中，随着现代化办学水平的提高，信息技术的广泛应用，教师之间的合作就显得尤为重要，如果缺乏合作精神，那么就会影响到教师的专业发展，所以教师应该认识到合作精神的重要意义。

恩格斯曾经说过：为了进行斗争，我们必须把我们的一切力量拧成一股绳，并使这些力量集中在同一个攻击点上。这告诉我们：要想让教育取得成功，大家必须认准一个教育目标，抓住难点，找准突破点，多管齐下，同心协力。

新课程标准热切呼唤"综合型教师"。它极力要求教师打破自己原有的知识结构，冲破学科壁垒的禁锢，不再画地为牢，不再让知识结构单一，而应在向纵深处发展的同时广泛涉猎其他学科的知识，加强与其他课程及生活的联系，促进学科素养的整体推进和协调发展。新课程标准又要求教师必须学会新的教学技能：搜集和处理信息的能力、课程开发和整合的能力、将信息技术与学科教学有机结合的能力、广泛利用课程资源指导学生开展探究性学习的能力等。这些都强调教师要善于与其

他学科的教师合作，以增强教育者之间的互动关系。

在教学实践中不同的教师在教学内容处理、教学方法选择、教学整体设计等方面的差异是明显的，这是一种宝贵的教学资源，教师之间应该随时切磋，随时交流，相互启发，相互补充，实现思维、智慧的碰撞，从而产生新的思想。教师不能一心只教自己的书、管好自己的学科，而应打破以自我为中心的封闭式教学心态，打破文人相轻的堡垒，以开放的态势，认真聆听其他学科教师的教学理念、育人方法、教学手段等，从他们的闪光点中启悟自己教学的得失、权衡自己教育的利弊，从中撷取能为己所用的知识。教师要改变以前只扫自家门前雪的状况，也去管管他人的瓦上霜——唯有广采博览，才能不断充实丰富自己，只有"站在巨人的肩膀上"，加强横向交流与合作，才能不断提高自己的教学技能，提高教育教学效率。

江泽民曾在就教育问题做的重要谈话中深刻指出："教育是一个系统工程，要不断提高教育质量和教育水平，不仅要加强对学生的文化知识教育，而且要切实加强对学生的思想政治教育、品德教育、纪律教育和法制教育。"这对于我们来说，任重而道远，它不仅要靠不同年级教师之间的传承合作，更要靠同一年级各教师之间的协调合作，只有这样，我们才可以实现教育的振兴！

二、教师要善于与人合作

未来将是一个充满激烈竞争的社会，在这样的社会中，学会竞争是生存的需要。但是，想要在事业上开创出一番辉煌的业绩，善于与他人合作更重要。

当今社会呼唤人的相容与合作，在信息化的国际社会里，每一项新的理论均得益于全球知识渊博的学者之间的合作，每一项新的科研成果，每一件事业的成功，均是集体智慧的结晶。可见，与他人相容，善于合作的人成功机会就更大。请看下面一则小故事。

从前，有两个饥饿的人得到了一位长者的恩赐：一根鱼竿和一篓鲜活硕大的鱼。其中，一个人要了一篓鱼，另一个人要了一根鱼竿，于是他们分道扬镳了。得到鱼的人原地就用干柴搭起篝火煮起了鱼，他狼吞虎咽，还没有品出鲜鱼的肉香，转瞬间，连鱼带汤就被他吃了个精光，不久，他便饿死在空空的鱼篓旁。另一个人则提着鱼竿继续忍饥挨饿，一步步艰难地向海边走去，可当他已经看到不远处那片蔚蓝色的海洋时，他浑身的最后一点力气也使完了，他也只能眼巴巴地带着无尽的遗憾撒手人寰。

后来，又有两个饥饿的人，他们同样得到了长者恩赐的一根鱼竿和一篓鱼。只是他们并没有各奔东西，而是商定共同合作去找寻大海，他俩每次只煮一条鱼，在吃鱼时做到彼此谦让。就这样在相互合作的基础上，他们经过遥远的跋涉，来到了海边，从此，两人开始了捕鱼为生的日子，几年后，他们盖起了房子，有了各自的家庭、子女，有了自己建造的渔船，过上了幸福安康的生活。

同样是得到一篓鱼和一根鱼竿，为什么会有不同的结果呢？其原因就在于是否有合作意识。有合作意识的人，他们可以共同承担起艰难困苦，共同去克服一切困难。而缺少合作意识的人，他们往往只看到眼前既得的利益。如果一个人只顾眼前的利益，得到的终将是短暂的欢愉；一个人只有善于与人合作，并且志存高远的时候，才有可能成为一名成功人士。

教师团队精神的建设

一、加强教师团队精神建设的重要性

我们小的时候都见过蚂蚁啃骨头，着实为这小小生命的精神所感动，这就是一种团队的精神。现在科学技术迅速发展，出现了许多新兴行业，在这些行业中，人们同样提倡团队精神，主要是因为这些行业的发展太快。而随着国际竞争的加剧，我国改革开放的进一步深入，中国的教育界也在发生深刻的变化，知识的更新速度在不断加快，每一个教师都不可能穷尽所有的知识，在学科纵深发展的态势日益显现的同时，加强联系和协作成为必然的要求，这就有必要提倡教师的团队精神。

首先，教师的团队精神符合当前教育合作的主流。

第一，俗话说"金无足赤，人无完人"，作为教师，不能要求每一个教师都是优秀教师，都是教育的行家里手；第二，教育科学的发展呈纵深式的推进，从宏观和微观两个方面都要求走向联合与合作；第三，某一门学科也要求多学科的参与才能更好地发挥该学科的优势。我们提倡教师的团队精神，可以集群体之优势，形成合力、聚为焦点，不必面面俱到，也许在解决教育的某些问题上或某个问题的某个方面，更能获得突破，但在团队之中，仍然要尊重劳动，尊重人才的价值取向，才能形成合作向上、积极进取的团队精神。

古语云："天时不若地利，地利不若人和。"教师不仅要有扎实的专业理论知识，同时也要积极营造一个良好的育人环境。教育的合作精神或协作精神，是当代教育的特色之一。教师没有一种合作精神，但凭自己的那一点知识或技能是远不够用的。每个人必须与他人协作，自己才有成功的可能，同时每个人又处在特定的团体之中，这个团体可大可小，因为每个人都是"特定社会关系的人"，即社会的人，教师也是这样的一种人，教师的社会角色绝不可能脱离社会而存在，当代的教育已不是教师个人的英雄主义时代，更多的要谋求协作和合作。因此，教师以团队协作的方式，就更可以发挥该教师的作用，使知识和学科的纵深发展都得很好的延续，它较传统的教研组或办公室为单位的组织，具有更好的实现目标的能力，这对于当前的教育教学改革具有重大的现实指导意义。

其次，教师团队精神对提高教师的整体素质具有重要意义。

教师是知识分子最集中的群体之一，同时教师对于全社会的智力再生产具有重要的意义，他们是社会生产的加速器和推进器，俗话说"三个臭皮匠，顶个诸葛亮"。但在当今社会，教师个人的学识和水平都是有限的，仅仅依靠教师个人的力量是远远不够的，因此，教师的团队精神就显得至关重要了，这是因为：

第一，在现代教育理论上有一个很著名的教育思想——整体大于各部分之和。简单地说，三个教师组成的一个有机团体决不等于三个教师的简单组合，其发挥的作用也远远大于三个教师个人所能发挥的作用。

第二，在团队之中，各个成员之间可以形成优势互补，相互启发，相互激励，共同提高，有利于形成集团冲锋的火力点，更有助于获得战胜困难的勇气和精神，不会认为自己是孤独的英雄。

第三，团队获得的信息量是个人信息量的数倍甚至是几小倍，而丰富的信息量对于教师在教育教学和科研攻关中具有重要意义是不言而喻的。

第四，在团队的协作中，每一个成员都学会了与别的成员相处的艺术，尤其是学会了关心和爱护别人，更懂得谦逊和礼让别人。总之，教师以团队的方式进行教育教学和科研可以极大促进教师整体水平的提高，同时在科研中达到教师思想观念和人格精神的不断升华。

最后，团队的组织形式较教研组更自由灵活和注重实效。

教师的团队建设应注重实效，这是团队的灵魂与核心。当前的教育改革的攻坚战已不是个人力量所能为的了，自然也不是一两个教育的理论家或教育家所能之事，而是要动员一切力量。现在我国所面临的一切问题都是改革之中产生的，教育的改革要更注重实效。经济建设是国民经济的主战场，经济建设的人才也是教育改革培养的最主要的目标之一，培养人才要体现"三个面向"的标准，人才的培养也需要多学科教师共同协作，正是这样的共同目标，使形成教师团队协作成为可能。这是因为：①教育培养的目标不是由某一门或几门学科所能完成的；②一个优秀的教师即使是教育家，他也仅仅精通某一门或几门学科；③即使是某一门学科，也有自身学科发展的特点，一个教师不可能穷尽所有的方面或在所有方面都有独特的见解。教育不仅要搞教学，更要搞科研，教学和科研怎么来搞？以什么形式来研究？我们认为，作为学校，尤其是注重品牌和质量的特色学校，注重教师的团队精神建设，应不失为一种好的科研方式。

教师的团队建设不要拘于形式，组织形式可以自由灵活一些，不要以团队的大小或人数的多少为论，而要以该团队是否具有朝气蓬勃的人员队伍，扎实的科研能力，全力协作的团结精神以及勇于创新的能力，团队的科研成绩如何，等等为衡量的标准。我们可以以整个学校作为一个团队，也可以以一个教研组或三五个人为一个团队来进行协作，这个团队之中，可以具有一定的梯次性或层级性，大的团队中可以有小团体，可以任意地自由组合，只要有助于教育教学或科研即可。团队之间应允许相互竞争，相互争鸣，允许不同学科之间的交叉联合，相互渗透，才能形成百花齐放，百家争鸣的大好局面。

二、优化教师团队的主要策略

首先，要充分考虑教师的意愿，提供双向选择的机会。

教育管理者要转变由上而下的管理思想，把了解教师、深入细致的调查研究作为管理的基础，把满足教师的需要作为为教师服务的前提，

允许教师双向选择。根据教师的意愿和选择，以最优的方案组建班级教学集体、备课组、年级组，努力为教师的教学和研究工作创造和谐舒心的工作环境。

1. 设计问卷，全面系统地了解教师

这个调查表格可分为主观和客观两个部分，包括教育、教学、科研、管理和服务等几个方面，如：愿不愿意当班主任，愿不愿意带课外兴趣活动小组，愿与哪些教师同一备课组，希望与哪些教师共教一个班，等等。教师的问卷结果采取保密手段，不予公开或传布，也不作为对教师工作考核评价的依据，以免给教师带来不必要的精神压力，使这项工作产生负面影响。必须明确，这项问卷只作安排工作、确立岗位职责的主要参考依据。

2. 提供双向选择的机会

当班主任和备课组长确定后，就由他们向学校递交组员名单。一般来说，这个工作集体往往会优于以往由学校领导自上而下组织的指令性教师团队，因为这个集体成员之间相对而言志趣相投，有较好的合作基础，容易形成一个高效能的团队。他们之间关系将会比较融洽和谐，遇到问题和困难也较容易沟通和协调。同时这又是一个讲效率的群体，他们既讲相互之间的感情，又讲工作业绩。这对于提高全校的教育教学效能和营造团结互助协作的氛围具有积极的推进作用。

3. 在双向选择的基础上组建最优化教师团队

在现实条件下，这种双向选择能组建大部分理想的集体，但是由于教师长期习惯于被动的听命工作，一些教师的思想方法和工作作风缺乏主体意识，肯定一时难以适应，学校应该在组建这些基本单位时，一方面要尊重教师的意愿，给予尽可能的满足；另一方面又要根据学校的实际作适当的调整，也允许少数教学有困难的教师主动申请待岗学习提高，为其配备指导教师，支持其以适当方式进修学习，经考核合格后重新进入优化组合上岗。组建最优化教师团队，不仅注入了学校的希望，而且使团队成员充满生机和活力，教师在教学实践中不再把目光盯在学校给了自己什么，而是寄希望于自己和团队在教育教学实践中的价值创造。

其次，建立关注团队的评价机制。

每所学校都有各自的评价标准和评价机制，但都几乎千篇一律地在评价和考核教师个人。这种偏重个体评价的做法在鼓励个别教师成长方面的确有一定的作用，但容易导致教师各扫门前雪，不管他人瓦上

霜，过分关注个人的名誉、利益和发展，会阻碍同事间的合作和协作，影响团队作用的发挥，也妨碍推进素质教育中教学合作基础的形成。因此，在教师评价机制中，注重对团队的评价已成为教育管理改革的当务之急。

1. 评价团队有利于发挥每个成员在创造团队业绩中的作用，有助于每个成员将自己融入整体来思考，包括计划的制定、实施。调整教师的系统思考有利于团队的发展，这是因为教师不再用封闭的思维方式来对待人和事，而是以相对开放的思维方式、合作的态度与同事交流思想。在教育教学过程中，容易树立以人的发展为本的思想，即使在生活上也会更多地为他人着想，设身处地体验各自为师的甘苦、尊严与欢乐，在自己的行动中才会"己所不欲，勿施于人"，从而创建民主和谐、积极进取的教师团体。

2. 评价团队有利于团队开展有效的工作。当评价的目光转移至团队时，就意味着把团队各成员捆绑在同一个发展平台上，当班级教学团队关注每一位学生的现状和发展趋势时，他们就会发现许多问题亟待成员之间达成共识，相互配合付之行动，如分头找学生谈心、分片进行家访、定期研究问题等。这些工作原本是行政式的指令，现在就会变成教师的自觉行动。当备课组关注整体学科的发展时，他们不再希望别人差，而是希望自己好、别人也好，他们就不会封锁资料，而会资源共享，发现同事某些做法不对，不会坐视不管、待其自毙，而会及时指出，并提供合理化的意见和建议。

3. 评价团队有利于促进团队之间的竞争。通过自愿，双向选择，最优化的团队都是在为学生提供优质服务。团队处在发展之中，班级教学集体各有特点，学科组成员各有千秋。他们自始至终处于既合作又竞争的状态下，团队成员之间产生一种"比优比好"的竞争，全校各团队之间将会产生一种和谐共进、互相竞争、互相感染的现象。因为只有在关注自身发展的同时，关注其他团体的发展情况，才能更好地发展自己的团队，这样他们必然会去搜集信息，去伪存真，将那些科学有效的方法，用于自己的教育教学中去，使之达到最优的结果。

4. 评价团队还有利于团队成员充分发挥教师的主体性，增强创新意识。如在当前，每个学校都在开设研究性课程、探索性课程和开放性课程，以供学生选择，一旦一个团队开设有效的课程，那么其他团队就会紧急行动起来，加入课程改革的洪流中。从这个意义上说，建立团队意识，

注重团队评价不仅对教育环境的改善有促进作用，而且可以促进学校进行课程改革、本校课程的开发和实施，推动学校教学改革。

从评价方式上，要改变过去那种教师单向被评的状况，建立自评为主、同事互评、学生测评、家长测评相结合的评价模式，要让教师在工作和生活中不断发展自己，完善自己，使教师明白自己的定位，更要使其明确自身的目标和价值。因为教师可能不太理会自己在学校中的作用究竟如何，但他必定重视自己团队成员对自己的意见和建议。

最后，引导教师树立平衡、全面的发展观。

教师的发展是一个实践教育创新的过程，是一个在学校系统内的特定团体中历练进步和完善的过程。教师的先进教育理念、科学的教学方法和手段、较高的教育科研能力、良好的管理水平和服务意识，在教师专业发展上相互依存和影响，学校就必须为教师的全面发展系统思考，制定发展规划，分步实施，不断调整和完善。

1. 树立教育、教学、科研、管理和服务五方面平衡发展的思想。这不仅有利于教师在专业发展上因片面而受到制约，而且有利于教师树立全面正确的育人观，这对于转变教育思想，积极投身新的课程改革，具有积极的意义。

2. 平衡发展的思想，有利于营造和谐发展的学校文化，建立共同的教育发展观。克服学校工作中因认识偏差相互埋怨和指责，从而形成相互促进、相互支持和帮助的局面，兴学兴教，发展学校非常需要一个和谐的学校环境。

3. 平衡全面的发展观有利于构建学校的办学特色。全面发展是形成学校特色的土壤，全面发展和全体教师在各自团队中的发展，必将促使更多的教师加快发展步伐，从而促进学校的快速发展。学校成员对教育本质的共同认识就是共同的教育发展观，价值观。这种价值观对于建构最优化教师团体，迎接来自世界的挑战，开创以培养创新精神和实践能力为核心的素质教育新局面，具有重大的现实意义和深远的历史意义。

在马克思主义人本理论的指导下，联系教师专业化发展的世界潮流和趋势，结合系统论有关思想和学校管理实践，探讨了以"以人为本、和谐发展"为原则的教师团队的优化配置问题。其核心是对教师进行重组，形成开放、民主、和谐的工作环境，从而提高工作效率，推动学校的课程改革，推进以培养学生创新精神和实践能力为核心的素质教育。

优化教师团队也是对传统学校管理模式的挑战，会引起学校每个成员的思考和讨论，打破封闭，像班主任、备课组长、教研组长和年级组长这些岗位名称将被赋予新的内涵。还会牵动整个管理体系的变革，这种变革一方面要求管理者为基层团队服务。另一方面又要求管理者扮演团队的骨干队员的角色，否则在重组时有被淘汰的危险。

优化团队要求学校管理者做好迎接各种困难和危机的思想准备，因为对管理者而言，正在从事着管理的创新。这就要求管理者坚持不懈的学习，深入教学第一线，及时发现新问题，解决新问题，做好骨干队员，只有这样才能引导全校教师开拓教育的新局面。

树立创新教育的理念

理念是行为的灵魂，起着指导和统率作用。先进的教学理念可以产生积极的教育行为，使教育获得成功；而落后的教育教学观念将导致教育的失败，损害学生的利益。

教师在教学中应该有所创新，体现新理念、新手段、新方法，通过对中小学教育的思考与研究，形成一套独特的教育思想与教育理论。没有研究，就不会对教育有真正的感悟；没有思考，就不会点燃教育创新的火花；没有潜心于教育创新的实践，就不会成为名师。

中国传统文化的弊端限制了人们的独立性和创造性。我们应当不唯书、不唯上，应当具备批判精神与批判意识。这一点对青年教师而言，显得尤为重要。我们要"换一种思路，换一种生存方式"来消除"知足常乐"所带来的消极影响，打破思维定势的束缚，从"应该怎么做"和"不应该怎么做"的框框中解脱出来，充分发挥自身的创造性思维，挖掘自身的潜力。

有这样一个例子：

上海市有位叫茅嘉凌的小学生，小学毕业后未能进入重点中学，因而失去了学习的信心，自愿当了小徒工。谁知三年后，他读小学时发明的"穿绳器"却获得世界发明奖，茅嘉凌这才重新获得了求

学的机会，但已失去了黄金般的三年岁月。

这件事说明了按分取人，往往把那些学有创见却考分不高的学生挡在重点学校门外。但是，如果不这样做，那么又如何在招生中保证公正？试想，这样有创见的学生到了重点学校后，在沉重的课业下还能有所建树吗？

谈到教育创新，不能不涉及教育哲学。现在，在教育领域出现的一些形而上学的东西，缺少辩证观，缺少发展观，就是这些因素左右教育改革。学校的管理者、教师不能正确、全面地看待发生在课堂上的各种问题，不能面对信息时代下学生身心发生的变化，不能面对或正确审视自己的教学行为，而是以一种排斥、习惯、僵化的理念去消极对待新事物、新情况、新问题。因此，作为一名在专业化道路上积极探索教育创新的教师，作为职业化道路上发展的教育管理者，在其成长道路上要有哲学的思想。正如冯友兰先生所说的："哲学的用处，不在于增加实际的知识和才能，而是使人改变自己的生活态度，使人对宇宙与人生的理解体现出一种人格、胸襟和气象。"

法国科学家约翰·法伯曾进行过一个很著名的"毛毛虫实验"。他在一个花盆的边缘放上一些毛毛虫，让它们首尾相接，围成一个圈，同时在离花盆周围6英寸（约合15厘米）的地方撒了一些它们最爱吃的松针。由于这种毛毛虫天生有一种"跟随者"的习性，因此它们一只跟着一只，盲目地跟着前面的毛毛虫，绕着花盆一圈圈地爬行。令法伯感到惊讶的是，这群毛毛虫当天在花盆边缘一直走到精疲力竭才停下来，其间曾稍做休息。但是没吃没喝，连续地走了10多个小时。时间慢慢过去了，一天，两天……守纪律的毛毛虫队列丝毫不乱，依然这样没头没脑地兜着圈子。连续几昼夜之后，它们饥饿难当，精疲力竭，一大堆食物就在离它们不到6英寸远的地方，结果却一个个地饿死了。

毛毛虫的悲剧就在于它们的这种盲目的追随，它们没有自己的目标，缺乏自信，只能随大流，从而导致自己悲惨的命运。当然这种结局也在于跟随着的毛毛虫缺乏足够的信息。而我们的教师首先应该确立自己的发展目标，而不是盲从跟风，应该具有敢于争先，突破条条框框的勇气；

其次，所确立的目标要适合自己并有利于自己的职业发展，在具体实践中不断地进行调整，在不同的阶段中找到自己发展的位置，确定不同层次的职业发展目标。要做到这两点，就应该树立与时俱进的创新教育理念，加强学习与信息交流，尽力解决那种由于信息不对称、判断能力差所带来的弊端，减少盲从行为，理性地看待问题。

创新型的教师要善于思考。也就是说要有自己的"思想"。而这种思想的形成就应当建立在学习、理解、批判、质疑、建构和通过消化吸收进而创造的基础上。因此，教育创新的基础在于教育管理者、在于教师。而创新型教师的形成要具备创新意识，要具有发现问题、分析问题、解决问题的能力。亚里士多德说："思维是从疑问和惊奇开始的。"当一个人长期处于无问题的状态，则说明其没有积极思考，没有进取，也就没有发展和创新。要从传统学习模式中解脱出来，向创新型学习模式转变。当然，积极的学习心态尤为重要。

创新型教师应该敢于否定自己、超越自我。以英特尔公司副总裁达维多的名字命名的"达维多定律"，认为一家企业要在市场中总是占据主导地位，那么它就要永远做到第一个开发出新一代产品，第一个淘汰自己的产品。这一定律的基点是着眼于市场开发和利益分割的成效。人们在市场竞争中无时无刻不在抢占先机，因为只有先入市场，才更容易获得较大的份额和高额的利润。英特尔公司在产品开发和推广上奉行达维多定律，始终是微处理器的开发者和倡导者。他们的产品不一定是性能最好的和速度最快的，但他们一定做到是最新的。为此，他们不惜淘汰自己哪怕是市场上正卖得好的产品。

创新教育的根基在于有一大批创新型的教师涌现。在社会急剧变革的今天，我们应该顺应潮流，做一个教育改革的实践者，从否定自己开始，不断地追求卓越，不断地攀登高峰。在基础教育课程改革的实践中，潜心研究，勇于探索。如果我们还死守以往"经验"不思进取的话，那么将来肯定是会落伍的。

1993 年美国总统大选中，克林顿曾经说过一句话："我们要改变游戏规则。"而布什却说："我有丰富的经验。"所以，布什落败的一个重要原因，是输在"往后看"，而不是"往前看"。

所以，作为一个优秀的教师，重要的一点就是要树立起与时俱进的先进的创新教育理念。只有具备了先进的教育理念，才能指导教师做出不凡的成绩。

教师观念如何创新

"走进课改，观念先行"，教师作为新课程改革的实施者，更应注重自身角色的转换，更新观念。新课程呼唤教师观念的更新、转变，主要表现在以下几方面：

1. 教育理念

新的课程体现着新的教育理念，课程改革的基本理念主要有：①以学生发展为本的理念；②三个发展目标（知识和技能目标，过程和方法目标，情感态度和价值观目标）的理念；③转变学生学习方式的理念（主动、合作、探究）；④学科整合的理念；⑤转变教师角色的理念；⑥强调培养学生终身学习能力的理念。其中"以学生发展为本"的理念最重要。

2. 角色定位

教师除了正式职能"传道、授业、解惑"，越来越多地成为一位顾问，一位帮助发现矛盾论点而不是现成拿出真理的人，必须集中更多的时间和精力去从事那些有效的和有创造性的活动。正如德国教育家福禄贝尔说过："儿童有着强大的驱动力和创造力，教师的任务就是管理和引导他们，把他们的驱动力和创造力用于值得从事的活动中。"新课程强调教师是学生学习的合作者、引导者和参与者，教师要注意在思想上改革思路，在实践中贯彻改革精神。教师作为知识传授者的角色并没有被淘汰，但与以往不同的是，它不再是教师唯一的角色。因此为了成功实施新课程，教师必须对自身角色进行重新定位和理解，从单纯的知识传授者转变为学生的朋友和崇拜者、学生学习的促进者、课程的开发者和建设者、教育教学的研究者。

3. 工作方式

备学生。"眼光比生活高一点"，如果将此话联系到备课中来，我认为教师的眼光应该比教材高一点。备课前要先备学生。

反思。教师以自己的职业活动为思考对象，对自己职业中的一举一动以及由此产生的结果进行分析和审视的过程。教学反思分为教学前、教学中、教学后三个阶段。

合作。教师这个职业有个很大特点就是单枪匹马，独立作战，在日常教学活动中，教师大多数是凭借一个人的力量解决课堂里面的所有问题。而新课程的综合化特征，需要教师与更多的人、在更大的空间、用更加平等的方式从事工作，教师之间将更加紧密地合作。

4. 学习方式

改变原有的单一、被动的学习方式，建立和形成能够调动和发挥学生主体性的多样化的学习方式，促进学生在教师指导下自主学习，培养学生的创新精神和实践能力，倡导"自主、合作、探究"的学习方式是新课程改革的主要任务。

5. 教学方式

教师的教学方式应该服务于学生的学习方式，教师将随着学生学习方式的改变而重新建立自己的教学方式。因此新课程强调要求教师改变教学方式和备课方式，多研究学生，上课时多倾听学生，多关注学生即时的反应，而不是一心只盯着教学内容，根据自己的思路进行讲解。

6. 课程评价

新课程强调建立促进学生全面发展，教师不断提高和课程不断发展的评价体系，摒弃重知识、重结果、重外在的评价体系，做到结果评价与过程评价、内容评价与外部评价、形成性评价与终结性评价相结合，在综合评价的基础上，关注学生的进步和发展。建立和促进评价体系不断提高成为教育工作的重点，新课程倡导的是成长记录袋，学习日记、情境测验等质性的评价方法，强调建立以学校评价为主、教育行政部门、学生、家长和社会共同参与的评价制度。

7. 课程资源

课程资源是指形成课程的要素来源及实施课程的必要而直接的条件。现实中的许多课程资源往往既包含着课程的要素来源，也包含着课程实施的条件。按照课程资源空间分布的不同，大致可把它分为校内和校外课程资源。凡是学校范围之内的课程资源，就是校内课程资源，如图书馆、实验室、互联网络等；超出学校范围的课程资源就是校外课程资源。校内外课程资源对于课程实施都是非常重要的，所以教师一方面要最大限度地利用校内的课程资源，另一方面也要加强利用校外课程资源，帮助学生与学校以外的环境打交道。

与时俱进，做个智慧型教师

老子指出"圣人处无为之事，行不言之教"，这为教学开启了智慧之门。"无为"教学就是要依教学之理、顺学生之性，消解教师不当的"有为"给教学带来的干扰和阻滞，在教师貌似消极"无为"中实现师生真正的积极"有为"。

"无为"教学智慧的基本特征，就是要求教师在教学中不能"越俎代庖"，更不能"包办代替"，而是要通过引导使学生进行自化，从而达到师"无为"而生"自化"的目的。老子"无为"思想对教学的启示，与一些著名教育家的言行似乎不谋而合。

"我已经有十六年多的时间没批改过一篇学生作文了。"魏书生语出惊人。他采用"投机取巧"的"懒惰"方法，特别培养学生互评互改作文的能力。从易到难的十条批改要求，循序渐进便于操作，学生的积极性比教师还高。同时，他的学生的作文能力也在稳步提高。懒惰背后蕴涵着他过人的胆识、高超的教学智慧。

现在倡导学生自主学习、个性学习、合作学习，自主体验，自主建构知识的意义。教师教学的更高境界是学生自学自评，因为"一千个读者，就有一千个哈姆雷特。"

早在三百多年前，捷克教育家夸美纽斯就在《大教学论》一书中指出，要"寻求并找出一种教学方法，使教师可以少教，但是学生可以多学"。美国当代人本主义心理学家罗杰斯倡导"非指导性教学"，认为"没有人能教会任何人任何东西"。这就是说在教学过程中，学生要学会任何东西，最终都要通过自己来实现，而不可能依赖教师去完成。教学实践也表明，当教师不过多地干预学生，给学生的学习尽可能多的自主时，反而能够激发他们的学习天性，收到出乎意料的教学效果，这就是"无为"教学的功效之体现。

"无为"教学启示我们，教师之"为"要"到位"，但不能"越位"。教师之"为"，务必立足于"学为主体"之上，决不能喧宾夺主教师之"为"，重在"授之以渔"，决不能"越俎代庖"。然而在现实中，常见的情况是教师首先把知识切碎、嚼烂了，再通过简单的灌输方式喂给学生，这完

全背离了"无为"的教学宗旨。

在实现自动化教育的过程中，聪明的教师应该学会十种方法：

给学生一个空间，让他自己往前走；

给学生一个时间，让他自己去安排；

给学生一个条件，让他自己去锻炼；

给学生一个问题，让他自己找答案；

给学生一个困难，让他自己去解决；

给学生一个机遇，让他自己去抓住；

给学生一个冲突，让他自己去讨论；

给学生一个对手，让他自己去竞争；

给学生一个权利，让他自己去选择；

给学生一个题目，让他自己去创造。

看似没有教，但是教会学生的是自己对自己负责的精神。看似没有管，但是激发学生的是自己想要学习的欲望和需求。最核心的一点就是给了学生自由，让他们自己去发展和创造。

现在看来，我们的教师并不需要事事亲为，有时候，"无为"才是真正的教育艺术，其真谛就是把学生推到前台，教师隐到台后把学习和进步的机会还给学生。

干什么事情都要有苦干精神，但更需要有科学有效的方法。教育学生也需要这样。

一个成都的初中生，发明了一个自动洗脚器。不用倒水，还有足浴的功能。记者问他为什么要发明这样的东西，是什么动力，他说是懒得倒自己的洗脚水才发明的。懒是原因，并说懒惰可以带来发明创造，当然这是要做聪明的懒人。

我们现在的许多教师事事亲为，明明可以交给学生做的事情一定要自己来做。结果是学生学习效果不佳，教师费心费力。许多人还认为这样的教师是好教师，是师德高尚的表现。有些学校，要把学生的学习"包"起来，白天教不会，还要在晚上带到家里继续教。教师不休息，学生也不休息，一同苦熬。

这种教师，他们勤勤恳恳地将一年的工作重复了几十年。从教时间与实践智慧并不成正比，要知道，教师的实践智慧并不依赖于工作时间。

教师的实践智慧更重要的是依赖于非工作时间中的反思。美国学者波斯纳有一个教师成长公式：教师成长＝经验＋反思。而各种现代教育实验正是激发了教师的反思状态，立志"改变教师的行走方式"，很重要的一条就是让教师学会懒惰，过反思的生活，有智慧的生存。

现在，教师只灌输了大量的教育理念和方法，很难有教师自己的真正的反思。在繁忙的现象背后，是教师智慧的丧失。在这样的情况下，不可能产生大师，因为我们缺少一个宁静致远的"懒惰"环境。

在这个竞争日益激烈的社会中，几乎越来越多的人成为精神上的病人，甚至是精神上的囚徒。更为可惜的是他们并不一定能真正地意识到这一点，他们多数认为这只是工作量太多所造成的疲惫，有一些人甚至以此为荣，认为这代表着"成功"。

那么，让我们看看勤勤恳恳的教师状况如何。

据 2004 年《文摘报》载，据上海和北京等地的调查显示，知识分子的平均寿命比其他社会角色短了近 20 岁！据上海社科院 2005 年初公布的"知识分子健康调查"显示，在知识分子最集中的北京，知识分子的平均寿命从 10 年前的 59 岁降到了调查时期的 53 岁，这比 1964 年第二次全国人口普查时北京人均寿命 75.85 岁低了 20 多岁。

相比其他职业来说，教师职业的确是一种压力较大的职业。做教师非常辛苦，特别需要"懒惰"的智慧，需要休息和放松。"懒惰"是大智慧，智慧重在创造。教师"懒惰"的心态是教育智慧和身心健康的必要条件。教师应学会享受"懒惰"的生活方式。"懒惰"不仅使教师得到放松、思考、反思，而且可以开阔教师的视野。这就需要我们的教师找寻智慧的教学方法，创新自己的思维方式，要"懒"出成果来。唯有如此，教师才可以把平和的情绪和开阔的视野带到工作中来，改善教育质量，创新我们的教育模式。

榜样的力量是无穷的

教师是履行教育教学职责的专业人员，肩负着教书育人，培养社会主义事业建设者和接班人、提高民族素质的使命。

教师的职业特点决定了教师的劳动必然带有强烈的示范性。这是因为教师不仅是在教育教学活动中与学生朝夕相处、耳濡目染的人，还在于学生善于模仿、具有强烈的"向师性"心理。特别是在小学阶段，小学生对事物缺乏深刻的理解，又无一定的分析能力。他们善于模仿，感情充沛而易于激动；他们的心灵就如一张白纸，"染于苍则苍，染于黄则黄"，可塑性很强。这个时期，教师会成为学生模仿的中心人物。在天真的孩子眼里，教师具有某种权威性，甚至以为"老师说的都是对的"，教师的威信远胜于父母。许多教师发现，自己的一举一动，学生都在模仿，又因为是向教师学来的，往往就理直气壮地做下去。教师成为学生最可信赖的模仿对象。

所以，"师者，人之模范"。教师劳动与其他劳动的一个最大的不同点就在于，教师主要用自己的思想、常识和言行，通过示范的方式去直接影响劳动对象。教师本人是学校里最重要的师表，是最直观的、最有教益的模范，是学生最活生生的榜样。任何一名教师，不管是否意识到这一点，不管是自觉还是不自觉，都对学生起着示范作用，并产生潜移默化的深远影响。

所谓"近朱者赤，近墨者黑"，我们每天都受周边人的影响，那么，是什么影响我们或我们怎么影响他人呢？不是别的，正是我们的行为和对生活的态度。我们的行为和态度对一个人的影响是无声无息的，却是刻骨铭心的。所以，榜样的力量是无穷的。

2005年，地处偏远、生源狭窄的湖南省衡阳县五中，2000—2005年学生总数扩大19倍，教学质量综合考评稳居衡阳市普通中学第一。连续5年被评为衡阳市"高中教学质量先进单位"，是全省普通中学唯一派学生参加全国奥赛并获奖的中学。这得益于该校靠榜样引路，带出了一支好的教师队伍。

那时，校领导每天6时起床与学生一起上早操，没有一个人有自己的办公室，没一人装办公电话。他们教学任务比普通教师重，课时补贴却只拿教师的一半，出差补助也自定比政策规定低一半。校长邹修仲80岁的岳母把垃圾倒错了地方，他在教职工大会上做检讨，并当众交罚款。没有一个校领导为亲朋减免学费。最好的房子给骨干教师住，荣誉、职称优先评给一线教师，报酬最多的是贡

献最大的普通教师。

衡阳县五中靠榜样焕发起教师的激情，同时也为学生树立起了学习的楷模，进而影响到学生良好行为习惯的形成及良好学风的形成。我们再来看另外一个事例：

> 在 2007 年高考中，湖北省鄂州高中高三（20）班的许磊同学取得了优异的成绩，高考分数出来后，清华大学主动与许磊的家人联系，并发放了预录通知单，许磊可以自主地选择清华大学的专业，大家都建议他学计算机，可是许磊做出常人想不到的决定，他要学物理。清华大学的老师对他说："学物理是做科研的，非常难，非常苦，你想好了吗？"许磊说："苦和难我都不怕，因为这是我的志向。"许磊告诉记者："是老师影响了我的一生，决定了我的志向。"
> 原来，在葛店中学读初中时，许磊遇到一个物理老师叫倪天才，他对待学生非常严格，讲课风趣、深刻，许磊喜欢上他的课。有一天，倪老师说："学习要靠悟性"，这句话对许磊的学习帮助很大，从那以后他开始自主学习，钻研课本，学习稳步提高。进入高中后，正好班主任也是物理老师，许磊对物理情有独钟，这次高考成绩出来后，他毫不犹豫地选择了清华大学物理系。

从上述的事例中我们不难发现，教师在平时的教育教学过程中的言行举止，性格喜好，为人处世，理想志向，等等对学生的影响真是很大。正如苏联政治家加里宁所指出的那样："要知道，教育者影响受教育者的不仅是所教的某些知识，而且有他的行为、生活方式及对日常现象的态度。"教师的言传身教对学生的影响和教育效果，是巨大而持久的。俄国作家车尔尼雪夫斯基也曾言："教师想把学生造成一种什么人，自己就该是这种人。"

> 这是应宝实验初中德育处副主任沈宗银的一堂班会课。课开始，师生相互问好之后，沈老师一脸诚恳地说："前几天，我对祁萧同学的态度太严厉了，当着大家这么多人，说那么严厉的话，连我自己都觉得过分，在这里我向祁萧同学，向同学们道歉，以后一定会注意教育的方法。"沈老师的话音刚落，教室里立即响起了持久的

掌声。大家正等老师的下文时，祁萧同学已经迈着步子，红着脸走上讲台，用他一贯稚气未脱的口气说道："我不该违反校规，更不应该用那种不友好的语气跟老师说话，我……我……造成了很坏的影响，我向老师道歉，向大家道歉。"

他刚停下来，掌声又响了起来。王运同学随即走上讲台，一脸歉意地说："上周英语课，我没有认真听讲，打瞌睡，不仅不尊重老师，而且没学好知识，我向英语老师和全班同学道歉，我保证以后不再出现这种状况。"接着吴秋同学大步走上讲台说："运动会期间，我做学生裁判员，我知道第二天要举行闭幕式，并且也接到老师的电话通知，但是我没有到学校，没有参加闭幕式，影响了班级的形象，我向大家说一声对不起。"……这堂课，共有二十多位同学上讲台向大家道歉，在道歉的过程中，班上掌声不断响起。

上述的事例很小很平淡，但是却很有代表性。有些大人犯错误错怪孩子，却很少向孩子说声"对不起"，教师错怪学生能向学生认错的也很少见。学会道歉、敢于道歉是人们内在素质的具体表现，也是社会公德的起码要求，道歉可以消除人与人之间的隔阂，道歉是人际关系不可缺少的润滑剂。让学生明白怎样处理与他人之间的矛盾，也是人生的一门学问。案例中的沈老师以身作责，亲身躬行，敢于承认错误，把道歉作为班会课的固定板块，营造班级道歉文化，并且自己带头"示范道歉"，起到了榜样的作用。

教师的示范是学生最直接、最好的表率，是引导和促进学生成长所不可缺少的手段。

教师的示范性特征几乎表现在教学的各个环节中。在教学中，教师对学生提出要求时，为增强学习的直观性和规范性，使学生有一个感性的认识，教师都先做示范。特别是在例题讲解，实物演示，实验操作及在音、体、美的教学中，教师的示范作用显得更加重要。此外，学生的良好习惯、品德、情操、人生观及世界观的形成，也有赖于教师的言传身教，教师的一言一行将会在学生心灵上产生潜移默化的深远影响。

孔子说："其身正，不令则行；其身不正，虽令不从。"如果每一个教师都把孔子的这句话当作座右铭，并且在生活、工作中努力实践，那么每一个教师都会是一个好教师。

"桃李无言，下自成蹊。"虽然榜样的作用是无穷的，可是古人云："知

易行难。"教师在工作、生活中处处做学生的表率，这需要毅力与意志，有时甚至要牺牲掉个人的一些利益，改变个人的一些习惯，付出一定的代价。所以，很多教师虽然知道应做学生的表率，可是实际上仍然有不少教师并没能成为学生的表率。那么教师应该怎么做才能树立起榜样的形象呢？

一、春风化雨，以高尚的师德感染学生

"捧着一颗心来，不带半根草去"。著名教育家陶行知先生的这句话阐明了一个真理：只有真正无怨无悔地为学生付出，教师才能获得学生的信赖。教育事业对教师提出的要求是非常高的。

首先是真诚。教育学生不是演戏，决不能搞"两重人格"。只有真正发自内心的、表里如一的、言行统一的美好品德，才能在学生身上产生"随风潜入夜，润物细无声"的潜移默化作用，使他们受到教育和感染，引起他们的共鸣和仿效。

其次是人格。学生对教师特有的期望和信赖，往往使他们在观察教师时，产生一种放大效应，教师的一种小小善举，会使他们感到无比的欣喜；教师的一点小小瑕疵，则会使他们产生巨大的失望。所以，教师必须对自己的人格修养提出严格的要求。由于身处学校这个特殊的环境，一些特殊问题也是教师所不得不面对的。如每次考试结束后，总会有一些学生以各种理由找到教师，希望教师对其成绩予以关照。这类情况的学生很多，苦苦哀求者有之，痛哭流涕者有之，这其中自然也少不了一些"礼尚往来"者。对于所有这些学生，教师除了应坚决拒绝其无理要求，还要对其进行批评教育，并尽量帮助学生找到一些补救措施以便让学生学会知识，顺利通过考试。

教师应该成为有人格魅力的人，因为人格魅力是凝聚力、向心力最直接最现实的因素之一，成为对学生最关心、最了解的人。这就需要教师提高自身的思想道德和职业道德水平，具备高尚的师德。

教师良好的职业道德对学生思想品德的形成起着催化作用。一个优秀的教师不仅要品质高尚，而且要有良好的职业道德。

第一，应满腔热忱，关心爱护学生，不歧视、辱骂、体罚学生，教师可敬可亲，学生才会愿意学，也才学得好。

第二，教师文明的言谈举止对学生思想品质的形成起着修正作用。教师的一言一行都是教师内在素养的外在体现，都会给学生以潜移默化

的影响，而学生也正是通过这一点来了解教师的思想。教师注重修养，注意言行，处处给学生做出表率，言教辅以身教，学生受到影响，其不良的行为和习惯就会受到约束，得到修正。

第三，教师的威严与外表的衣着打扮也会给予学生一定的吸引或注意，教学内外的交往是教师与学生通过信息（知识和精神）的交流，实现双方互动，达到双方共识、共享、共进的目的。师生双方的交往包括显性交往（言语交往）和隐性交往（非言语交往）。教师实行平等、对话的教学风格，做到与学生实行心理角色换位，是教学交往实现良性互动的必备条件。师德，不是简单的说教，而是一种精神体现，一种深厚的知识内涵和文化品位的体现。师德就是教师的职业道德，是教师在教育教学过程中，在处理和调节人际关系中所遵循的特殊道德要求和行为规范。高尚的师德既是教师自我完善的必要条件，又是培养和造就一代人才的可靠保证。

教师职业道德内容小分丰富，简言之，最为重要的是献身教育，甘为人梯；热爱学生，诲人不倦；精通业务，学而不厌；互相学习，团结协作；一身正气，为人师表。教师的职业道德应贯穿学习、工作、为人、处事的所有方面。作为教师还要信守教师职业道德规范，履行师德要求；作为学校教育集体的一员，还要模范地遵守校纪校规。行动就是无声的命令，教师自觉地遵纪守法，学生就会模仿，就会信服，从而规范自己的言行。

二、学高为师，以丰富的学识征服学生

没有学生喜欢讲课时漏洞百出的教师，也没有学生喜欢才疏学浅的教师。作为一名教师，只有功底深厚，厚积而薄发，驾轻就熟，才能征服学生，并且最大限度地激发学生对知识对学科的浓厚兴趣，其威信才能深深地扎根于学生的心灵之中，才能让学生折服，进而为追求真理而奋斗不息。

"师者，传道授业解惑也"，随着社会形势的飞速发展和高科技产业的狂飙突进，知识更新的速度愈来愈呈现出迅雷不及掩耳的态势，教师的知识储备也被相应地赋予了更高的期望值。

适应现代化教育的教师科学文化素质，应当是多层的、宽广的。教师如果仅仅只是某一学科的教学能手，已远远不能适应社会需要，而必须是理论和实践、教学与生活相结合的"全能型教师""专家型教师"。

具体地说，"全能型教师""专家型教师"就是指既会教学，又懂教育，还能进行科研的教师。从教学方面来看，教师应是一专多能，既能在某一学科有较深的造诣，又能从事相邻学科或相关学科的教学；从教育方面来看，不仅教师本身要有较强的自律性和责任心，有高尚的职业道德，成为教育学生的"学习模范"，而且还能成为面对一群具有个性的活生生的学生的教育家；从科研方面来看，未来社会还要求中小学教师具有较好的科研素质。

尤其需要强调的是，在高举素质教育大旗的当今社会，教师应该充分认识到传统教学的某些弊端及其危害，努力摒弃那些重知识轻智能、重分数轻能力、重课内轻课外的不良现象，本着对下一代高度负责的主人翁精神，变传统的应试教育为现代化的素质教育，为每一个学生在将来开放的竞争环境中具有较强的生存能力、创新能力，立于不败之地奠定坚实的基础。教师的现代化教育技术水平直接影响着教育教学效果，影响到学生的学习行为和学习方式，对学生有着直接的、间接的、潜在的等多重影响。

三、身正为范，以正直的行动引领学生

教师对学生进行的教育方式，不仅有言传，还有身教。言教在说理，以提高道德认识；身教在于示范，实际指导行为方法。教师身教的示范，对学生有重大的感化作用，因此身教比言教更为重要。教师应该以自己合乎道德规范的行为给学生做出榜样，凡提倡学生做的，自己必须先做到，要求学生不做的，自己首先不做，所说的和所做的一致，才能在学生心目中树立威信。把以身作责作为教育原则，对教师提出了严格的要求。孔子说："其身正，不令而行；其身不正，虽令不行。"又说："不能正其身，如正人何？"意为本身作风端正，虽树立了好榜样，不用下命令也能行得通；本身作风不端正，虽然下了命令，也没有人愿意听从。自己都不端正，如何能去端正别人呢？这些道理来自社会实际经验，不仅对道德教育是适用的，而且也具有普遍的教育意义。

孔子的这句话指出了以身作则在日常教学管理中的重要性和必要性，反映在教学工作中则说明"为人师表"对于学生影响是十分重要的。捷克教育家夸美纽斯也指出："教师的职务是以自己的榜样教育学生。"俄国教育家乌申斯基则告诉我们："任何章程和任何纲领，任何人为的管理机构，无论他们设想得多么精巧，都不能代替人格在教育事业中的作

用。"一句话，要照亮别人，首先自己心中要有火种。教师要想不愧为"人类灵魂工程师"的光荣称号，就必须在人格塑造上勇于履行"以身立教，为人师表"的道德要求。

可以说，教师就像是路标一样，指引着学生的学习方向。每个教师的一举一动、一言一行、一思一想、一情一态，都清晰而准确地印在学生的大脑里，都有意或无意地进行着现场的观摩表演，这就是无声路标的示范性，这种示范性将在学生的心灵深处形成一股排山倒海般的内化力。因此，在日常的教学生活中，教师应注意约束自己的一些看起来很不起眼的缺点和行为，努力为学生树立典范。

总之，教师的表率作用是全方位的、巨大的，要从事教师这个光荣的职业，首先就得自觉地改造世界观、人生观，加强自身思想道德的修养；努力提高自己的学识水平，具有广博的知识；在学生面前应该是学者、是良师、是益友；事事恭谦，懂得与人和睦相处，有博大的、宽广的、坦荡的胸襟，包容学生与他人的过失；更应该淡薄名利，安贫乐道；还要养成良好的行为习惯，高尚的道德情操，高尚的审美情趣，树立起高尚的人格魅力，成为学生与他人的学习楷模和典范。这样才配得上"教师"这个光荣的称号。也只有这样，教师才能保证教书育人的实效，学生才会"亲其师，信其道"，进而"乐其道"。

做好表率，从严格的自我要求做起

在大众的心目中，人民教师是最好的表率。尤其在学生心目中，教师更是他们时时、事事、处处的榜样，他们从教师那里学文化、学知识、也学教师的思想、性格及做人的道理。为此，作为教师就必须在各个方面以较高的标准来严格要求自己，以成为学生心目中学习的榜样。

教师要想做好学生的表率，需要从以下方面做起。

一、诚实守信，说到做到

1998 年 11 月 9 日，美国犹他州土尔市有一个小学校长路克，竟从家里爬行到学校去上班。原来，这学期，为激励全校师生的读书热情，路克竟然在全校师生集会上公开打赌：如果你们在 *11* 月 *9* 日前读书 *15* 万页，我在 *9* 日那天爬行着去学校上班。路克此言一出，立刻轰动全校。所以师生猛劲读书，连幼儿园班的孩子也参加了读书活动，终于在 *11* 月 *9* 日前读完了 *15* 万页书。有的学生打电话给路克："你爬不爬，说话算不算数？"有的老师劝路克："你已经达到了激励学生读书的目的，不用爬了。"可路克说："一诺千金，我一定要爬着去上班。"于是，路克 *7* 点离开家门，开始爬行。为了不影响交通，于是在路边草地上爬。过往的汽车向他鸣笛致敬，有的学生跟着一起爬。经过 *3* 个小时，磨破了 *5* 副手套，他终于爬到了学校。全校师生夹道欢迎，孩子们蜂拥而上，为他欢呼……

有人认为这名校长的行为可笑和荒唐，也有人认为，这种事情在中国不会发生，因为没有这么低能且有失身份的打赌，也没有这么多傻得可爱的学生，真会拼命地读书，为的只是让校长爬着去上班。但是，是否可以这么说，我国正在启动的新课程标准所提出的"一切为学生的发展"这个口号，已成为他国校长的实际行动，我们无意引导中国的教师爬着上班，但我们能否从这位外国校长的身上看到那种为了学生的成长，愿做一切事情的勇气和敬业精神，还有那种说一不二的守信品质呢？在教育教学的过程中我们能否做到"言必行，行必果"，一旦承诺就去兑现呢？我们能否做到以信服人，为学生树立诚信的典范呢？

如果教师只是说得好听，而在行动上却是另外一种样子，学生就会不听教师的话，有的学生还可能口是心非，言行不一，成为"说话的巨人，行动的矮子。"，成为言而无信的人。

学生是有思想的人，他们对教师不但听其言，而且要观其行，教师只有以身作则，诚实守信，才能赢得学生的信任、爱戴。

二、端正学风，热爱科学

教师要把学生引入科学真理的殿堂，自己就必须具有热爱科学、追求真理的品德，这样才能培养出求实、严谨、虚心、刻苦的学生。学风是一个人的人格品质和精神风貌在对待科学真理态度上的集中体现和反映，教师的优良作风，对于引导学生形成爱科学的品德、正确树立学生的学风是一种无形的力量，教师要用自己的行动告诉学生：人活着，就要敢于为真理抛开个人得失，敢于为求知而坚持不懈地奋斗。要致力于形成一种适应时代要求的、专博相济、富有活力的知识结构。从纵向上讲，应当学有专长，术有专攻，对自己所任学科有较为深入的钻研；从横向上讲，应当具备相当开阔的科学视野；从发展上讲，应当随着时代和科技的发展而不断更新知识，为自己的知识体系造成一种开放的态势，只有这样，教师才能适应教育教学改革，适应不断深化的客观形式的要求。

为了端正学生的学习态度、唤起学生对科学的热爱，在课堂教学中，当学生进入疲劳期时，教师可以讲一些学生乐于接受的科学逸事，在潜移默化中培养学生对科学的认知、陶冶学生对科学的态度——相信科学、热爱科学，不墨守成规、不迷信权威。

严谨，即严谨治学，严谨治教。教师必须掌握广博精深的知识，并能跟上时代不断摄取新的知识，这就要有严谨的治学态度，科学的本质是求实求真，来不得半点轻浮和马虎。学海无涯，对于日新月异的进步科技，我们应该有一种紧迫感和学而不厌的精神。要时刻自警，不努力学习和更新知识，甚至会落后于学生。

对于教过千百遍的非常熟悉的教材，教师也不能草率了事，必须不断修改和完善自己的教学方案，对于教学环节的安排。教学方法的运用和知识观点的阐析，都必须力求精细、合理和缜密，做到一丝不苟，精益求精。

教师只有严于律己，才能引导学生严格要求自己，才能培养学生实事求是的态度，在人生的道路上不断前进。

时代呼唤钉子精神

一块好好的木板，上面一个眼也没有，但钉子为什么能钻进去呢？这就是靠压力硬挤进去的。由此看来，钉子有两个长处：一个是挤劲，一个是钻劲。雷锋就是用钉子精神去刻苦学习的。

一天，在电影院里，电影还没开演。一个姓贾的小学生发现前排座位上有个解放军叔叔正在聚精会神地看书，觉得挺奇怪：电影马上就要开演了，怎么还在看书？小学生探头一看，原来是雷锋叔叔。

雷锋是他们学校的校外辅导员。"雷锋叔叔，这么一点时间，你还看书啊？"小学生非常好奇地问。雷锋说："时间短吗？我已经看了三、四页了。时间短，可是看一页算一页，积少成多嘛！学习，不抓紧时间不行啊！"雷锋问小贾："你对学习抓得紧吗？"小贾不好意思地答道："不紧！"雷锋亲切地说："不抓紧可不好。你们在学校里学习，太幸福了，一定要认真地学。"

雷锋是一个汽车兵，有两件事他从不放松。一件是汽车上的方向盘，一件是毛主席著作。他在日记中这样写道："……人不吃饭不行，打仗没有武器不行，开汽车没有方向盘不行，干革命不学习毛主席著作不行。""有的人总说工作忙，没有时间学习，我认为问题不在忙，而在于你愿不愿意学习，会不会挤时间。要学习的时间是有的，问题是我们善不善于挤，愿不愿意钻。"

善挤善钻，刻苦学习毛泽东著作和科学文化知识，不断提高为人民服务的本领，这就是雷锋的"钉子精神"。这种精神在20世纪60年代，不知给了多少青年前进的鼓舞，到21世纪繁华的今天，在教育教学工作中，我们更要学习"钉子精神"，善于挤和善于钻，干一行、爱一行、钻一行，在平凡的岗位上做出不平凡的事迹。

这不仅是教师自身发展的需要，也是时代发展的要求。

21世纪，随着科学技术的进步，社会经济飞速前进，信息日新月异，人才的竞争越来越激烈，对人才的要求也越来越高，这就给肩负着人才培养重任的教师提出了更为严峻的要求。在这个知识竞争、信息爆炸的时代，教师该有多少知识需要汲取！社会像个万花筒，各种信息纷至沓来，经济发展一日千里，知识更新瞬息万变。作为一名教师，一份讲稿用几年的情形怕是难以复现了，这就需要教师以"钉子精神"挤时间，不断为自己输血、充电。

1. 教师的职业特点需要刻苦钻研的学习精神

当今世界的竞争是教育的竞争、人才的竞争。推动教育事业发展的主体——教师，肩负着光荣而神圣的历史使命。要培养造就21世纪高质量、高规格的人才，就必须建立一支高素质的教师队伍。而教师队伍建设的核心是教师的师德建设，教师的师德决定了教师的素质，教师的素质又决定了教育的质量。因此，加强师德建设是时代的需要，是全面推进素质教育，深化队伍建设的总枢纽，也是搞好教育战线行业作风建设，决

定教师队伍建设成败的关键。

而高素质的教师队伍的建立需要教师在平时的教育教学工作中要刻苦学习，苦练本领，善于学习，善于进取，不断提高自身的教育教学水平，提高自身的业务能力。

2. "终身学习"的时代特点需要教师刻苦钻研的学习精神

随着信息水平的不断提高和知识更新速度的加快，人类进入了"学习型社会"，"一朝受用，终身受用"的历史已经过去，任何人都需要不断接受教育，不断更新知识，不断发展成长。教师作为教育人的职业理应成为终身学习的榜样，不断更新教育观念，不断更新已有的知识，不断掌握新的手段，才能保证自己做一个合格的教师。

3. 教师工作的对象决定了教师必须有刻苦学习的"钉子精神"

教师工作的对象主要是学生，他们是充满生命的、千差万别的个体，传授的内容是不断变化着的人文、科学知识，这就决定了教师要以一种变化发展的态度来对待自己工作的对象及工作内容，要不断学习、更新、反思。要懂得拒绝和抵制社会中形形色色的经济、物质诱惑，甘于牺牲，甘于奉献。不但把自己培养成学习型教师，而且也要把自己培养成专家型教师。

4. 刻苦钻研，搞研究、写文章是教师的天职

现在的教师，特别是年轻教师大多数是刚从学校毕业，没有社会实践经验，经验和阅历相对较少，教学时把课本的理论知识照本宣科地搬到学生面前，没有经过提炼和深入思考。有些观点甚至没弄懂就教给学生，学生在这样的教师教导下，自然也是一知半解，更别说用理论来指导实践了。提高学术素养是教师上好课的前提，作为教师，博览群书，有感而发，把所见所闻写成文字，是作为教师的最起码要求。做学问，搞研究，对学术心存敬畏，这样才能将所学提炼成精华，在备课中用上研究成果，所教自然就是精华了。

5. 刻苦钻研搞好科研，使教学质量得到提高

搞好科研有利于提高教师的教学水平、知名度和影响力，形成尊师重教的良好风尚，有利于推动学校的教材建设。编写教材本身就是科研工作，是对本学科和相关学科深入研究形成的成果，对讲好课和提高教学质量大有好处，有利于校园文化的建设。科研使学术风气活跃，学术风气对学习风气起导航作用，学术风气与学习风气是校园文化的核心，又是和谐校园建设的推动力，有利于推动学生的学习积极性和钻研精神。

当教师的既讲好课又有科研成果，学生自然钦佩，会以教师为榜样，积极主动地努力学习和认真钻研，走"天天向上"的道路。

学有专长，术有专攻，教师对自己所任学科有较为深入的钻研，从横向上讲应当具备相当开阔的科学视野，从发展上讲应当随着时代的脚步不断更新自己的教育教学方法和理念。

善钻善挤，学无止境

关于刻苦学习的典故，古来有之。"悬梁刺股""囊萤映雪""闻鸡起舞""废寝忘食""十载寒窗"和"牛角挂书"等，在中国文化发展的历史上，无数的学子和广大的教师在治学方面为当代教师做出了榜样，至今流传在人们口中的许多生动具体的治学故事，使当代人佩服、感奋。前辈们严谨治学的事例都堪称勤奋、惜时、刻苦学习的典范。

郭沫若是我国现代文化史上一位才学卓著的文豪。曾任中国科学院院长。他在文学艺术、历史考古、古文字学以及其他很多方面，都有重要建树。与此同时，他勤奋苦学的精神也十分感人。

郭沫若在小学一年级读书时，老师讲历史课——《十六国春秋》，其中有许多胡人的名字，跟外国人的名字一样，非常难记，因而记人名便成为当时历史课的一只"拦路虎"。为了克服这个困难，一天，郭沫若约了一位要好的同学躲进一间阴暗的自修室里，两人苦读硬记，进行比赛，直到把整本历史课本一字一句背得滚瓜烂熟才走出屋子。在后来的日子里，即使在年假期间，郭沫若都手不释卷，天天苦读。有一年年假期间，他把太史公司马迁写的《史记》，从头到尾通读了一遍，并一篇一篇地进行分析、校订和评价，在旁边写下批注，连《伯夷列传》里有一句被历代注家解释错了的话，他都在阅读过程中发现并加以校正。对其中一些精辟言论和难得的资料，郭沫若视若珍宝，不惜时间和精力整篇整段地用毛笔把它抄录下来，放在案头，随时翻阅学习。

郭沫若一生写了不少诗词和文章，论著宏富。但他从事著述有个习惯，就是从来不让旁人代为抄写，一律都是自己动手。即使到了晚年，在他年近80高龄撰写《李白与杜甫》这部研究性著作时，因视力减退，有人提议让别人代抄，可他仍然不同意。他的不少书都是前后几次易稿，全都是他亲自逐字逐句地反复进行斟酌、锤炼、修改和抄写而成的。

显然，郭沫若的这种勤奋苦学的精神，是值得我们学习的，还有一个重要的启示，那就是要珍惜时间。

有人说，我们教师已经天天跟书本打交道了，何必再去捧着书本不放呢？也有人说，教师工作本来就很辛苦了，备课、上课、批改作业……哪有空闲的时间读书学习啊？殊不知，时间是可以"挤"出来的。

有这么一项调查：

我国城市居民平均每日工作时间为5小时1分，个人生活必需时间10小时42分，家务劳动时间2小时21分钟，闲暇时间6小时6分。四类活动时间分别占时间的21%、44%、10%、25%。每一天，城市人就是这样度过。10年来，人的闲暇时间增加了69分钟，闲暇时间占人的生命的1/3。我国居民每天在电视前消耗的时间是3小时38分，打发掉自己一般的闲暇时光。日本人、美国人每天看电视的时间分别为1小时37分和2小时14分。调查结果还显示，本科以上学历者终身学习的时间是低学历者的4倍，收入是其7倍以上。学历越高越重视终身学习，平均每日学习时间为61分钟。

这是个值得深思的现象，越是发达国家，越重视业余时间的学习；越是知识水平高的人，越重视业余时间的学习。

"时间是构成一个人生命的材料。"每个人的生命是有限的，是时间限制了人们的生命，但只要充分地利用它，珍惜每分每秒，就能在有限的生命里创造出永世的辉煌。

爱因斯坦、爱迪生等伟大的科学家，他们给我们留下了宝贵的文化遗产，他们的生命将成为永恒。在爱迪生79岁时，他就宣称自己是135岁的老人。著名的数学家华罗庚也是一位一分一秒的时间都不放过的人。一个人如果懂得充分利用时间就等于有效地延长着生命，把一天24小时变成25小时，对于我们来说，时间就是人生价值的载体，勤奋、刻苦、

上进、拼搏这些人类至美的品德，无不从对时间的珍惜中得到展现。如果你具有良好的文明修养和高尚品德，那么你就一定惜时如金。惜时和勤奋不仅是天才的摇篮，也是一切成就的母体，一天 24 小时，对每个人都是相同的，但由于人们对待时间的态度不同，结果却不一样。

珍惜时间是为了更好地学习，而读书是教师善于学习的最好表现。其实，读书应该成为我们教师的一种习惯，读书成为习惯，可以创造生命的神奇，可以使人的思想"神采飞扬"。

据报载，一位加拿大医生奥勒斯，终身与书为伴。他给自己定下制度，每天睡觉前，不管多忙，多晚，必须读 15 分钟的书。到去世，他坚持了半个世纪，读了近千册的书，成为博学的多领域的专家，人们称他"创造了生命的神奇"。

与案例中的医生奥勒斯一样终身与书为伴的事例还有很多很多。在我国中小学教师中，教育教学改革的先行者无一不是酷爱读书的，魏书生、冯恩洪、李希贵……这些教育改革家无一不是从读书中汲取灵感而"神采飞扬"的。教师是学生知识增长和思想进步的导师，不读书的教师如何肩负这个职责呢？确实，工作与读书的矛盾是客观存在的。教师每天要备课、上课、批改作业、做学生工作……稍一松懈，就挤掉了读书的时间。

有一个真实的故事给我们以警示：

一位大学教授在给学生毕业时赠言，说希望大家到工作岗位以后"每年坚持读一本书"，当时全场哗然，大概认为教授是"杞人忧天"。数年之后师生又一次聚会，那位教授问：数年来，每年坚持读一本书的同学，请举手。全场寂然，举手者寥寥。

古人说："三日不读书，便语言无味。"教师特别是年轻教师，如果因为忙，一个月，几个月不读一本书，甚至一年都不读一本书，以其昏昏，如何使人昭昭？

百年大计，教育为本；教育大计，教师为本。教师的思想道德、精神风貌、学识水平、素质能力，直接影响着一代又一代青少年学生，乃至影响整个国家和民族的未来。而教师要承担起这个神圣的职责，就必

须多学习，多读书。很多教师开始工作时，应当说是站在同一条起跑线上，但是五年、十年以后业务上就拉开了距离。落后者一个很重要的原因就是，在业余时间没有养成读书学习的习惯。所谓让读书成为习惯，就是让读书成为业余生活中的习惯。应当说，我们不缺少读书学习的愿望，不缺少当一名优秀教师的理想，但一些教师缺少的是实现愿望和理想的毅力和韧性。只要有明确的读书意识，自觉地挤时间读书学习，久而久之，习惯成自然，坚持数年，必有成效。

学习的目的是用。教师刻苦学习，建立合理的知识结构体系，是为了应用于教育和教学过程。在教育理念和制度转变的情况下，在应试教育向素质教育转变的过程中，在减轻学生过重负担的呼声下，教师如何把自己所学的知识运用到实际的教学过程中去，这是一个操作的问题，需要教师在平时的教学过程中慢慢探索教育规律，教学原则；做到知识教育和思想教育的统一，知识教育与能力教育的统一，课堂教育和课外教育的统一；改进方法，不断进取，做一个新世纪合格的人类灵魂工程师。

读书，能改变教师的精神气质和品性，"腹有诗书气自华"。读书，能够使教师不断地增长职业智慧，使自己的教学闪耀着睿智的光彩；读书，能使教师充满生命的激情和智慧的言语，以最简洁的线条，拉动最丰富的信息；读书，能改变教师的人生，从而使教师思考人生，把教学变成一种过程、一种动态、一种求索；读书，是教师可贵的生活品质，一种诗意美好的人生境界。

广收博览，才能信手拈来、应用自如；引经据典，才能妙趣横生、融会贯通；书破万卷，才能"胸藏万汇凭吞吐，笔有千钧任翕张"。

教师的读书习惯，会直接影响学生。"把每一个学生都领进书籍的世界，培养对书的酷爱，使书籍成为学生智力生活的指路明灯，这些都取决于教师，取决于书籍在教师本人的精神生活中占何种地位"。教师首先是读书人，为了学生，为了自己，我们必须坚持读书。

读书、多看些书，写作、多写写随笔，学习、向别人学习，反思、思考自己的得失，而执著、坚持不懈的努力是必要条件，没有执著的态度，前面的"读书、写作、学习、反思" 8 个字都会失去意义，充其量只是走到半路而已。

所以教师要有刻苦学习的精神，善挤善钻，阅读不止，笔耕不辍。

教师要想成为一名精通自身业务的专家，就不仅要具备优良学风，还要经历一番刻苦钻研的过程。第一是要认真研究和领会掌握课程标准

和教学大纲，明确本门学科教学的目的和要求。第二是要深入钻研教材。第三是要系统钻研有关本门学科的专业知识。中学教学的具体内容虽然不是很深，但要给学生一杯水，教师自己就要有一桶水。教师只有对本学科知识有了全面、系统的掌握，对本学科的发展现状和最新成果有所了解，才能站在更高的层次上把握教材，才能不断丰富和更新教学内容。第四是要学习教育学、心理学知识，认真钻研教学方法。教育既是一门科学，也是一门艺术。不懂得教育教学规律，不会分析学生的心理特点，不善于运用灵活多变、生动活泼的教育教学方法，也难以成为一名优秀的教师。第五是要广泛学习相关学科的知识，尽可能扩展自己的知识面。此外，由于学生的学习需求和兴趣爱好是多方面的，客观上还需要教师尽可能具有文学、艺术、历史、哲学等多方面的文化修养。

刻苦钻研，提高自身业务素质和能力，努力扩大知识面，让自己给予学生的一桶水变为有源的活水，常换常新，源源不断。现在，国家把培养创造性人才列入了战略目标，这就对教师提出了更新更高的要求，要求教师刻苦学习，大胆创新，认真钻研教材，促进教学能力提高，更新教育观念，改变教学策略，以学生发展为本，培养开拓型人才。

教师要求具有广泛的、深刻的创造性，能够以创造性的劳动培养新一代创造性人才。所以作为教师必须乐于学、勤于教、善于思，不断有新的发现，有新的科学的创造，找到新的方法，从而进一步提高质量。教育工作是一项富有创造性的工作，要提高质量，必须勇于探索，具有改革创新精神。作为一名教师只有不断改革创新，才能真正做到与时俱进，才能真正立足讲台，才能将素质教育真正落到实处，才能培养适应社会需要的人才。

多抢挑重担，少推卸责任

很多教师特别是新入职的年轻教师，对于领导分配的任务和教学工作，心里没有底，往往推辞说自己经验不足，放弃或推脱工作。然而，一个人如果总在借口中蒙混过关，那么最终他将无所作为。所以请学会对借口说"不！"。面对学校的各种事务，请果断地说："好，我会尽力去做的。"

——刚刚毕业参加工作，但是学校领导就马上安排你当班主任兼科任教师，那是因为领导相信你的工作能力，相信你能做到最好，你没有理由拒绝，那么请答应。

——这个班级是学校出了名的差班、乱班，学习成绩不好，纪律也很差，老师们一提就头疼，没人敢接，但困难更能锤炼一个人的意志和能力，请你勇敢地站出来，说："这件事情我来做"。

——学校搞新课题研究，要你做学科的带头人，作为骨干教师的你。是推脱还是应许？请从容地说："没问题，我来带头！"

这些你看起来很头疼的事情，在有经验的教师眼里可能并不是一件严重的事情；一个看起来让你感觉很费神的课题研究，在有科研经验的教师帮助下，你可能会迎刃而解；一次看起来复杂、要准备许久的示范课，在教学技能娴熟的教师那里不过是小菜一碟……只要你敢做敢当，敢想敢学，一样会做得很好。因为，主动往往比被动更有助于个人成长。

全国特级教师、优秀班主任魏书生在《魏书生文选》一书中说：

人的能力强是工作多逼出来的，铁肩膀是担子重压出来的。有的年轻人推卸掉了领导分配给他的班主任的担子，自以为是占了便宜，实质是把机会，把能力推出去了，把自己变得无能力。另一年轻人抢挑重担，抢着当班主任，抢着当比较乱的班级的班主任，他便抢到了一个增长能力、锻炼自己、显示自己才干的舞台。在这个舞台上，他一定能成长为成熟的班主任，一定会具备驾轻就熟管理班级的能力。而推卸了班主任重担，推卸了乱班班主任重担的人，一定不会有当好班主任的能力，更不会有当好乱班班主任的能力。

抢工作干的人呢？如同没有时间叹息的蜜蜂，忙于工作，忙于学习，忙于提高，忙于自我更新。几年过后，便是一个能力强的班主任了。

为了适应明天的需要，我们今天就该储备能力，增长能力。而增长能力的有效途径便是多抢挑重担，少推卸责任。即使不是为了明天，仅仅为了我们今天活得有价值，活得少一点懊悔，多一分自豪，我们也该多抢挑重担，少推卸责任。

　　看了这篇文章，想想自己的工作，联系到平时的教育教学工作，可以得出这样的结论：多抢挑重担，少推卸责任，今日的工作也就是成就明日的一个台阶！

　　记住，年轻不是借口，爱拼才会赢，敢于后来者居上，敢于承担责任。在完成自己分内工作的同时，请积极主动的去承担学校地其他工作……

　　我们的社会正朝着公平合理的方向发展。少劳不少得，多劳不多得，无能的人不少得，能力强的人不多得的可悲现实正在改变。随着社会的发展和进步，人们对教师这一职业的要求越来越高，为了适应明天的需要，教师今天就该储备能力，增长能力，而增长能力的有效途径便是：多抢挑重担，少推卸责任。即使不是为了明天，仅仅为了使我们今天活得有价值，活得少一点懊悔，多一分自豪，我们也该多抢桃重担，少推卸责任，主动承担艰苦的工作，自觉奉献自己的聪明才智。在这方面，新教职员工特别是骨干教师要勇于挑起重任。

　　在这里，值得一提的是，校长作为学校教育教学的管理者，在决策的时候也要制造让教师特别是年轻教师锻炼能力、施展才华的机会。特别是骨干教师，党员教师要起到模范带头作用，勇于挑起教育教学研究的重任，身先士卒，敢打硬仗，上好每一堂课，做好每一项工作，育好每一名学生。

　　下面的这个案例在培养年轻教师方面，就比较成功，值得我们借鉴。

　　东区槎桥小学注重培养青年教师，让他们勇挑重担，给他们创造施展才华的机会。青年教师也不负学校所望，把压力当作动力，积极参加区和学校举办的各种竞赛，并取得了不错的成绩。

　　邝润霜老师的《我想有个机器人》获得了区语文口语交际课堂教学大赛三等奖；胡海虹老师的《我们的地球》也在刚刚过去的学科说课比赛中荣获三等奖。

　　在青年教师的培养上，学校从教学实际出发，坚持自我学习与发展的原则，提高学历层次，搞好传帮带，处理好教扶放的关系，为青年教师铺设成功之路。学校大胆使用青年教师，鼓励和指导青年教师上公开课、试验课、开设知识讲座等；要求青年教师认真学习教学、心理学及素质教育读本，苦练粉笔字、普通话等教学基本功，不断提高自身素质；经常组织青年教师外出听课学习，给他们压担子，鼓励他们勇挑重任。经过几年的努力，一批青年教师迅速在这片沃

土里成长起来，有力地促进了学校各项工作的发展。

正如曾经负责"打杂"五年的优秀小学语文教师窦桂梅所言："不管在哪个单位，从事哪门教学，只要埋下头来，任劳任怨，必能成为业务骨干，做出成绩，显出存在的价值。"这段话很好地诠译了踏实、肯吃苦、任劳任怨，是成为一个优秀教师所必备的优良品格！

实干是事业成功的基础

每当奥运冠军站在领奖台上，我们会看到有无数羡慕的眼光盯着他们，无数的鲜花和花环撒向他们，无数的闪光灯追逐着他们，那一刻他们就是一颗最耀眼的星星。但有多少人知道在奖牌的背后，运动员们曾经付出过多少辛苦，流下过多少汗水和泪水？其实，每个成功者的背后都付出过比常人更多的努力和艰辛。

教育也是一样，要想收获成熟的硕果就得浇灌辛勤的汗水，付出辛苦的劳动，踏实肯干，任劳任怨。

从走上讲台的第一天起，就决定了教师的一生将与教育结伴、与学生为伍。教书育人，是教师的职责之所在，书本、学生是教师生命之所系。教书的职业人生就是要能够坚守住三尺讲台平淡无奇、默默无闻的人生。但是只要教师把三尺讲台当作自己神圣的人生舞台，同样可以书写不平凡的人生！

"情境教学"的创始人——李吉林老师研究情境教学28年不懈怠，其执着精神令人钦佩，更为可贵的是她现在虽已年近七旬，退休在家，但每天还要坚持到学校，还要关注教育动态，进行研究和撰写一些指导性的教育论著。

于永正老师已是白发苍苍，但为了上好一节课，连板书的每个字都要反复练习多遍，对所教的课文反复地练习朗读，读得感人至深。

教师的日常工作就是教学和研究，搞好教学可以促进研究，认真研

究又能提高教学水平。这既是一条艰辛的路，也是一条成功的路。生活中无论多么美丽的幻想都是梦境，人们从美丽的梦境中醒来的时候都会发现，自己仍然停留在原点。任何一名成功的教师，成长的道路都是自己披荆斩棘开辟出来的，也是充分个性化的过程。他们成才的起点就是从实际出发，根据自己的个性特点和基础，根据自己的实际情况，选择和确定自己的发展方向，然后踏踏实实地去做。

　　被瑶山人民称为"圣女"的全国模范教师盘振玉，十六岁就走上讲台，在艰苦的瑶山一干就是二十多年。不但没有使一个孩子失学，而且她的教学成绩一直在全乡名列前茅。这份成功的背后是大量的付出：她不仅是老师，要用双语（汉语普通话和瑶家语）教复式班，而且还是家长，要为学生做饭、洗衣服，晚上还要招呼学生起夜。

　　特级教师、西南大学教育学院龚春燕教授，更是十几年如一日，他"做过大量的调查，阅读了上千万字的著作，分析过数万个学习个案，统计处理了无数的数据"。

　　可见，天赋可以遗传，知识可以传授，榜样可以学习，但人生道路不能复制。任何一位"成长中的教师"都必须在自己的土地上辛勤耕耘，才可能有真实的收获，才可能走上成功之路。

　　教师要想有成就感和自豪感，就必须埋下头来，踏踏实实地投入教育事业中去。不敬业的老师是很难体会到生命的充实和人生的幸福的。教师追求的方向应当是在教学中的幸福生活，因为人生有限而教学创意无限。

　　"慎终如始，则无败事"，有的教师在开始进入工作岗位或进行某项试验时激情满怀，过不了多久就松懈下来，还有的对大事、难事比较谨慎，对小事、易事就疏忽，这都是要不得的。我们应当远离浮躁，淡泊名利，发挥自己的特长，坚持到底，追逐心中的梦。

　　总之，教师要树立信心而不是妄自菲薄，要踏实肯干而不是娇气浮躁，一定要能够扬长避短，从脚下走出一条适合自己成长的康庄大道。在这个过程中，一定要解放思想，消除自卑心理，虚心学习，大胆实践，在扎实练好基本功，抓好常规教学的基础上，重视和进行教育教学研究，那么，成功就在前面，成才也只是早晚的事情了。

实干还要巧干

毛泽东同志曾经说过:"过河,首先要解决桥和船的问题,桥和船没有解决,说要过河,那只是一句空话。"[1] 在这里,毛泽东同志强调的是方法问题。在没有找到方法之前,就算工程再好,目标再明确,决心再大,也只能隔河观火,望"岸"兴叹而已。

教师的工作也是如此。只懂得埋头苦干,不讲究方法策略,很难取得好的效果。如教学目的已明确,要求也已清楚,而且对教学内容和重点难点都已了如指掌,但方法不对,其教学效果还是事与愿违,甚至一团糟。正确的做法是:在上课之前,必须结合自己的教学内容,首先确定以哪几种方法进行教学较好,然后再进行讲授,以达到事半功倍的教学效果。

什么是实干,实干就是想干事、敢干事、会干事、干成事。但是实干并不等于蛮干,这就是会干和不会干的区别了。有多少教师,一心扑在工作,起早贪黑地工作,匆匆忙忙,一副来晚了的样子再加一副很努力的样子。教师辛勤工作是一件好的事情,无可厚非。但是问题就在于,很多教师只是一味地埋头苦干,没有思考和反思的时间,更别谈研究什么方法和策略了。

所以,在这里有必要阐述一下实干、苦干和巧干两者之间的关系。

首先,我们要实干而且必须强调实干。

什么是实干?其核心是个"干"字,所谓"干",就是"实践"。当然干就包括苦干和巧干了。江苏拼茶中学不断创造着闻名全国的高考神话,人们在破解"拼茶神话"时发现,他们并没有什么特别之处,只在于"严要求,勤钻研,苦字当头"!我们还必须坚持苦干不动摇,只有先苦干了才谈得上巧干和实干。此外,便是强调一个"实"字,所谓"实",至少包含以下几层意思:一是实事求是的态度;二是勤奋踏实的工作作风;三是实实在在的本领。讲到底,实干精神就是勤勤恳恳做事、踏踏实实做人。说白了就是一种责任心的表现,实干很大程度上就是责任心。

---

① 毛泽东:《毛泽东选集》第 1 卷,人民出版社,1991,2 版,第 139 页。

"把每一件平凡的事做好就是不平凡，把每一件简单的事做好就是不简单"。如果我们每位教师都能够把教学的工作看作是构造学生成长，构筑成绩攀升的发展通道，同时也是教师实现人生价值的过程，提升生命质量的场所和自身获得发展的平台，我们就会乐于去干。

其次，实干不能蛮干，苦干更要巧干。

仅仅是苦干是不行的，因为实干不等于蛮干，苦干更要巧干。

教师在教育教学的过程中不能一味地蛮干，如果讲究教育教学的方法不仅省时省力，而且效果会更加显著。

第三，"书山有路勤为径，学海无涯苦作舟。"厚积而薄发，从小事做起，从自身做起，一步一个脚印，才能一步一步走向成功的彼岸。

教师的教育思想、教学方法决定了学生的学习方法。爱因斯坦的名言也是他的口头禅："负担过重必然导致肤浅"。要把这句话渗透到学生的灵魂中去，让班主任、家长和学生从思想上松绑，为自己教学方法的改进提供条件，把学生沉重的课业负担减下来是教师永远的追求。

我们说，世上无难事，只要肯登攀。简言之，就是"落实"。可见，抓好一个"落实"是各项工作的根本保证和关键，目标能否实现关键也在于落实。要把提高办学质量作为第一要务，必须狠抓落实。怎么实干出成绩呢？教师要有三意识。就是要能够吃得准——（教学方向）年级精神、高考导向，教材大纲，班级学生；坐得住——（时间保证）多思教法，深入钻研，认真批阅，勤于辅导；靠得实——（工作作风）全力以赴，真抓实干，调整状态，舍得投入；教得活——（教学方法）调动状态，激活气氛，提高效率；谈得来——（感情投入）了解学生、关心学生、争取学生；盯得紧——（中心工作）多提问，多面批，多检查，多指导，多督促；管理严——（课堂纪律）小处着手，严格要求，不随便，不马虎；练得勤——（教学手段）重视练习巩固，加强纠错整理。教育教学中存在的工作方法的简单粗暴、工作作风的松懈懒散和工作态度的敷衍塞责等现象会害人、害校、害自己。

一位教育家说过："一个教师写一辈子教案不一定能成为名师，如果坚持写三年反思笔记则可能成为名师。"立足自身教育教学实践的反思，在教学中反思，在反思中教学，对我们专业化成长最有现实意义。教师刻苦学习，钻研业务不等于唯书、唯上，多读少思，"授人以鱼，不如授人以渔。"

所以要当好一名教师必须要有求真务实的实干精神，在教学过程中

"因材施教"，教给学生最实用的知识，假如在教学中不分对象，不分内容，照本宣科，千篇一律，如此教法只能收到"对牛弹琴"的效果，上课时自然有学生遛号、睡觉，从而使学生丧失学习的兴趣。除此之外，教师还要有善于反思的精神。

深挖大纲、钻研教材、了解学生、研究教法，多讲究方法和技巧，这样才能做到事半功倍，达到既实干又巧干的目的。

一、承担起教师的责任

责任，从本质上来说是一种与生俱来的使命，是必须客观面对而无法回避的，是必须承担的义务。

我们不妨从美国陆军五星上将布莱德雷小时候的一个故事来理解"责任"两个字的分量：

当时，一群男孩在公园里做游戏。在这个部署中，有人扮演将军，有人扮演上校，也有人扮演普通的士兵。有个"倒霉"的小男孩抽到了士兵的角色。他要接受所有长官的命令，而且要按照命令丝毫不差地完成任务。

"现在，我命令你去那个堡垒旁边站岗，没有我的命令不准离开。"扮演上校的亚历山大指着公园里的垃圾房神气地对小男孩说道。

"是的，长官。"小男孩快速、清脆地答道。

接着，"长官"们离开现场；男孩来到垃圾房旁边，立正，站岗。

时间一分一秒地过去了，小男孩的双腿开始发酸，双手开始无力，天色也渐渐暗下来，却还不见"长官"来解除任务。

一个路人经过，说公园里已经没有人了，劝小男孩回家。可是倔强的小男孩不肯答应。

"不行，这是我的任务，我不能离开。"小男孩坚定地回答。

"好吧。"路人实在是拿这位倔强的小家伙没有办法，他摇了摇头，准备离开，"希望明天早上到公园散步的时候，还能见到你，到时我一定跟你说声'早上好'。"他开玩笑地说道。

听完这句话，小男孩开始觉得事情有一些不对劲：也许小伙伴们真的回家了。于是，他向路人求助道："其实，我很想知道我的长官现在在哪里。你能不能帮我找到他们，让他们来给我解除任务。"

路人答应了。过了一会儿，他带来了一个不太好的消息：公园

里没有一个小孩子。更糟糕的是，再过 10 分钟这里就要关门了。

小男孩开始着急了。他很想离开，但是没有得到离开的准许。难道他要在公园里一直呆到天亮吗？

正在这时，一位军官走了过来，他了解完情况后，脱去身上的大衣，亮出自己的军装和军衔。接着，他以上校的身份郑重地向小男孩下命令，让他结束任务，离开岗位。军官对小男孩的执行态度十分赞赏。回到家后，他告诉自己的夫人："这个孩子长大以后一定是名出色的军人。他对工作岗位的责任意识让我震惊。"

军官的话一点没错。后来，小男孩果然成为一名赫赫有名的军事家——美国历史上最后一位五星上将布莱德雷。

从你进入社会开始，责任就像紧箍咒一样始终伴随着你，责任来自对社会、家庭、单位应尽的义务和自觉的状态。责任的全部意义，就是这个世界上有许多事情必须要你去做，要你去承担，尽管你不一定喜欢或者不一定愿意。

教师这个职位所规定的工作任务就是一份责任。你从事这项工作就应该担负起这份责任。

一个优秀的教师就是一个优秀的责任承担者。

全国优秀特级教师李镇西曾这样说过：

刚参加教育工作时，我有一种真诚的责任感和使命感。这种责任感和使命感，来自我少年时代所受的关于理想主义和英雄主义的教育，但更来自我对当时社会风气的深深忧虑。

记得当时就有同事对我调侃道："你把领导人该操的心都操了！"

是的，现在想起来，那时我的"庄严"与"神圣"的确有些幼稚，但我那颗真诚的责任心（后来成了我的事业心），至今未曾褪色！

但是，就理论素养而言，我当时堪称"一贫如洗"，然后我仍然凭着一腔热情便"赤膊上阵"了：一天十几个小时和学生"泡"在一起，真正成了"娃娃头"！

李镇西老师之所以能坚持数十载，将热情倾注于教育事业上，并最终走出自己的一片新天地，主要原因在于他心中充满了对学生、家长、学校乃至社会的那份责任感。其实，任何一名教师无论是过去、现在，

还是将来，教书育人、爱岗敬业应该是永远追寻并坚守的职业信条。衡量一个教师是否合格，最重要的一点就是看其有没有强烈的社会责任感。

因为教育工作的根本意义在于通过培养合格的社会公民去优化和推动社会的发展。如果一个教师不能够时刻认识到这一点，那么他的工作状态就是一种浅层次的存在，他的工作就会缺乏激情，当然也就缺少幸福的工作体验。

有的教师会早来晚走，但他的目的在于争取评上个"优秀"的荣誉，在年终考核时获得更多的加分；有的教师会自觉地加班加点，但他的出发点是唯恐自己班的考试成绩比别的班差，面子上过不去；有的教师在某一个阶段表现出特有的工作积极性和主动性，但当他晋上理想的职称之后就立即恢复原样；有的教师表现得不前不后，声言自己的个性就在于不为名不为利，干一天算一天；有的教师因为工资晚发了几天，把备课本摔来摔去……这些表面上看来思想不够端正，实际上是不能把自己的工作与社会的需要联系起来，这是强烈缺乏社会责任感的集中表现。

我们很难想象，一个没有责任感的教师会教出有责任心的学生。教育不光是给孩子知识，更重要的是培养学生以积极的生活状态、积极的生存心境、积极的人生态度对待生活。教师教育的是人，不是机器，学生长大成人也要走入社会，教师就要注重培养学生的社会责任感。我们希望能拥有一个和谐的社会，那么首先就要要求各个领域都具有一批高素质且有高度责任心的人才，从这个角度出发，教师是否具有责任感，就不仅仅是一种个人行为了。

从社会的角度看，在当今时代，教育不仅仅是发展科学技术和培养人才的基础，对于社会的稳定和谐同样起着极其重要的作用。有人称教育是社会的黏合剂和平衡器。在每一天，亿万的少年儿童走进校园去接受教育和学习，亿万的少年儿童的父母才得以在各自的岗位上无忧无虑地安心工作，假如学校出现了问题而不能接纳孩子们去读书，将会有多少学生家长因之而不安和焦躁！从这个意义上讲，学校教育的确在起着社会稳定黏合剂的作用。从另一个方面来说，人在社会生活中所处环境的差异是显而易见的，特别是那些身处经济困难地区和贫困家庭中的人们，他们都有着一种改变现状追求平等的理想和愿望，而这种理想和愿望的实现在很大程度上就是依靠接受教育。知识和技能能够改变一个人的命运，知识和技能同样能够改变一个地区的命运。教育启发着人们产生美好的愿望和追求，教育又帮助人们去实现这种美好的愿望和追求。

教育使社会上的人们都怀有美好的愿望，树立美好的理想，为着这种美好理想的实现，他们可以忍辱负重，他们努力遵纪守法，他们更多地看到光明，他们能够在现实生活中克制自己，努力去适应和服从国家的意志。从这个意义上讲，教育又确实起着社会发展平衡器的作用。而教师就是社会稳定黏合剂和平衡器的实际操作者，这种社会责任不够伟大的吗？

当代教师面临三项主要责任，即岗位责任、社会责任和国家责任。这就要求教师在每天所做的极其平凡的工作之中，始终牢记为学生负责、为家长负责、为社会负责、为国家负责。

二、不计得失，无悔奉献

教师的职业特点确定了教师执业者必须具有奉献精神。如果你选择了教师职业，那么你同时也选择了奉献。

首先，和别的职业相比，教师要奉献出更多时间。教师的劳动是无法以时日来计算的。当一名合格的教师开始教师生涯的那一天起，就必定要"超量"工作，就注定要对教育事业倾注自己的全部心血。

其次，教师要奉献自己的心灵。有人总说，教师要拥有并奉献"五心"——爱心、责任心、恒心、细心、耐心，才能品出职业的幸福味道。

如果教师因为牢骚，因为不负责任而影响了学生的成长，那就是误人子弟。

一位普普通通的乡村女教师，手里捏着一份又一份学生的欠账单。10 多年里，她救助的失学儿童和贫困教师达 400 多名，可她的家里除一张旧床、一套改作业用的桌凳外，再也没有其他家具。这就是湖北郧西县乡村女教师胡安梅。

促使胡安梅走上讲台的是孩子们对读书的渴求。

1992 年年初，胡安梅的父亲，51 岁的胡德荣，倒在他辛勤耕耘了 22 个春秋的讲台上。他是湖北郧西县湖北口回族乡桃园沟村火地沟教学点上唯一的民办教师。他送走一届又一届学生，临终留给家里的，是学生们欠下的 960 元书杂费。攥着这份发黄的欠账单，胡安梅的泪水哗哗地流。胡德荣去世后，村里再也没有识字的人可做教师，23 名学生只能辍学回家。

那年夏天，18 岁的胡安梅初中毕业。父亲去世后，家里没了支撑，她不得不放弃求学的愿望，尽管她在校时品学兼优。她也暗自

与几位同学相约外出打工，可这时候母亲试探着问她："安梅，火地沟就你读完了初中，孩子们盼着你回来教书哩！"

胡安梅思前想后，决定暂时教半年试试。这年9月1日，没有悦耳的开课铃声，胡安梅踏上父亲倒下的讲台。面对那破烂不堪的教室和23双求知若渴的眼睛，她情不自禁地哭了："我不走了！"

初执教鞭，她把整个身心都扑在教学上。一学期下来，一、二、三年级的23名学生，80分以上占70%，还有3个90多分的，胡安梅也因此被乡里评为优秀教师。

一次，正在上课的胡安梅，突然发现窗外一双大眼睛直溜溜盯着黑板，她跨出教室，一个小女孩一下子扑到她面前："老师，我能读书吗？"胡安梅紧紧搂着她，脱口而出："能，能。明天来吧！"

"可我爸不让来，说读书要花好多钱，我们穷，读不起！"胡安梅连声说："不要钱，不要钱！"

胡安梅忽然明白了父亲教书一贫如洗却又痴心不改的真正内涵：他是不愿桃园沟变成"文盲沟"，不愿桃园沟一代代受穷啊！第二天，胡安梅来到村支书范昌保家了解村里还有多少孩子没上学。她对范支书说："再苦，也不能让孩子没有书读！"

看着胡安梅恳求的样子，范书记不得不一一说了出来。从此，在火地沟山山岭岭的羊肠小道上，处处都有胡安梅奔波的身影。

在教学中，胡安梅感到自己知识面太窄，1995年6月，她托人贷款1 000多元，参加了小学教育函授专科班。平时连雪花膏都没买过的胡安梅，为的就是一个信念：要让山沟沟里的孩子有出息。

胡安梅贷款学习、负债教书的事迹，经当地新闻媒体报道后，鼓励的信件、资助的汇款单犹如雪片一样飞向火地沟。1996年，来自全国28个省市、香港以及新加坡的捐款达3万多元，社会来信至今有4 000多封。胡安梅想：3万元如果存入银行，每年可用利息救助几十名失学儿童呢！

第二天，胡安梅踏着大雪，步行25千米，赶到乡教育站申请成立教育基金会，从此，火地沟学生的学杂费及学习用品全部由胡安梅教育基金的利息支付。

"火地沟学校读书不收钱"的消息吸引着桃园沟的孩子们，学生越来越多，两间教室12张课桌凳挤了31名学生，还有20多名外组的学生申请入学。

到 2007 年，胡安梅教育基金的数量已达到 8 万元，先后有 400 多名贫困学生因此重圆了读书梦。胡安梅教育基金还资助了贫困民办教师 28 名，资助资金 1 万余元。

1998 年，胡安梅转为公办教师，并从火地沟教学点调入桃园沟村小学。胡安梅还当上了县政协委员，陆续被评为"县师德标兵""十堰市十佳教师"等，荣获第二届中国希望工程园丁奖、湖北省青年"五四"奖章等多项奖励。2002 年和 2007 年，她又光荣地当选为党的十六大、十七大代表。

职业是工作，具有交换关系，是可以量化的。而教师这个职业，天然地就具有奉献精神。而且，一般来说，所教学生层次越低，所处环境越艰苦，越具有奉献精神。闻一多先生在《红烛·序诗》中写道："请将你的脂膏，不息地流向人间，塔出慰藉底花儿，结成快乐的果子。"山区女教师胡安梅 17 年的坚守，被誉为"深山红烛"，她发出的光亮照亮了山区的孩子和家庭，也照亮了更多的人。

当然，一味谈奉献而不顾自己的家庭，这也是不现实且不理智的。真正的奉献要以自己拥有良好的身体和稳固的家庭以及相应的待遇为支撑。健康的身体是做好一切工作的重要保证。生命健康不能得以保障，那么一切都有可能成为徒劳。而家庭的稳固也是教师进行有效工作的重要条件。只有家人平安快乐、团结和睦、理解支持，你才会更精神抖擞地投入作中。而工作就意味着带来一定的收入。教师的切身利益得到保障才能为其生活带来方便，更是对自己奉献所带来的物质回报。这并非庸俗，有钱才有可能让自己过一种更有尊严的幸福生活。教师为社会作出了奉献，社会各阶层也应从多方面支持教育，为教师创造更好的生活和工作条件。

没有奉献精神的人是成不了优秀教师的，甚至不能成为合格的教师。在市场经济的大潮下，在人心浮躁的时代，还有无数的教师在默默地坚守着、奉献着！向这样的教师致敬！

三、品格就是力量

如今，当人们谈论起人生成功的要素时，总是提到智商、情商乃至财商，着眼于技能本领或者精神性格方面。不错，这些确实是人生成功的要素，但我们不能因此而忽视了成功的另一项也许更为重要的因素，

那就是品格。对于教师职业来说，这一要素显得更为重要和突出。

那么，人的品格是什么呢？

有正义感、责任感、伦理观、勇气、诚实、友情，有忍耐力、持续力、节制心、判断力、决断力，有温和的体谅之心——这些美德，都是成为有品格之人的重要因素。

具备这些美德的人值得依赖、尊重和效仿。在这个世界上，他们弘扬了正气，他们的出现使世界变得更美好、更可爱；他们激发了动力，这动力推动着国家和民族走向繁荣富强。

为推动美国社会发展作出了巨大贡献的社会活动家西奥多·帕克常说的一句话是，对于一个国家来说，苏格拉底的价值远远要超过像南卡罗莱纳这样一个州的价值。

"透过培养品格与个性，最后我获得了真正的力量。"英国著名政治家坎宁在1801年写道，"我并没有尝试过其他的途径。我也相信，这条路也许不是最便捷的，却是最稳妥的，对这点我十分乐观。"德国宗教改革家马丁·路德曾说："一个国家的繁荣，不取决于它的国库之殷实，不取决于它的城堡之坚固，也不取决于它的公共设施之华丽；而在于它的公民的文明素养，即在于人们所受的教育、人们的远见卓识和品格的高下。这才是真正的利害所在、真正的力量所在。"

品格，使我们成为独特的个体，使一个人具有永久的价值。品格比财富更具威力，它比其他任何东西都更显著地影响着别人对我们的信任、尊重乃至服从。追求知识和品格与追求财富是两种不同性质的活动，前者有更多积极的影响，而后者却常常产生一定的负面作用：因为在以金钱为标准的世界里，凡是有一个人获得了成功，往往会以成百上千竞争者的失败为代价；而在知识和品格的世界里，一个人的成功同时也是对社会的贡献。

在社会生活中，人的身份地位可以有高下之别，它或许与金钱、权势相关，而品格与这些统统无关。一个身份卑微的人可以是一个人品高尚的人，一个无钱无权的人也可以是一个品格高尚的人。

品格就是力量，从某种意义上说，这句话比"知识就是力量"更为确切。没有灵魂的精神，没有善行的才智，虽说也会产生影响，但是很可能带来坏的结果。

请看这样一个小故事：

在美国，有一所并非一流的基督教大学，学生的分配却比许多

名牌大学还要好。原因就在于这所大学特别强调学生的品格塑造，追求的是"完全人"的教育。比如：学校的许多考试都是开卷的，学生们将题目拿回去在规定时间内自己做完。这样的考试在一般学校根本难以想象，但在这所学校却习以为常。其结果，这所学校的毕业生在金融、保险、证券等对品格高度依赖的企业特别受欢迎。显然，这所学校制胜法宝是品格的塑造，学生们的竞争力则是优秀的品格。

教师作为塑造"人类灵魂的工程师"，不仅要求其必须具备"硬件"系统——掌握现代科学文化知识，具备健康的身体和心理素质，还必须具备相匹配的"软件"系统——具有良好的品格素质。

国内一所待遇颇丰的幼儿园招聘教师，有三个姑娘顺利通过了初评，即将到校长室参加面试。就要到校长室门口的时候，她们同时发现了一个啼哭的小男孩，凄惨的哭声让她们禁不住停下了脚步。可照顾小男孩势必耽误面试时间，想到这儿，两个姑娘离开了男孩，只有一个姑娘留了下来。可奇怪的是，最终的受聘者却是那位没有赶上面试的姑娘，原来，这就是她们面试的题目——当个人利益与道德产生冲突的时候应该选择什么？校长说，我们选择的是有爱心的教师。

现在人们都在追求所谓的成就而忽略了自身品格的培养，这是一种不良的倾向。尤其对教师而言，品格比成就更重要，品格决定着每个教师的言行、态度、目标等一切行为。追求成就，忘记品格，人生就会失衡，这对教育的发展和人才的培养极为不利。无人能超越自己的品格做事，为了祖国和民族的未来，为了事业的成功，必须认识品格的重要性。品格素质固然是个人的事，但它的影响却是深远的，每个教师在工作中的表现和他所做的种种决定，无不影响着教育的质量，即学生的素质。优秀教师的魅力不仅在课堂上，在课堂之外、甚至在学生离开校园之后，都还会起一定的作用，这就是品格的力量。

如何检验一个教师的品格呢？最好的办法是看他在艰难的压力下是如何反应的。社会性事件的发生往往会造成困难和压力，一个好品格的教师，无论在怎样困难的情况下，都会有正确的态度、语言和行动。这是好品格教师的可敬之处。之所以这样，是因为他们选择了一条光辉的道路。可能终其一生，教师也成不了百万富翁，但他们的精神是富足的。

下面是美国优秀教师的 25 条行为守则，其中不少涉及教师的品格范畴，值得成长中的教师借鉴：

（1）记住学生的姓名。

（2）注意参考以往学校对学生的评语，但不持偏见，且与辅导员联系。

（3）锻炼处理问题的能力，充满信心，热爱学生，真诚相待，富于幽默感，办事公道。

（4）认真备课，别让教学计划束缚你的手脚。

（5）合理安排课程教学，讲课时力求思路清晰、明了，突出教学重点。强调学生理解，布置作业切勿想当然，且应抄在黑板上。

（6）熟悉讲课内容，切勿要求学生掌握你所传授的全部内容。善于研究如何根据学生需要和水平进行课堂教学。

（7）教室内应有良好的教学气氛，教师应衣着整洁，上课前应在门口迎候学生，制止他们喧哗嬉闹。

（8）课前应充分准备，以防不测。

（9）严格遵守规章制度。把学校规章张贴在教室内，并解释说明，让学生知道学校规章。

（10）步调一致。对同一错误行为，采取今天从严、明天应付的态度会导致学生无所适从、厌恶反感。

（11）勿使用不能实施的威胁语言，否则将会言而无效。

（12）不能因少数学生不轨而责怪全班。

（13）不要发火。在忍耐不住时可让学生离开教室，待到心平气和时再让他们进来上课。教师应掌握一些基本原则，不能在家长面前说的话也不能在学生面前讲。

（14）在大庭广众下让学生丢脸，并不是成功的教育形式。

（15）有规律地为班上做些好事。协助布置，充分利用公告来传达信息。注意听取学生不同反映，但应有主见，不随大流。

（16）要求学生尊敬老师，教师也需以礼相待。

（17）不要与学生过分亲近，但态度要友好，记住自己的目的是尊敬，而不是过分随便。

（18）切勿使学习成为学生的精神负担。

（19）大胆使用电话，这是对付调皮学生的有效方式。

（20）在处理学生问题时如有偏差，应敢于承认错误。

（21）避免与学生公开争论，应个别交换意见。

（22）与学生广泛接触，互相交谈。

（23）避免过问或了解学生的每个细节。

（24）应保持精神抖擞，老师任何举止都会影响学生的行为。

（25）处理学生问题时，应与行政部门保持联系，当你智穷力竭时，会得到他们的帮助。

品格伴随人的一生，品格是人生和事业发展的基石。具备良好品格的教师，才能成为一名师德高尚、业务过硬、合格的人民教师。

四、遵守纪律，自我约束

教师常常要求学生遵守纪律，那么教师自己呢？

教师从事的是"育人"的工作，教师的言行举止潜移默化地影响着孩子的成长，因此在日常生活中教师要特别注意遵守规章制度，保持良好的自身形象，谨言慎行，不放纵、不浮泛，学会约束自己。作为教师，就应该遵守教师的职业纪律。

我国的学校并不缺少规章制度，如不准体罚、变相体罚学生，不准歧视学生，要减轻学生学习负担，等等，作为教师应该忠实执行这些规章制度。如果教师都做不到遵守纪律和规章制度，又怎样去要求学生？

人们常说军队是最具力量的地方。军队的力量固然与枪炮有关。但铁的纪律才是一支军队真正的力量。

不妨来看巴顿美国陆军将领的故事：

1943年3月6日，巴顿临危受命成为第二军军长。

他开着汽车到各个部队，深入营区。每到一个部队都要训话，要求诸如领带、护腿、铜盔和随身武器及每天刮胡须之类的细则都要严格执行。

巴顿由此可能成为美国历史上最不受欢迎的指挥官，但是第二军却由此发生了变化，它慢慢变成了一支顽强、具有荣誉感和战斗力的部队。

巴顿可以说是美国历史上个性最强的四星上将，但他在纪律问题上态度毫不含糊。

他深知，军队的纪律比什么都重要，军人服从纪律是职业的客观要求。

巴顿认为："纪律是保持部队战斗力的重要因素，也是士兵们发挥最大潜力的基本保障。所以，纪律应该是根深蒂固的，它甚至应该比战斗的激烈程度和死亡的可怕性质还要强烈。"

　　"纪律只有一种，那就是完善的纪律。假如你不执行和维护纪律，你就是潜在的杀人犯。"巴顿如此认识纪律，如此执行纪律，并要求部属也必须如此，这是他成就事业的主要原因之一。

　　军队如此，学校同样如此。

　　每一所充满活力的学校，教师都具有优良的纪律意识和行为。一所学校如果活力有余而规范不足，将不可能打造成一所真正意义上的学校。每一所"问题学生"不断出现、教学质量严重滑坡的学校，分析到最后的关键因素，往往不是师资和生源方面出了问题，而是学习纪律、学生纪律和教师纪律的问题。一些学校的所谓"人文管理"是，教师可以不准时上下班，教师除了来上课根本在学校见不着人影，教师礼仪方面也过于"不拘小节"，这样的"自由"会带来什么结果呢？千里之堤，溃于蚁穴。小事上放松自己，越放越松，到最后会一塌糊涂。比如说"迟到"，先是有事迟到，后来没事也迟到，到后来，知道要迟到，叫别人代签到。再比如说"中途离校"，先是有要事离校，后来有小事也离校，到最后，一些事本可以下班后做，但上班好像"空闲"得很，"无聊"得很，就中途离校去办了，以便下班后能更好更自由地"享受生活"。没有严格的纪律，会使学校变得一塌糊涂。

　　除遵守各种规章制度外，教师礼仪也是需要注意的。教师的高尚人格不仅应当反映在内在的精神境界上，也应当体现在外在的言谈举止上。

　　教师在礼仪方面也应严于律己。下面是一个女教师的体会：

　　一、仪表。主要包括衣着发式、修饰打扮等，是教师展现在学生面前的外部形态。日常工作中，我对自身的着装及修饰等方面还是比较注重的。首先是发型，我几乎从不披散头发，一贯梳成马尾辫，简洁而利落。其次是衣着，我总会保持得又干净又整齐，衣服上没有较为明显的污渍，隔两三天便会及时更换清洗；另外，服装的式样也能做到朴素大方，协调得体。由于自己学过美术，所以在色彩的搭配上有时也会考虑的多一些，但全身的颜色一般不超过3种。每天我都要化妆，但从不把妆化得很浓，首饰也是稍作点缀即可。总之，今后的着装和修饰自己还要特别注重，特别是在校园里，要与教师的职业特点相吻合。

　　二、举止。它包括坐立行的姿势以及表情动作行为习惯等。它

是教师与学生交往中的"人体信号"。这要求教师表现出良好的教养和振奋的神态，要与教育教学过程密切配合，发挥出最佳的辅助作用。在我看来，教师即便注重了自己的着装，但在坐立行方面却做出一些不得体的行为，也是非常难看的。所以每当穿正装的时候，我绝不随意地坐，走起路来也是稳稳当当的；而穿正装时间长了总觉得有些累，所以间隔一段时间我就会穿两天休闲一点的衣服，在穿休闲服的时候，适时放松一下，有点随意感，但也绝非肆无忌惮。

三、语言。这是教师在教育活动中使用的最主要的手段。教师的语言要规范纯洁，准确鲜明，生动幽默，要善于运用语言的力量启动学生求知的欲望，拨动学生上进的心弦，把知识和美好的感情送进学生的心田。教师的语言还要情理结合。要让学生知晓做人的基本道理，让学生在思想上认同以后再加以行为上的引导，使他们在思想、行为上不断积累，加强自己的人格素质。

四、礼仪。主要是指教师在与人交往时所表现出来的文明礼貌行为的总和。教师要通过文明的礼仪表现出应有的风度，反映出对他人应有的尊重，不但给学生以良好影响，同时也促进全社会团结互助、平等友爱、共同前进的新型人际关系的形成。开学初，我便在学生中同时开展了"四个一"工程，即：一张笑脸、一声致谢、一声问候、一句道歉。既然是教师与学生同时进行的，我想教师必定就要起好带头用，给学生做出表率。其实这里提出的"四个一"都是待人接物非常基本的礼仪常规，即使不是在学校里，对于任何人来说也是应该具备的。

教师礼仪的很多方面虽然没有形成规章制度，但需要教师约束自己，不要受社会上各种思潮的影响，自觉地按教师的职业要求来规范自己的礼仪。

卢梭说："人生而自由，却无所不在枷锁之中。"任何个人或单位，如果处在一个无规则、无纪律、无秩序的社会环境中，看似最自由，实际上是最没有保障的地方，也就是最没有自由的地方。纪律和自由是孪生兄弟。纪律越发达，自由越发达。

年轻的教师们，或许你对纪律也曾有过这样那样的想法、看法，那么现在不妨从另一个角度去思考——纪律就像石头，如果你把它背在身上，会痛苦无比；如果你把它垫在脚下，它会帮助你站得更高，望得更远。人，不可避免地有惰性，但因为有纪律和约束，所以我们会强迫自己不朝着更懒惰的方向发展，不使自己成为一个纯粹的享乐主义者、自由主义者，而是帮助自己朝着一个有纪律、有责任、有事业的"人"的方向发展。

五、诚信为本

"今天去你家家访。"随着老师漫不经心的一句话。某学生心中紧张又高兴。终于，老师要去他家家访了，老师会说些什么呢？不及多想，孩子就跑到家中向父母宣布了这个重大消息。顿时，家中一阵忙碌。

时间一分一秒过去，天色越来越暗，孩子的父亲等得不耐烦了，疑惑地向两眼望穿秋水的儿子问道："老师真的说今天来吗，你有没有听错？""老师是说今天来。"孩子嘀咕着。直到最后，老师也没出现，父亲对着满脸委屈的儿子说道："一定是你听错了，你呀，上课就是不专心听讲。"孩子心中老师的信誉没了。他想着：老师，你怎么可以说话不算数呢！而那位老师早已忘了白天他随口说的话了。从此，他再也不相信老师的话了，把老师的话当耳边风，甚至说话做事常常出尔反尔。

这位老师有错吗，答案是肯定的。这种错每个人都会犯，有些人还常犯，每个人都会因为一些原因而忘了漫不经心说的话，如果是发生在朋友之间，也许发几句牢骚就算了。但这种"小错"出现在教师身上无疑是危害严重的，可能对学生产生很大的影响。

曾子杀猪的故事我们并不陌生，他以实际行动给儿子上了一堂及其重要的人生一课，教会了他做人的根基是诚信，也教育了多少代人。我们不妨重温这个故事：

曾子的妻子到市场上去，她的儿子要跟着一起去，一边走，一边哭。妈妈对他说："你回去，等我回来以后，杀猪给你吃。"妻子从市场回来了，曾子要捉猪来杀，他的妻子拦住他说："那不过是跟小孩子说着玩的。"曾子说："绝不可以跟小孩子说着玩。小孩本来不懂事，要照父母的样子学，听父母的教导。现在你骗他，就是教孩子骗人。做妈妈的骗孩子，孩子不相信妈妈的话，那是不可能

把孩子教好的。"于是曾子把猪给杀了。

无独有偶，在英国也有一个"老师吻猪"的诚信故事：

在英国南部的一所学校里，发生过这样一件令学生们兴奋不已的事。有一位老师调任一个差班的班主任，这些孩子都很调皮，爱捣蛋。老师上第一堂课，就跟他们玩，玩得天昏地暗。下课了，老师对他们说："孩子们，你们要是把学习成绩搞上去，我去吻校外牧场里的一头猪。"这些调皮的孩子问："老师，这是真的吗？"老师说："而且我要吻的是一头你们认为最大的母猪。"孩子们都希望老师去吻一头猪。从那天起，他们课堂纪律变好了，学习积极性很高，即使有贪玩的，别的孩子也会提醒："难道你不希望看到老师去吻那头大猪吗？"半年后，孩子们的学习成绩有了很大进步。圣诞节的前夜，孩子们对老师说："老师，你可以去吻那头猪了吗？"老师说："当然可以。"于是，老师带着这群孩子穿过公路，来到牧场。孩子们在猪圈里找到一只特大特肥的猪。老师走近那头在猪，轻轻地吻了它。孩子们在猪圈外笑得前仰后合，手舞足蹈。

诚实守信是中华民族的传统美德，也是师德的基本要求，是教师职业从业的基础。教师职业特性决定了，教师的不诚信行为会严重影响到学生的诚信观念和行为。因此作为一名教师，要以身作则，为人师表，要"言必信，行必果"，建立起与学生间的诚信桥梁。同时在社会上也应当以身立教，坚决抵制诚信危机，维护教师队伍形象。

说到"诚信危机"，绝不是危言耸听。2009 年 6—7 月，《小康》杂志联合新浪网，会同有关专家及机构，对我国"信用小康"进行了调查。其中，网络调查人数为 3 376 人。经过对调查结果进行加权处理，并参照国家有关部门的监测数据和大量的社会信息，得出 2008—2009 年度中国信用小康指数为 61.1，比上年提高 0.7%。调查结果显示：国人对中国整体信用的满意度在逐年温和向好；相对企业和个人信用，政府信用更受民众的关注；更多的网友认同诚意在政府行为和企业行为中的功用，但依然有近 4 成的人并不认为人际交往中的"诚"能带来更多的幸福感和成功；最近 10 年被认为是人际信用最差的时代，而社会环境的急功近利成为主要"杀手"；农民、宗教职业者、军人和学生被网民选为最讲诚信的五个群体。房地产老板、秘书、经纪人、演艺明星和导演排在末位，成为诚信最差的五个群体。

专家指出，在最近几年里，学术腐败等情况不断被媒体曝光，导致大学教师的信用度急剧下降，并指其诚信危机带给社会和未来的危害。不过，目前的现实是，中小学的教师也面临诚信危机。

某老师要上公开课了，提前几天就三番五次地组织学生演习多遍，等其他老师或者专家、领导来听课的时候，学生必须要装出一幅虔诚、无知的样子，把本来咀嚼了多次的知识又过滤一番；国家明令禁止不得乱收费、不得占用节假日为学生补课，可大多的学校却"上有政策、下有对策"地让学生、家长签字证明自己是自愿的，学校是被逼迫的；明明是教师组织学生集体预订的教辅资料，到头来学生不得不说是自己在大街或书店里买的；学校评价教师时，学生又被打了招呼："测评的时候给老师打分高点啊！"；为了评个班长或优秀学生，家长有时候时要破点血本的，"礼多人不怪"的游戏规则在学校也不例外；中考或高考时，有的老师更是"关爱"有加，不是积极传授作弊的诀窍，就是动用所有关系争取指标。

我们来看一则美国的教育案例：

2002 年 2 月，美国一所中学 28 名学生在完成一项生物课作业时，从互联网上抄袭了一些现成的材料，被任课女教师发现，判 28 名学生生物课得零分。他们还将面临留级的危险。在一些学生家长的抱怨和反对下，学校要求女教师提高学生的分数，女教师愤然辞职，学校有近一半的老师表示，如果学校要求老师改分数，他们也将辞职。教师们认为：教育学生成为诚实的公民比通过一门生物课的考试更为重要。社会上一些公司也要求学校公布这 28 名学生的名单，以确保公司永远不录用这些不诚实的学生。

案例中，学生抄袭作业无疑是不诚实的表现，而这位教师不仅要求学生做到诚实守信，而且自己首先做到诚实守信，坚持原则，以自身正直的道德人格力量引导和感召学生和教师。

在社会面临诚信危机时，在人们高度关注诚信问题时，教师更应追求诚信，坚守诚信，以诚信为教师职业的从业之基，走出当下的诚信危机，铸就教师职业品牌。

六、做一个终身学习的教师

师者，传道授业解惑者也。要给学生一碗水，你就必须要有一桶水。因此，要培养高水平的学生，要求教师学识渊博，学业精深。要保持知识的新鲜，就必须不断地汲取营养。

在现代社会，作为教师应该有终身学习的理念。

现代社会是一个生理寿命延长，知识寿命缩短的社会。一个在某一领域很有学问，或有充足专业知识的人，如果停滞不再学习，在5～7年之间，马上就会进入所谓的"知识半衰期"。换句话说，他的基础知识仍然可用，其他约有一半的人类新知则已落伍。在这种知识寿命缩短的社会，如果个人不再学习，一定会落伍。如果停止学习的时间太久，则活得愈老，可用的知识愈陈旧，愈与社会脱节，愈没有活力。如果不断学习，则脑力激荡愈频繁，理念愈新，个人的生命力愈强，社会的活力也愈丰沛。

20世纪60年代以来，"学习社会"一词开始盛行于世界。学习社会就是生理寿命大为延长、知识寿命大为缩短的社会所形成的。人生已经不能截然分为接受教育及从事工作两个阶段：个人自少至老都要不断地学习。在学习社会中，终身学习变得尤为重要。从1965年开始，联合国教科文组织就倡导终身学习。我国所谓活到老，学到老的说法，显得特别有意义。

师旷是我国古代著名的音乐家。一天，师旷正为晋平公演奏，忽然听到晋平公叹气说："有很多东西我还不知道，可我现在已70多岁，再想学也太迟了吧！"师旷笑着答道："那您就赶紧点蜡烛啊。"晋平公有些不高兴："你这话什么意思？求知与点蜡烛有什么关系？答非所问！你不是故意在戏弄我吧？"师旷赶紧解释："我怎敢戏弄大王您啊！只是我听人说，年少时学习，就像走在朝阳下；壮年时学习，犹如在正午的阳光下行走；老年时学习，那便是在夜间点起蜡烛小心前行。烛光虽然微弱，比不上阳光，但总比摸黑强吧。"晋平公听了，点头称是。

教师要有足够的知识储备，必须对自己要讲的内容运用自如、得心应手，只有在这种情况下才能将自己的注意力分配给观察研究学生的学习状况和心理状况，否则就容易顾此失彼。需要注意的是，许多教师经

139

过多年的教学，认为自己对所教内容已烂熟于心，没必要再认真努力地学什么新东西。这是非常错误的观点，一是因为知识越丰富，讲起课来就越内容生动有趣、海阔天空，而学生的思维就是适应生动有趣、海阔天空的；二是因为知识是需要时时更新的，旧的、过时的东西总会被淘汰；三是因为教师在不断学习中亲身体验学习过程能更加理解学生的学习过程，在制订学习计划，实施教学过程中更容易作出符合实际的对策。总之，教师永远没有理由停止或放松学习。

从 20 世纪 60 年代提出终身学习、终身教育的理念以来，欧美许多国家和日本、韩国等，都制定了终身学习法。各界人士在有关《国家中长期教育改革和发展规划纲要》的意见中提出，我国也应尽快制定终身学习法。近年来，制定终身学习法或者终身教育法，成为一些全国人大代表的共识。教育部也成立了终身学习法草案起草小组，完成了前期立法调研，并形成了草案初稿及其立法说明。

这意味着，随着我国终身教育立法工作的进展，加上教师的继续教育即在职研培已经趋向制度化，教师将是最先进入终身学习体系的一个群体，终身学习已经成为教师的一种责任和义务。与普通人相比，教师的终身学习更具目的性、系统性和紧迫性。

教师终身学习的内容是什么？大体上说，一是学会学习。在当今社会，学会获取知识的方法比获取知识本身更为重要。学会学习、养成良好的学习习惯、使学习成为自己的一种生活方式将是每一个人未来生活幸福和愉快的保证。二是通晓自己所教的学科，成为学科专家。人们越来越清楚地认识到，教师只有接受严格的、高层次的学科教育，才有可能在教学过程中应付自如、得心应手。仅仅接受中等教育和最低层次的高等教育是不可能全面掌握一门学科的。三是学习有关教育的学问。未来的教师应该是一个教育专家，在学习专业学科的同时掌握其他有关教育的学问，如心理学、教育哲学、教育技术、管理学等。四是学习信息技术。教育信息化主要强调将现代化信息技术转化为"现代教学手段"。

七、与时俱进　勇于创新

作为一名优秀教师，也需要树立起与时俱进的创新教育理念。

研究证明，学生的创造性与教师有密切关系。如果教师具有很大的创造潜力，那么，有才能的学生将会获得辉煌的成绩。可见，具有创新教育理念和实践的教师对于培养创新型学生关系很大。创新，是 21 世纪信息时代对教师素养提出的新要求，在当前要重视与推广创新型教师这一概念。

关于创新型教师的特征，有许多学者作过论述。例如，美国学者史密斯认为：所谓创新型教师，就是那些善于吸收最新教育科学成果，将其积极运用于教学中，并且有独特见解，能够发现行之有效的新教学方法的教师。

对于创新型教师来说，不仅要进行知识技能创新，更重要的是必须实现自身人格的创新。这种人格的创新主要表现在：

（1）具有开放性——敢于开放自我。对于来自各方面的经验信息都是开放的，都能够宽容地对待、正确地理解和接受，而不是固守一己之见，闭关自守，对新的经验信息予以歧视和拒绝。

（2）具有主体性——正确地认识和接受自我。要把别人的经验信息与自己的经验相比较，客观地认识自己的优势和特长，诚实而平静地检讨自己的不足，而不是妄自尊大，不接受现实的自我。

（3）具有创新性——勇于实践创新，改变自我。这是创新型人格的核心特征。要合理地发挥自己的优势和特长，善于吸收他人的成功经验，克服自己的不足之处，并且能不断获得新的成功经验，从而不断地完善自己，而不是妄自菲薄，安于现状，不思进取，误人子弟。

（4）具有社会协同性——善于与社会"兼容"，善于进行自我心理调适。这是一个人安身立命和发展创新的必要条件。对于教师来说，具有社会协同性人格主要表现在注重关心他人特别是学生的需要，使学生有安全感、满足感；能经常和学生沟通意见，善于倾听，学会欣赏学生，能与学生分享快乐，分担和排解忧愁。

"分类"教学片断：

师：同学们，今天帮我做一件事情好吗（于是教师托起一个小瓷碗，碗内盛有玉米、花生、大豆、小米等混合了的粮食）

生（齐说）：好！

师（一手指着瓷碗）：这里边的粮食都混杂在一起了，下面我就请同学们帮我挑一挑分一分。（老师边走边给每个小组抓出一把。活动开始了，几分钟过后反馈）

师：哪个小组的同学先说呢？

小组1：我们是这样挑选出来的。一个拣玉米，一个拣花生，

一个拣大豆，一个拣小米。（用手指着身边的学生）她没拣，是等到最后把小米堆起来的。

小组2：我们是这样分的，先一起拣玉米，再一起拣花生，再一起拣大豆，小米不用拣了，剩下的都是。

小组3：我们是花生放一块，大豆放一块，玉米放一块，小米放一块。

师：其他组是这样分的吗？

生（齐答）：是。

师：你们都是把相同的粮食放在一起，其实你们这些做法在数学上叫分类，分出的玉米是一类，大豆是一类，花生是一类，小米是一类，可是，我发现你们在分类时为什么都是把小米放在最后分呢？

生（抢答）：小米太小，不好拣。

生：先拣大的分得快，剩下的小米就不用拣了。

师：看来我们不只会分类，而且还注意到了分类的方法和技巧。

师：同学们想想，在生活中还有哪些事物需要分类？是按什么标准分类的？

学生举了很多实例，气氛异常活跃……

【评析】教材中对分类提供的素材仅是一些学习用品和体育用品，教师在教学设计中，不拘泥于教材中提供的素材，而采用学生常见的粮食作物作为探究问题的素材，这样设计非常符合乡村教学环境，一则取材便利，二则学生熟知，三则隐含着一种怎么分的学习方法。说明这位教师在创造性使用教材方面迈出了可喜的一步。课堂的成功很大程度上取决于教师的创新。

创新型教师在课堂时间管理行为上，倾向于让学生多活动，给大多数学生创造参与的机会，让每一堂课都充满创新活力。创新型教师掌握了教学艺术，就能把教学安排得生动活泼、有声有色、趣味横生，不断赋予教学以新意和活力，使每一学生的创造性充分发挥出来，使他们享受到脑力劳动中的成功和乐趣。教育学专家总结了创新型教师的教学艺术，以下列举了其中有利于学生创造能力培养的 12 条方法：

（1）培养学生主动地学习。创新型的教师十分注重启发学生的思维，鼓励他们自己发现问题，提出假设并亲自实践。

（2）放弃权威态度，在班上倡导学生相互合作，相互支持，使集体创造力得以发挥。

（3）鼓励学生广泛涉猎，开阔视野，使学生对知识加深理解，灵活运用。

（4）对学生进行专门的创新思维训练。譬如，鼓励学生回忆和自己联想；区分不同问题并发现相关关系，鼓励学生提出自己主张；鼓励学生编故事、做智力游戏等。

（5）延迟判断。创新型教师往往不立即对学生的创新结构予以评判，而是给他们足够时间去创造。

（6）发展学生思维灵活性。帮助学生学会从不同角度看待、分析和理解问题，而不是墨守成规。

（7）鼓励学生独立评价。即用自己的标准评价别人的想法。

（8）训练学生的感觉敏锐性。使学生对他人的感觉、情绪、视听的印象，以及对社会和个人等各种问题具有敏锐的洞察力。

（9）重视提问。创新型教师往往对学生的提问表现出浓厚的兴趣，并认真对待。同时，他们自己也提出一些不拘泥于课本的问题，以刺激学生的思维。

（10）尽可能创造多种条件，让学生接触各种不同的概念、观念以及材料、工具等。与不同事物的接触会促进学生的创造力。

（11）注重对学生挫折忍受力的培养。

（12）注重整体机构。创新型教师注重知识各组成部分的联系，不是机械地、零散地、无联系地传授给学生知识，而是把知识系统传授给学生。

教师的教学面对的是全班学生，因此，教师还负有管理的任务。教师对班集体和学生管理的中心原则是，努力创设并维护一种易于使创造力得以表现的师生关系、同伴关系及班级风气，使学生的创新潜能得到最充分的发挥。

对于创设有利于学生创造力发展的班集体良好气氛与关系，我国台湾学者贾馥茗提出，创新型教师小分重视以下几个方面：

（1）使学生相信，教师并不是具有最高创造力的人，即学生有可能超过教师。

（2）公平地对待每一位同学。

（3）对敢于提出意见的学生表示赞许。

（4）对学生提出的新奇意见予以重视，并鼓励学生对其独特之处进行分析。

（5）对学生自发提出的问题，教师不先行解答，而是鼓励学生进行思考，共同寻求办法。

（6）鼓励学生互相讨论问题，制止相互间的攻击、嘲讽和贬损态度。

（7）适时地参加学生的讨论，以平等的态度与学生共同交换想法，使学生忘却师生界限，师生双方完全以探讨和解决问题为中心。

（8）对于爱表现的学生的讨论，一方面肯定他们帮助他人和与人合作的行为，另一方面也要向他们指出，应给别人留有表现的机会。

（9）对表现不好的学生，尽量利用各种时机，鼓励其进行创造性的表现，使其有同别人相等的表现机会。

（10）注意避免因鼓励学生独立、自由地思考和表现而使整个集体处于涣散、松懈的状态。

总之，创新型教师的管理才干，体现为鼓励和促进学生的创造性表现，创设良好的班级气氛和师生关系，给每个学生以机会，使每个人都在这种气氛中发掘出最大的创新潜能。

八、关爱学生是教师的职业道德

《中小学教师职业道德规范》共有六条：一、爱国守法；二、爱岗敬业；三、关爱学生；四、教书育人；五、为人师表；六、终身学习。六条中，"关爱学生"是核心。

"关爱学生"的具体内容是：关心爱护全体学生，尊重学生人格，平等公正对待学生，对学生严慈相济，做学生良师益友，保护学生安全，关心学生健康，维护学生权益。不讽刺、挖苦、歧视学生，不体罚或变相体罚学生。

美国著名咨询专家、交互分析疗法的创始人伯尔尼认为：人皆渴望得到他人对自我的爱护与肯定，特别是得到自己生活中重要人物（如父母、师长、领导、朋友、爱人等）的爱护与肯定。这是人性之本，也是人格成长的需要。因为个人成长中，得到他人的关爱与肯定越多，则人格冲突就越少，自信心就越强。因此，关爱学生也就成为教师施教过程中一个必不可少的核心内容。

1. 爱学生是一种责任

俄国著名文学评论家别林斯基说："教育者多么伟大，多么重要，多么神圣，因为人的一生幸福都操纵在他的手里"。这说明作为教育者的教师，不仅仅是文化知识的传授者，更是学生一生幸福的营造者。在整个教学过程中教师的身份决定了教师的态度和行为在学生心目中的"分量"。教师的态度和行为，不仅传递着某种感情和评价信息，也给学生暗示着归因的取向，所以教师必须有一个清醒的认识：关爱学生是一种责任。教师对学生的任何一种漠视与忽略，损害的都是学生个人的健康发展，影响的将是一个民族的公民素质和未来的希望。因此，教师必须要有浓厚的人文关怀精神，要对学生的成长怀有强烈的责任感，这样才无愧于民族、历史赋予教师的职责。

2.关爱学生是一种牺牲

人们经常赞美教师是"人类灵魂的工程师"，把教师比作"红烛""春蚕"，是因为教师的工作所构建的是整个人类精神文明的殿堂，创造的价值与获取的回报无法用等比来度量。"红烛"是在用燃烧自己的青春而为别人照路；"春蚕"是把生命化为丝缕吐尽之后，来完成自己的生命价值。这就说明，奉献和牺牲是教师职业的一个显著特征。关爱学生也就当然要以牺牲自身的某些利益为前提了。

要真正做到去关爱学生，就必须从内心深处去考虑学生的需要，从心理上和行动上去帮助他们解决实际问题，决不只是简单地找学生谈一两次心，做一两次家访，而是一项无声无息的、没有终结的工作，这就需要教师付出许多时间、精力，失去很多的名利和机会。有时还会付出自己的所谓"尊严"以及家人、亲友之间的融洽和快乐。这就需要教师能守一份淡泊，以一种超然平和的心境去面对纷繁的世界，拒绝许多绚丽多彩的诱惑。只有这样，才不会因为学生的分数不高影响自己的"声誉"而怨恨，不会因为学生的"品行差"影响自己的"荣誉"而愤怒，不会因为自己的劳动不被人承认或者得不到相应的回报而烦恼，也不会为功名利禄而动容……

3.关爱学生是一种意志

人是社会的人，学生也是一样，他们都是有理想、有情感，有自己的是非观、价值观的活生生的人。由于家庭教育、社会环境、个人认识水平、认知能力的差异，在接受教育、成长过程中都表现出不同的个性特征，教师在针对不同的学生群体施以关心和爱护的时候，也会呈现出各种不同的结果。教师难免会产生困惑、焦虑和失望。这就要我们的教师用一种意志来支撑我们的工作。

首先，是要有勇气，要敢于面对困难，敢于接纳学生，包括他们的缺点（甚至"劣迹"），接纳他们的痛苦与不幸；还要敢于面对一切落后的习俗或者势力对你的挑战；面对错误应坚持原则，贯彻先进教育思想，勇于直面可能遇到的各种阻力和打击；乐观面对各种伤痛和失败。

其次，还要树立起一种信心，相信世界是美好的，相信自己的工作一定会收到成效。面对挫折，不气馁、不退缩，相信自己的爱心与真情能化解学生心灵的冰霜；相信自己的抚慰能减轻学生精神的重负；相信自己的引导和呼唤，能让迷途的学生走上回归的路。

此外，还需要有满腔的热情，足够的耐心和坚韧不拔的毅力。教师只有具备了这样一种意志，"关爱"才会在教育领域里熠熠生辉。

关爱是人类情感的精华，是心灵正常沟通的先决，教师对学生的影响是任何教科书、任何道德箴言、任何惩罚和奖励制度都不能代替的一种教育力量。

没有关爱，教师永远走不进学生的心灵。只有以真挚的情感，才能走进学生的心灵，引导学生学会生活、学习。

作为一名教师，全身心地去关爱学生，是其职业道德水准的体现，也是教师的一种道德境界。

九、严格要求也是关爱

一个真正关心爱护学生的教师不仅要有一颗慈母般的心，而且在对学生信任、期望中提出严格要求，热情帮助学生，对待学生。

《中小学教师职业道德规范》强调"对学生严慈相济，做学生良师益友"。现在有些教师不敢管理学生，以至于一些学生纪律松弛，影响校纪校风，影响了自己的学习。这是不负责的态度，我们应该在不影响学生身心健康的前提下，从"爱心"出发，对学生要严格管理，耐心教育，宽严适度。

严格要求要讲究工作方法和艺术。严格要求也不是越严越好，如果走向极端，学生就会产生逆反心理，这样非但达不到严格要求的目的，反而会事与愿违。

有这样的一件事例：

有三个中学生到工地偷电线。工人找到学校，学生不承认。这件事又惊动了家长，家长护短，与工人吵闹。这时，教师没有立即

处理，也没有过重批评这三个学生。课外活动时，教师将三人带到花园里去玩，并和他们把花园里的草拔掉。教师和他们海阔天空地聊起来。教师表扬他们关心集体、爱劳动。还让他们各自说了还有什么优点。他们也谈了很多。

教师把话头一转，问："如果你们把现在存在的缺点改掉，那更是一个完美的孩子了。"

一个学生忍不住了："教师，我们犯了错误说出来，你还喜欢我们吗？"

教师立即说："会，有错误改了就是好孩子。"这时三个孩子把偷电线的经过说出来，还把电线送还了工人，并认了错。

上面这个例子中，虽然教师没有大发雷霆地"批评"学生，但也没有站在家长一边为学生护短，最后让学生认识到了错误，这就是作为教师的严格。对学生的教育要坚持正确的教育原则和方法。对学生既要严格要求，又要讲究方法。善于用学生的优点去克服学生的缺点，耐心说服疏导，以表扬为主，要把有声的表扬与无声的批评结合起来。

家长可能对孩子有溺爱，教师不能溺爱学生，这就是溺爱和关爱的区别，关爱是严慈相济。教师在教学过程中，要把对学生的爱护、尊重与对他们的严格要求结合起来。

一些教师将他们的经验概括为五个方面：

严而有"格"，即按一定的规律、标准，如学生守则、"三好"学生标准、学生行为规范等要求学生。

严而有"度"，即教师的要求应适合学生的年龄特征、生理与心理发展水平，符合教学、教育的规律。

严而有"恒"，即坚持要求，持之以恒。

严而有"方"，即教师对学生提出要求时，要注意方法，如刚柔并用、寓刚于柔等。

严而有"情"，即教师所指出的要求应该出于对学生真诚的热爱与关心，严出于爱，爱寓于严，做到爱而不纵，严而不凶。

老实、勤奋、好学、成绩好、上学期被学校评为"优秀学生干部"的小虞同学最近在校外犯事了，社区保安人员来电话，要学校前去共同处理问题。这件事说出来令人难以相信，但却又是事实

　　怎么回事？原来，住宅区内停放的自行车气门芯多次被人拔掉，严重影响着骑车族的正常上下班，保安人员也为自己的失职非常苦恼。当小虞与几位同学故伎重演——偷拔人家自行车的气门芯时，终于被社区保安人员当场逮住。经仔细调查，小虞不仅伙同几个外校同学多次以拔他人自行车的气门芯取乐，而且还以刀片划自行车和摩托车坐垫。小虞不仅是积极的"实践"者，而且还是校外"捣蛋游击队"的负责人。

　　"这孩子在家被我管教得老老实实，服服帖帖，怎么在外干出这种无聊的事？已是初一年级的学生了，唉……真不可思议！"素以"棒喝"孩子、管理到位而自诩的家长这下子也感到茫然无措。

　　小虞在校内校外、家里家外的表现可以说是体现出了双重人格。其形成原因除与学校管理严厉有关外，主要还是与家长的棍棒教育有直接联系。部分学生在校可能受到某些班级班规严格的制约和个别班主任的"高压"管理，使其不得不被动服从，表现上循规蹈矩，勤奋好学；在家里，如果家长不尊重孩子，不信任孩子，而是习惯于用棍棒惩罚孩子，用物质金钱褒奖孩子，在这样的环境中成长的孩子，由于爱和尊重的需要得不到，因而表现出强烈的逆反心理，甚至敌对情绪。当他们无力抗拒时便将这种不满的情绪发泄到外界，以寻求一种心理的平衡。于是，他们在家在校表现出极其顺从的样子，而实际上他们是用这种消极方式来避免某种惩罚。一旦有可乘之机，便把压抑在心里的不满情绪发泄到外界，从而引发种种心理问题，例如畏缩、胆怯、多疑、抑郁、时而温顺时而狂躁或进行些"小型破坏活动"等。小虞的表现就属于此种情况。

　　教育应该有奖有罚，只有颂扬的教育是不完整的。对于某些时候需要对学生进行必要的惩罚，是师生关系中最敏感的一项内容，也是当今社会较为凸显的敏感问题。它常常触及师生的情感世界，引起气愤、怨恨、恐惧、反悔、对抗等不良情绪。不能正确地使用惩罚，对师生关系及社会造成的影响极大。

　　犯了错误，就要担责。当罚不罚，则生娇气。为了孩子的未来，我们在提倡赏识教育的同时，不应该忽视"惩罚"在教育中的积极作用。让孩子在成长的过程中，懂得为自己的过失负责任。一个有责任感，能承担责任的人，才是现代人。

　　惩罚是把双刃剑，如何运用则是一种艺术，一种创新的艺术。那么，

如何能既教育了学生，又不伤害他们的心灵？

第一，要做到赏罚并举。只是一味地赏识而没有惩罚，或只一味地惩罚而没有赏识，都是一条腿走路。赏识和惩罚要并重，有罚有爱，学生才会心悦诚服。

第二，要因人制宜，戒体罚倡文罚。有的学生被教师当众批评，离家出走了；有的学生被教师当众羞辱，知耻后勇，取得了成功。同样的"惩罚"，结果却大不一样。因此，惩罚的方式，应该因人制宜，对初犯和再犯，男生和女生，自尊心强者和不强者，学生干部和普通学生，都应有所区别。比如，上课不守纪律时，课后让学生进办公室读"学生守则""学生日常行为规范"；相互打骂者，罚整理教室和对方的书包；经常欺负其他同学者，罚做好事，激起学生向善、向美的追求。像魏书生也有一些惩罚性的措施，但他的措施不伤害人。犯了错误写500字的说明书，锻炼写作能力。迟到了，为班上的同学唱一首歌或做一件好事以弥补，这不失为一种好的惩罚办法，也体现了尊重学生人格的教育原则。

第三，要适度和及时。惩罚的目的是"惩前毖后，治病救人"。惩罚过轻起不到教育效果，过度会引起偏激反应。我们应该把握"是否对学生的身心造成伤害"这样一个度。不能把"惩罚"变成"体罚和变相体罚"。

及时的惩罚能使学生体验更深，延迟的惩罚会因时过境迁而成为"秋后算账"，易使学生产生情绪上的反感和对立。

"人非圣贤，孰能无过？"学生在日常生活中难免会犯错，惩罚会让学生知耻而后勇，在教训中学会社会法则。只有这样，他才能在今后的人生道路上听得了批评，受得了建议，抗得了挫折，担得起责任。

严格要求，还要求教师严于律己，以身作则。教师如能严于律己，率先垂范，时时处处为人师表，会对学生产生巨大的感染力和说服力，具有潜移默化的作用。相反，不能严格要求自己，甚至言行不一，不仅做不到严格要求学生，而且会使教师的威信受到严重影响。

从某种角度来看，严格要求学生是对学生最大的爱。在"传道""受业""解惑"的同时，注重培养学生良好的思想品德、学习习惯、生活习惯是教师最根本的职责。"严师出高徒""教不严，师之过"。严是有原则的严，是符合教育规律的严，是有利于学生全面、主动发展的严，绝不是随心所欲，摧残学生身心健康的严，应做到严中有慈、严中有爱、严中有度、严中有方，使学生对教师敬而爱之，而不是敬而远之。教师

对学生的严格源于对学生真诚的爱，严以爱为基础，爱以严为前提，严爱结合，严格之水只有渗透情爱之蜜，才能成为爱的甘露。

十、平等对待每一个学生

有一位小学教师，上课 30 分钟后，孩子们累了，教师叫孩子们闭上眼睛趴在桌子上休息一会儿，谁趴得最好，教师就摸一下谁的小脑瓜儿。每个孩子都觉得教师只摸了自己的脑袋，似乎只有自己独享了教师的爱抚，其实教师在每个孩子头上都摸了一下——这个"秘密"孩子们是不知道的。

教师的爱应该像上面这个事例中的教师一样，是针对每一个学生的，也是要热爱所有的学生，只爱"金凤凰"不爱"丑小鸭"，不是真正的爱学生。

有一位教育家说过这样一句话："在基础教育阶段不要求教师去做伯乐，教师应该是园丁"。这句话的意思是，伯乐是专门挑选千里马的，教师的责任不能只限于培养几个"尖子"，而是要像园丁那样培养出万紫千红的花朵来装饰世界。一花独放不是春，万紫千红才是春。

平等对待学生，应该有两个方面的含义：一是每一个学生无论成绩优不优秀，家庭条件好不好，在教师的心目中都应该是平等的，不以学生的成绩或家庭条件而另眼看待学生；二是每一个学生无论品行、为人怎样，在人格上与教师都应该是平等的，不以学生的过失伤害学生的人格。

有一则笑话，说的是一名教师在授课时，有甲乙两名学生枕着书睡觉，其中甲是成绩优秀的学生，乙是班里的后进生，这名教师对那个后进生骂道："你这个不上进的家伙，一看书就睡觉，你看看人家，连睡觉都在看书"。

同样的两个学生都在课堂上枕着书睡觉，但在教师看来，成绩好的学生只要学习好，其他都可以轻描淡写，他的偶尔犯错是微不足道的事，而后进生却成了被教师挑刺的对象。这样一来，后进生成了教师眼中被挑毛病的对象，而优等生总能得到教师的庇护，其实这则笑话在现实生活中屡见不鲜。一些教师会给某些学生扣上后进生和优等生的头衔，而给予他们不平等的对待，这样的结果只会适得其反，使后进生永远觉得自己是低人一等的，得不到重视，从而自暴自弃，失去学习的信心。

多数情况下，教师喜欢听话乖巧的学生，偏爱学习成绩好的学生，而对捣蛋作对、成绩差的学生则冷眼相对，或者爱理不理。经过比较长

的一段时间的经历和反思之后，一些老教师会得出这样的结论：好学生会认为他的优秀源于他的聪明和努力，多年以后真正对教师好的，往往是那些当初被教师们冷眼相对的后进生。

让我们来看一则故事：

汤普森太太是一位小学五年级的教师，在她执教的第二年班上来了一个叫泰迪的学生。她第一眼看到这名学生就不喜欢他。泰迪不但肮脏，头发留得长长的盖住眼睛，而且身上还不时散发出一股莫名的臭味，学习也总是落后。

汤普森太太不曾花过心思甚至试着去了解泰迪，她只知道自己内心深处潜藏着对这个无人照管、无人理会的孩子一份强烈的厌烦，这种厌烦连她自己都说不出原因。这份讨厌无形中传达给了班里的其他学生，他们也都不喜欢泰迪。

圣诞节时，泰迪为老师精心选择了两份礼物。一是一个缺了几颗细小钻石的人造水晶钻石手镯，另一件是在廉价店买的只剩半瓶的香水。汤普森太太很清晰地听到来自孩童群中细声耳语、窃窃偷笑的声音。她提不起勇气往泰迪站的方向看去，勉强地将手镯戴上，挤出一两滴香水擦在耳后，缓缓地将剩下礼物一一打开。

下课后，泰迪没有马上离开，他等所有学生都离去时，手中捧着几本书，畏畏缩缩地走向汤普森太太身旁，轻轻地说："你身上的香水味就像当年母亲身上的气味一样，她的手镯带在你手腕上真是漂亮，我很高兴你喜欢它。"说完，一溜烟地飞奔出教室。汤普森太太听到这些话语，再也忍不住了，她把自己反锁在教室里，坐下来痛哭了一场。身为教师，在过去的数月里，她故意地剥夺了一个幼小孩童所应得的关心和照顾。

次年开学，汤普森太太为了弥补良心上的亏欠，在每一天放学后留下来帮泰迪补习功课，直到学期终了。渐渐的泰迪功课赶上班上其他同学。不久，泰迪在新学年开学前要随父亲搬到外州，所幸的是，汤普森太太已帮助泰迪把学习成绩达到了一个稳定的程度，他已有能力去应付未来任何学科的挑战。

数年后，泰迪成了一名优秀的医生。在他成长的岁月里，一直和汤普森太太保持着联系，并且总是喜欢把自己人生中的重大转折点第一时间告诉这位教师。

相信许多教师会对这一故事深有同感。老教师从人生经历的角度提出要对后进生好的观点，虽然带有一点实用功利的思想，却绝对是一种大彻大悟的做法，有助于使每一名学生都受到同等的对待。

说某个孩子是后进生，实际上是给孩子过早地贴上了标签，是一种不负责任的行为。每个孩子都有其独特的个性和智力潜能，是一个完整的个体，有聪明的、有较迟钝的；有善于记忆的、有善于思考的；有性格内向的、有性格外向的；有的学生音乐才能出色，有的写作能力突出，有的爱好绘画，有的喜欢舞蹈，等。

由于目前学校开设的课程具有一定的局限性，很难囊括所有的知识体系，不可能全面反映学生的素质，当学生面对自己弱项的学科，强科就会因学科设置缺位而无从考察，因而"差"也就自然产生了。

或许有些学生在某些方面确有不足，但总是要发展的，只是早、晚的问题，而不是优与差的问题。那些曾被视为"差生"，后来成为伟大的科学家、文学家等的例子比比皆是。

对学生根据成绩或其他因素区别对待，不仅使所谓的"差生"失去了进步机会，甚至对那些所谓的"优等生"也会带来不好的影响。

一位教师无意间将自己的手机放在自己的办公桌上，只出去了一会儿，进来后就发现手机不见了，而其他教师都没注意到这事。因为是下课时间，进出的学生很多，教师们分析后认为，可能是某个学生趁大家不注意偷偷拿走了。但教师们几乎一致认为，是某个班里的后进生拿的。于是，大家都把目标盯在每个班的后进生身上，各班主任甚至还对自己班的后进生展开了秘密调查，但都没有结果，教师们却一直没改变过自己的怀疑。

后来有人提议去移动公司查询手机丢失后的通信情况，这才顺藤摸瓜地查到了那个拿手机的人。让所有人都没有想到的是，拿走手机的竟然是一个刚刚获得"三好学生"称号、一贯品学兼优的学生，这让他们十分不理解。而这位学生的解释竟然是"当时想着帮教师保管，后来又不敢交给教师了，因为害怕被怀疑是小偷"。这番解释让人很是不理解。最终，这名学生依然享有她优等生的待遇和称号，因为学校怕伤害她的自尊，没有将此事公开，甚至连批评教育或请家长来共同教育之类的环节都省了。

有人曾说："如果孩子天生就是好学生，那教育还有什么功能？"优秀教师应该公正、平等地对待每一名学生，要把爱心撒向每一名学生。

十一、教育，要让人学会生存

人类学的研究表明，人与多数动物相比，是一种"有缺陷的生物"。为什么这么说呢？因为和大多数动物相比，人的本能相对匮乏。我们知道，大多数动物出生后很快就能独立生存，其生存能力主要是通过遗传获得的，是本能的。可是人出生时，几乎没有任何自我生存的能力。人要获得生存能力，起码需要十多年的时间，而且这些能力是需要不断学习来获得的。所以，教育的诞生，是人的"缺陷性"决定的。从这个角度我们可以说，教育最本真的意义就是教人具备生存能力，就是教人学会如何活下去。

随着人类文明的发展，教育逐渐成为一个独立的领域，也被赋予了更多的功能，比如成为传递社会文化的工具，成为统治阶级的工具……但无论如何发展，教育的本意没有变，也不应该变。

现代人的生存概念和动物的生存完全是两回事。动物的生存基本上吃饱喝足就行，而人的生存则是将人的发展也包括在内，其内容也就丰富得多、复杂得多了。如今的任何一个人都不可能在年轻的那几年或者是某个阶段就能够学会以后乃至一生所用的知识，所以学习的目的很明确，就是生存。

生存包括各种各样的需求，大体说一是物质方面，二是精神方面。人的一生就是和别人不断较量和竞争的过程，所以对于人的要求就自然而然地提出更高的门槛。

可是，曾几何时，教育变了模样？从以校园围墙为标志的学校教育出现后，从考试制度出现后，教育就从内容到方法，逐渐远离了人类社会的生产与生活世界，形成以课堂为中心、考试为中心、教材为中心、教师为中心的封闭式教学。教育逐渐成了文化学习的代名词，很长一段时间以来，人们一提到教育，只是认为：上学阶段，人们才与教育发生关系，离开了学校踏上社会，就不再与教育有关系了。甚至教育几乎成了考试的代名词，教育的目的被扭曲为考试、升学。

当教育变成这样的"面目"，它离"教会人生存"就越来越远：受教育者每天被迫背诵着"之乎者也"，被催逼着演算各种公式，还要做永远做不完的考题……十年寒窗，装了一肚子的"知识"，可是走出校门，

被子不会叠，衣服不会洗，屋子不会收拾；不会自我推销，不会处理人际关系，不会解决工作难题；遇到挫折就一蹶不振，看到机会不能尽力争取，拿着文凭满街瞎转；未就业先失业，未上岗先下岗。

某地电视台曾举办过一次"德智体美劳大奖赛"，当地某校的一位女孩获得了一等奖。记者们包围了她，教育系统的工作者们包围了她：谈谈经验吧！

谈什么呢？她谈不出，她的父母谈不出，她的教师也谈不出。

原来，在得知举办大赛的消息后，举校皆慌。这所全市闻名的重点校，除了让孩子们啃书本，难道教过任何别的东西吗？这所围墙里的孩子们什么时候敢放纵自己一点一滴呢？

但毫无办法，这个大赛必须参加，否则重点校的脸上无光。于是校方宣布，对十几个平时爱玩爱幻想的孩子解除"禁令"，让他们把平时想干不让干的，想幻想不准幻想的东西全"总结"出来，以备大赛的不时之需。

他们就这样被解放了两个月。两个月后，当他们捧着奖杯回校时，发现一切又回到了"正轨"：奖杯被锁进了学校的荣誉室中，他们被"勒令"补课，继续处于不能想、不能干"非分"之事的环境。他们乖乖听从了。因为升学考试只认分数，不认奖杯！

当然，每一种教育都有其自身的特点，注重书本教育也有它的优点。例如，学生的基础知识比较扎实，这是无可怀疑的。但检验一种教育的优劣，还在于教育的效果，说得通俗一点：毕业后迎接生存挑战的可能。法国教育思想家埃德加·富尔曾在联合国教科文组织供职，他于1972年向教科文组织总干事长递交了一份研究报告——《学会生存》。

"学会生存"至少应该有以下三层含义：第一，学会自我保护，以保持正常的生存状态；第二，学会劳动、学会竞争、学会应变，以增强生存能力；第三，学会审美，以提高生存质量。这是因为，人生的追求，不仅仅是"活下去"，还应该"活得好"。

让学生"学会生存"，并不完全排斥"书本教育"，只是针对它的不足和偏颇。"书本教育"只管"灌输知识"，好学生的指标就是对书本教条无所不知；而"学会生存"致力于学生能力的培养，即使关注"书本教育"，也是注重让学生学习"如何学习"的方法，教师只是一位顾问，

一位学习的参与者，他越来越少地传递知识，而越来越多地激励思考。

在时间上，"学会生存"具有终身性，它既然教会了学生"如何学习"，并使学生"乐于学习"，受教育者便会在走上社会后仍不息学习，时刻进修。

海滩上，一个对社会抱有怨言的年轻人问一位学者："我有这么高的学问，为什么得不到相应的报酬？社会对我太不公平了！"学者捡起一颗沙砾，扔向远处，然后对年轻人说："请你把我刚才扔的沙砾拾回来！"年轻人看了看远处，一脸茫然，"它们都一样，怎么能找到？"学者又从口袋里掏出一颗珍珠，扔向远处，然后叫年轻人找回来。年轻人很轻松地找回了珍珠。学者问："你为什么能找到这颗珍珠？"年轻人说："与满沙滩的沙砾相比，珍珠太显眼了！"

说罢，顿悟的年轻人明白了学者的用心：要想被别人重视，自己要努力成为沙砾中一颗耀眼的珍珠！自己的价值要靠自己主动展现，而不是等人发现！

学会生存是当前各国教育所面临的重要任务，是当代社会及未来世界对人的要求。教育应当促进每个人的全面发展，即身心、智力、敏感性、审美意识、个人责任、精神价值等方面的发展。应该尽力使每个人能够形成独立自主的、富有批判精神的思想意识，以及培养自己的判断能力，以便由他自己确定在人生的各种不同的情况下，他认为应该做的事情。

在一个信息化的社会里，任何学生都需要学习丰富的知识和掌握高强的能力。但是，作为一名优秀教师，必须牢牢把握住一个核心——学生最首要的任务就是学会生存。

十二、教给学生一颗感恩的心

生而为人，要感谢大众的恩惠，感谢父母的恩惠，感谢师长的恩惠，感谢国家的恩惠；没有大众助益，没有父母养育，没有师长教诲，没有国家爱护，我们何能存于天地之间？所以，感恩不但是美德，而且是一个人之所以成为人的基本条件。

目前的现实是，部分小学生、中学生，甚至大学生，存在没有责任感，缺乏感恩意识的现象。其最直接的表现：以自我为中心，只求索取，不想回报，很少去考虑自己应该对社会、对家庭负什么责任，社会、家庭把自己养育成人，自己应对其回报什么。

对学生存在"感恩心"缺失问题进行分析，有以下几个原因：

（1）现在的孩子大部分是独生子女，家长尤其是爷爷奶奶过于溺爱，认为孩子小，凡事替孩子包办，好吃的留着，铅笔替孩子削好，书包替孩子背着，家务不让孩子碰，有的学生饭还要大人喂，除了作业不代办，其余都是父母代办，甚至作业也是家长陪着做……家长都是无条件地给予，没有培养孩子的回报意识，从而养成了对现有的条件不珍惜，只顾一味地索取，这样的环境下长大的孩子对此已习以为常，把一切都看作是理所当然的，当然不会想什么感恩。

（2）有些家长自身就缺乏感恩意识，在关心孝敬父母、长辈，关心他人方面就没有给孩子以榜样作用，甚至有的家长谩骂、殴打自己的父母，孩子在这样的氛围中成长，怎能孝敬长辈，怎能学会感恩呢？

（3）学校还是存在重智育轻德育的氛围，还是有应试教育的迹象。虽然一直强调学校教育以德育为首，狠抓德育的实效性，但是现今各种各样的教育教学质量检查、评比，使得教师不得不把主要时间和精力投入在抓课堂教学质量，课后抓学困生的辅导上。每学期虽然也有组织学生开展一些德育主题活动，但实效性不是很大，对学生的思想教育有时显得空泛。例如，当前学校的德育教育长期强调的是政治教育，要"爱祖国、爱人民"，这种教育当然很重要，但对于小学生而言，这种"爱"能不能被他们所理解？对于小学生而言，"爱家、爱父母"也许比"爱祖国、爱人民"实际得多。

（4）从社会大形势看，许多学生不知感恩。据报载，一位农民父亲在写给大学生儿子的信中痛斥儿子不知感恩："不知道在大学除了学习文化，还能否学到良心？"这名大学生每次写信回家只有几行字，而且写得不清楚，只有一个"钱"字最清楚。这样的事例不胜枚举。社会感恩教育缺失，在孩子成长过程中接触到的卡通、网络、新闻媒体等公共媒介中，只注重经济利益，忽略了对孩子的感恩教育。

如果要让学生懂得感恩，那么，首先必须让他们学会感恩自己的父母。

爱自己的父母，不仅仅是因为他们给了我们生命。在人世间，再没有比父母对子女的爱更深厚，更博大的了。

一名学生蒙上眼睛，手中托着盘子。教师开始往盘子上放书本，要求学生不时说出对重量的感受。起初，盘子里承载的书本很少，每放上一本，学生都明显地感受到分量在增加，但当盘子中的书本摞起厚厚一摞，再增加书本时，学生已经感觉不到分量在增加了。

一次班会上，教师用上面这个物理实验激发了学生的亲情。实验结束后，望着一脸疑惑的学生们，班主任解释说，这是物理学上的贝勃定律，"亲情何尝不是如此？父母给予了孩子深厚的爱，之后不断给予孩子爱时，孩子却察觉不到了。"台下，学生和家长代表们一下子沉寂了，思索着刚才的物理实验。

学生小文哽咽了，她出生时患有脊柱侧弯，很多人劝妈妈再生一个，但为了把一份完整的爱留给女儿，母亲放弃了生第二胎的想法。十几年来，妈妈一边帮女儿治疗，一边辅导孩子的学习，还带她学钢琴，母亲的爱真的太深厚了。

学生小黄与大家分享了自己的一篇日记，写的是她给妈妈洗脚的感受，日记中写道："13年来，我接受着父母对我无微不至的关怀，却觉得天经地义……我从来不曾看过母亲布满了厚茧、如此粗糙的双脚，好陌生……"日记没读完，教室里的妈妈们已是泪眼蒙眬。"对不起，妈妈！"班会上，学生卫俊当着全班同学的面，大声道出了心中的歉疚。卫俊的妈妈来自农村，每次遇到儿子学校开家长会，她都特别想去参加，但每一次都被儿子阻止了。一次卫俊急了，对妈妈说："你长得丑又没文化，去了只会给我丢脸！"这席话让妈妈半天没吱声。卫俊说，这之后妈妈对自己一如既往地好，但他却没有道歉的勇气，这一次，重审亲情，他感到了自己的渺小。

班会的最后，同学们纷纷表示要为父母做一些事，给妈妈做顿饭、为爸爸捶背、听父母的话……班主任看到，同学们的眼神温暖而动人，每一个家长代表的手臂都被孩子轻轻挽起。

这是一次成功的感恩教育。真正的教育，不仅要教给学生知识，还要教给学生情感；不仅要学生体会到被父母爱是幸福的，还要让学生明白爱自己的父母更幸福。

培养学生的感恩品质，需要从家长到学校系统的培养教育过程。感恩教育要从点滴小事做起，比如有的家长对孩子从小进行计划支出教育，让孩子从小懂得金钱是父母用汗水换来的，要花得有价值。在学校里要让学生亲自参加集体劳动，对自己的生活需求自我服务，衣服要自己洗，卫生要自己打扫。他们便能够从劳动中懂得父母在日常生活中的辛劳和付出。假期中让学生帮父母做家务，使其在劳动中体会到父母的辛苦，他们便会珍惜眼前的学习机会。作为优秀教师，利用教学和生活中的点

滴小事对学生进行感恩教育，也是必须要做好的功课。

十三、要善于与人合作

芝加哥公牛队是美国篮球史上最伟大的球队之一。1998年7月，它在美国篮球联赛总决赛中战胜爵士队后，取得第二个三连冠的骄人成绩。但公牛队的征战并非所向披靡，而是时刻遇到强有力的阻击，胜利来之不易。

与公牛队交战的对手都会在战前仔细研究公牛队的技术特点，然后制定出一系列对付它的办法。而曾经闻名一时的办法之一，就是让迈克尔·乔丹得分超过40分。听起来挺滑稽，但对手言之有理：乔丹发挥不好，公牛队固然赢不了球；乔丹正常发挥，公牛队胜率最高；乔丹过于突出，公牛队的胜率反而会下降。因为乔丹得分太多，则意味着其他队员的作用下降。公牛队的成功有赖于乔丹，更有赖于乔丹与别人的协作。

事实上乔丹本人也善于同队友合作，这与他的品格有关。皮蓬是公牛队最有希望超越乔丹的新秀，但乔丹没有把队友当作自己的竞争对手，反而处处加以赞扬、鼓励。为了使芝加哥公牛队连续夺取冠军，乔丹意识到必须推倒"乔丹偶像"以证明"公牛队"不等于"乔丹队"，1个人绝对胜不了5个人。一次，乔丹问皮蓬："咱俩3分球谁投得好？""你！""不，是你！"乔丹十分肯定。但实际上，乔丹投3分球的成功率是28.6%，而皮蓬是26.4%，乔丹对别人解释说："皮蓬投3分球动作规范、自然，在这方面他很有天赋，以后还会更好，而我投3分球还有许多弱点！"

乔丹还告诉皮蓬，自己扣篮多用的是右手，用左手也多是习惯性地帮一下，而皮蓬双手都行，甚至用左手更好一些。这一细节连皮蓬自己都没有注意到。"每回看他打得好，我就特别高兴；反之则很难受。"乔丹的话语中流露着他们之间的情谊。正是乔丹这种心底无私的慷慨，树立起了全体队员的信心并增强了凝聚力，取得了一场又一场胜利。

乔丹的成功，与他善于合作有很大关系，他真正领会到了合作的精髓。任何事情都必须依靠朋友和同事的力量，借助集体的作用力更能便捷地到达自己的目的地，也能在相互支持中实现各自的梦想，取得事业的成功。

一个高效的团队，其成员一定具有互助精神，能够把团队的目标置于个人的目标之上，乐于一起工作并帮助他人取得成功。

所谓合作，是指在社会互动中，人与人、群体与群体之间为了达到双方的共同目标而彼此相互配合的一种联合行动。我们的教育对象，我们的学生，处在非常复杂的社会环境中，时时刻刻接受着多方面、多层次的影响。教师影响施加得如何，取决于力的平衡。教师的影响在多大程度上能够成功，取决于教师在多大的层面上协调各方面的力量，共同对学生施加影响。一个会做工作的教师，会调动各方力量来实现自己的教育抱负。有不少教师个人素质很好，但是缺乏合作精神，与别的教师斤斤计较，这样的教师不会有多大出息。

对于合作与竞争，要确立"双赢"的观念。过去我们往往以为，在竞争中只有一个赢家，因此合作有一定的困难，更多的是竞争。但事实上，只有双赢才是真正意义上的竞争。

教师之间的合作，在形式上有如下几方面：

1. 集体备课

集体备课是中小学教师合作最基本、最广泛的形式。在集体备课中，教师全员参与，相互借鉴，相互启发，集各家之长，避自己所短。这样，教师可以互利互惠，相得益彰，从而使得教学过程真正达到最优化，既成长了教师，也发展了学生。

2. 新老教师结对子

新老教师结对子是教师合作的重要形式，是促进新教师尽快成长的有效途径。老教师的理论水平很高，教学经验丰富，教学方法多种多样，他们有着无私奉献、任劳任怨的高尚精神，他们是学校的教学骨干和宝贵财富。而新教师的专业基础扎实，现代技术比较高，观念新，他们是学校发展的后备力量，是学校的希望。新教师和老教师各有所长，各有所短。因此，新老教师结成对子是小分必要的，能让二者共同发展，共同进步。

3. 教师间互相听课、评课

教师间互相听课、评课是教师合作最有效的形式，是教师提高业务水平的有效途径。听课、评课是一种有效研究课堂教学的重要方法和手段，也是教学、教研工作过程中一项非常有意义的活动，通过听课、评课，同事之间可以相互学习，相互促进。教师的教学理念在听评中升华，教研能力在听评中加强，技能技巧在听评中产生，业务水平在听评中不

知不觉地提高。在走进课堂听课之前，听课者应该事先问问授课者要讲什么内容，把课本找来预习一下，有哪些重点、难点、考点；同时，自己设想一下，假如让我教这样的课，准备怎样教，以便听课时有个对比。听完课之后，听课教师要与授课教师进行切磋。

4. 教师之间经验交流

教师之间经验交流是中学教师合作必不可少的方式。每位教师的成长环境、教学经历、社会阅历等因素是不尽相同的，每位教师都有自己的教学经验，其中有共同的，也有不同的。只要每位教师都毫不保留地把自己的经验跟其他教师进行交流，大家都能从中获益，从而提高自己的业务水平。

除以上提到的几种合作形式外，教师还可以通过其他形式进行合作，如集中学习专业理论知识、分享各自的教育教学科学研究成果及共同承担校、县、市、省乃至国家级的教学教育科学研究课题等形式。

在合作中要注意细节的安排和形成一定规则，从多重视角来看，任何真正的合作都必须具备四个核心要素：有主体的意愿、可分解的任务、有共享的规则、有互惠的效益。

从这样一个框架看教师的合作：第一，参与合作应出于教师的自觉自愿，任何强制性的或所谓的"人为合作"都不可能使教师真正投入合作行动。第二，合作关系可以是一种情感关系，但合作行动必然是任务导向的。合作的任务应当是能有多人承担的任务，参与合作行动的教师必须保证完成基于分工的任务，同时能自觉地配合、支持其他参与者的行动。这两方面的工作也就是合作参与者的核心职责。第三，参与者应放弃合作体以外的身份、角色，通过协商、探究，寻找能保证达成最大合作效果的规则和程序。这种建立在共识基础上的"游戏规则"应当被看作合作的法典。第四，合作关系建立在共同利益或互惠利益基础上，合作体应当成为每位参与者的利益共同体。每位参与者为了实现共同的目标，享用合作体内的不同资源，在完成任务的过程中获得理智的启迪或情感的愉悦。

在我们语文组，不仅每个人的进取精神强，而且大家的团结合作意识也强。集体备课、资源共享是我们的优势。有人问我们到底是怎样进行集体备课的？近几年来，我们是这样走过来的：

在每学期初，召开集体研讨会，制定方案，明确任务。一是总

结上一学年在教学过程中表现出的好点子和经验，并发扬光大；摒弃效率不高的、徒劳无用的部分；完善疏漏的、力度不够的部分，从而形成新的切实有效的教学方案，指导语文教学实践。二是把所要完成的教学任务合理分工到人，每个教师负责一个专题。例如，规范书写，文言文、说明文、议论文、散文、小小说的阅读指导，作文的审题拟题、立意构思、语言结构、开头结尾等专项训练，以及训练资料的搜集整理与积累资料准备编辑等。人人都必须认认真真地备课，完成之后大家再共同交流、进一步完善，形成定稿。最后，大家共享教学资源。这样既节省了时间和精力，又提高了教学效率。真可谓一举多得，何乐而不为？

在教学过程中，无论是谁在遇到了什么样的困难，大家都会积极主动来帮忙找问题，想方法，群策群力，共度难关。"尺有所短，寸有所长。"每个教师都有自己的特长。比如：王老师长于指导学生书写，熊老师精于阅读评析，方老师特长写作教学，郑老师会朗诵，文老师会教小说，向老师会引导学生优秀习作公开发表……我们就适时地请他们或做专题讲座，或直接深入课堂。有时，我们还请美术老师现场指导学生办手抄报，请音乐老师协助解答歌词类阅读题，请书法老师当书法比赛顾问，等等，将丰富的课程资源有效地开发利用起来。这些教师的教学往往驾轻就熟，事半功倍。这不仅解决了教学中的实际问题，还激发了每个学生的积极性，全面提高了学生的语文素养。

其实，协作教学最大的困难在于思想障碍。几年来，我们战胜了三种思想障碍：一是自以为是的思想，二是吃大锅饭的思想，三是窝里斗的思想。其中，每一种思想都极有可能导致各自为政、单打独斗的不良局面。经过多年的磨合，我们达成这样的共识：闭关自守不利于个人提高；只烤火不加柴不利于集体团结；团结协作、资源共享才是唯一的出路；我们最大的对手在于自身；我们的目标是追求更好。从此，在我们每一位语文教师心中，不再有利害冲突，不再有保守思想，唯有一个共同的奋斗目标。清醒的头脑、准确的导航，使我们的语文教研之舟乘风破浪，"直挂云帆济沧海"！

可以说，我校的语文教学成绩呈上升态势，靠的就是有一支团结协作的语文教师队伍。语文组的良好成绩，是全体师生同舟共济，团结协作，集体打拼的智慧结晶。正是这种团队精神，使我们语文

教研组永葆生机与活力。

因为语文组无私，所以语文组团结；因为语文组团结，所以语文组温馨；因为语文组温馨，所以教语文快乐！

关于教师合作，起步阶段特别难，因为教师的劳动具有比较明显的个体性，传统的教师群体缺少合作的文化。但教育毕竟是一种合作的事业，因此教师之间的合作还是有基础的。而一个优秀的教师，必定是一个善于合作的教师。

十四、尊重每一位同事

在同事交往中，我们提倡平等交往，在交往中应自尊而不骄傲，尊重别人而不谄媚；受惠于人不形成依赖；批评别人以真诚相待，忠言诱导；受人批评应诚心接受，即使对方有所偏颇，也不耿耿于怀，只要对方是出于真诚目的就不要再计较。同事交往，要彼此尊重。

有人总结出同事之间五大基本礼仪，教师之间也大体如此：

1. 尊重同事

相互尊重是处理好任何一种人际关系的基础，同事关系也不例外，同事关系不同于亲友关系，它不是以亲情为纽带的社会关系，亲友之间一时的失礼，可以用亲情来弥补，而同事之间的关系是以工作为纽带的，一旦失礼，创伤难以愈合。所以，处理好同事之间的关系，最重要的是尊重对方。

2. 物质上的往来应一清二楚

同事之间可能有相互借钱、借物或馈赠礼品等物质上的往来，但切忌马虎，每一项都应记得清楚明白，即使是小的款项，也应记在备忘录上，以提醒自己及时归还，以免遗忘，引起误会。向同事借钱、借物，应主动给对方打张借条，以增进同事对自己的信任。有时，出借者也可主动要求借入者打借条，这也并不过分，借入者应予以理解，如果所借钱物不能及时归还，应每隔一段时间向对方说明情况。在物质利益方面无论是有意或者无意的行为，都会在对方的心理上引起不快，从而降低自己在对方心中的好感。

3. 对同事的困难表示关心

同事的困难，通常首先会向亲朋寻求帮助，但作为同事，应主动问询。对力所能及的事应尽力帮忙，这样会增进双方的感情，使关系更加融洽。

4. 不在背后议论同事的隐私

每个人都有"隐私"，隐私与个人的名誉密切相关，背后议论他人的隐私，会损害他人的名誉，引起双方关系的紧张甚至恶化，因而是一种侵犯个人隐私的行为。

5. 对自己的失误或同事间的误会，应主动道歉说明

同事之间长期相处，一时的失误在所难免。如果出现失误，应主动向对方道歉，征得对方的谅解；对双方的误会应主动向对方说明，不可小肚鸡肠，耿耿于怀。

周末下午，数学老师小王来到办公室刚要坐下，电灯灭了。小王很生气，直接跑到楼下锅炉旁。管理员正若无其事地边吹口哨边铲煤添煤。小王破口大骂，一口气骂了六七分钟，最后实在找不到骂人的词句了，只好放慢了速度。这时，管理员站直身体，转过头来，脸上露出开朗的微笑。他用一种充满镇静与自制力的声调说道："呀，你今天晚上有点激动吧？"

小王面前的这个管理员虽然有这样那样的缺点，但他却在这场"战斗"中打败了小王这样一位有文化的人。

小王非常沮丧，甚至气得有些咬牙切齿。但是没用，回到办公室后，他好好反省了一下，觉得唯一的办法就是向那个管理员道歉。小王又回到锅炉旁。轮到那位管理员吃惊了："你有什么事？"小王说："我来向你道歉，不管怎么说，我不该开口骂你。"管理员说："刚才我并没有听见你的话。只是泄泄私愤，对你这个人我没有恶意。"小王听了这话很感动，两人就这么站着，聊了一个多小时。

从那以后，两人居然成了好朋友。

学校的活动总是处在一个大的环境中，这样便不可避免地要与形形色色的人交往。尊重学校每一个人，不管他是做什么工作的，是校长还是班主任，还是任课教师，给自己营造一个良好的工作氛围，你才能充分发挥自己的潜能。

要想营造和谐的人际关系，我们必须遵循以下要点：

第一，尊重别人的人格，切忌说有伤他人人格的话。

说话要注意言辞口气，轻蔑粗鲁的语言使人感到受侮辱，骄横高傲的语言使人与你疏远，愤怒粗暴的语言有可能将事情导向不良后果。一

个尊重别人的人不会用暴力、辱骂、仇恨去对待别人。

第二，不要过度以自我为中心。

不断向别人述说自己的生活琐事，夸耀自己的经历，或只知道谈论个人的兴趣，从不理会别人的感受和反应，这实际上是不尊重别人的表现。

第三，尊重别人的标准。

每个人都有自己的处事标准，尊重别人的标准，是一个基本的处世态度。

用友善的眼光注视别人，对每一个人投以微笑，用友好的方式来表达自己，别人也会用同样的方式来回报你。人，要学会尊重。作为教师，更要学会尊重。因为尊重是教育的前提，是教师一切教育活动的基础。

小伍和小霍在同一单位工作，在工作能力上小伍比小霍稍胜一筹，这让小霍心里很不爽，而他平衡自己妒忌心理的方法便是伺机向小伍放"暗箭"。

有一次，单位举行篮球比赛。由于小伍是篮球队的主将之一，小霍也前往"捧场"。当他看见小伍第二次投不中时，他用力鼓掌并大声叫喊："不中不要紧，精神可嘉！"结果小伍第三次投不中时，小霍阴阳怪气地说："再来一个，总有投中的时候吗！"小伍再次还没投中，小霍继续冷嘲热讽："命中率有进步！"如此这般，在整场比赛中小霍表面上是给小伍捧场，实际上却在奚落他、挖苦他。

工作中小伍经常获得奖励，小霍最喜欢对他说："脑袋那么好使，叫咱这样的笨蛋脸往哪儿搁呀？"在背后，小霍好像开玩笑似的对其他同事说："小伍的拍马屁功夫了不得，弄得领导们服服帖帖……哈哈哈！"

在一次讨论方案的会议上，小伍刚刚说完自己的想法，请大家发表意见，小霍就用不阴不阳的口气说："小伍花了这么大的工夫，搞了这么一堆材料，一定很辛苦，我怎么一句也没听懂呢？是不是我的水平太低，需要小伍给我再来一点启蒙教育？"

他的话一出口，小伍的脸就气红了，说："有意见可以提，你用这种口气是什么意思？"显然，小霍的话是太刺激人了。面对小霍的恶言恶语，小伍本想反击，但一想君子报仇十年不晚，于是又隐忍作罢。

后来，小伍升级的速度比小霍快，当上了小霍的上司。终于有

一天，小伍逮住小霍的错误，借机将他调到单位下属的一个小厂接受锻炼去了。

美国诗人惠特曼说过："对人不尊敬，首先就是对自己的不尊敬。"你希望别人怎样对待你，你就应该怎样对待别人。你尊重人家，人家尊重你。不尊重别人就会深深地刺伤别人的自尊心，还有可能让别人勃然翻脸，这样对自己也没有什么好处。用友善的眼光注视别人，对每一个人投以微笑，用友好的方式来表达自己，别人也会以同样的方式来回报你。尊重学校里的每一个人，这不仅仅是一句口号，更需要你切实地去贯彻执行。

十五、与同事领导和睦相处

教师要让自己融入团队中去，和学校的同事和领导保持融洽的关系，对工作会带来很大帮助。开展团队合作，需要和谐的气氛。一个优秀教师，应该支持和理解领导，也要善于获得领导的帮助和支持；和同事之间要互相帮助，和睦相处。

先来谈谈教师如何与校长相处。在学校，校长是管理者，教师是被管理者，二者相互依存。作为教师，必须善于处理和校长的关系，达到和谐协调，才更有利于个人事业的发展和团队合作。

某学校有一个会计，她对业务很熟悉，工作上也未出现过任何差错。但她有一个致命的弱点，就是好在背后议论别人。校长家有一个女儿，年龄有些大了，一直没有出嫁，不知是什么原因。一天她与另一同事闲聊，好议论的脾气又上来了，不经意间说起了这件事，说是校长的女儿作风不正，所以没人要，正当她说得兴高采烈的时候，校长从旁边路过，被他听到了一些。从那以后领导就不再信任她。并且不再相信她做的账目。

其实这所学校的业务十分简单，每天收入支出即使不算细账，大约心里也有数。但校长始终对她不放心，终于找来一个其他单位的老会计来查她的账，查了一阵也没发现什么问题。但校长还是对她没有好脸色。她的心里也一直被校长的不信任态度所笼罩，无法高兴起来，觉得工作起来一点意思也没有，后来申请调到另一所学校去了。

上面这个例子中，会计就是因为几句闲话，最后调离了学校。背后说闲话是一个团队中很忌讳的事，虽然有科学家认为，背后说他人闲话是人类的一种重要需求。有句老话说："谁人背后不说人，谁人背后无人说。"这说明背后议论他人是一种比较普遍的现象。现实生活中，人们热衷于或嫉妒或艳羡地论人短长，其实并非出于恶意，大多只是一种心理转移，目的是排解自己的压力。有调查显示，朋友、亲戚等认识熟悉的人往往是自己议论得最多的人，而且许多是负面评价，但这不代表说闲话者真的讨厌他们，只是因为彼此很熟，潜意识中觉得危害较小。

虽然会计对校长很可能没有恶意，但她的"闲话"的确伤害了校长的感情。作为教师，要克制自己说领导、同事的闲话，尽管说闲话也算是人之常情，但如果总是在背后说人长短，就是真有不好的习惯了，而且难免传到当事人耳边，这样就会严重影响同事之间的感情，甚至演变成冲突。

如果你对领导有意见，最好当面向他提出，但要注意方式，切不可当面不说背后乱说，尤其是说一些与工作无关的、损伤领导人格与名誉的话，更是不可取。

要成为一名优秀教师，应该学会过校长这一关。

那么，具体怎样做呢？

1. 在工作上支持校长

圆满完成学校交给自己的任务，就是对校长最大的支持。这样的好教师校长自然会倍加珍惜维护。

有些时候，要主动替校长考虑问题，将有关工作的信息适时提供给校长，出主意、想办法。你为对方着想，对方自然也会替你分忧。

2. 维护校长的威信，但不做马屁精

在领导位置上的人，都有威信的需求，如果你能给领导面子，领导体会到你的善解人意，又佩服你的人格尊严，自然会在工作中给你提供支持。

维护校长的威信，注意不要在公开场合指责校长。在处理学校事务的时候，难免有这样那样的分歧，这是很正常的事，可以和校长坐下来慢慢沟通，不要当面让校长难堪，即使你的意见是正确的，也不必干这种打人脸的事。

另外，要多提建议少提意见。学校处理很多事，总是不可能尽如人意的，对于这种情况，有的教师会选择不满意、发牢骚、提意见，但往往不能解决问题。换个角度看问题，意见就可以变成建议。

3. 不卑不亢，和谐相处

有些教师对校长有惧怕心理，在校长面前总觉得压抑，那就是没有把校长当成常人看待，总觉得校长高人一等的缘故。说白了，就是有些自卑感。其实，校长也是一个普通人，跟普通教师没有什么区别，只是分工不同罢了。作为教师，完全可以把校长看作一个平常人，不卑不亢，平等相待，那样气氛会融洽得多。

跟校长相处，不要过分谦卑，如果你过于谦卑，那是一种浅薄。

要和校长和睦相处，最好把握不即不离的原则。你不能离校长太远了，他当你不存在。但也不能过往甚密，保持一种君子之交为好，而且那样会引来别人嫉妒，会给你带来一些不必要的麻烦。

总之，跟校长和谐相处也不是什么难事，但需要在跟同事朋友相处的基础上多一些注意。当然，这里说的是普遍现象，对于那种成天不问教学，只知敛财和往上爬的校长，那种不关心教师痛痒的校长，是不值得与之和谐相处的。

关于教师如何和同事和谐相处，特别值得年轻教师们注意。一些年轻教师受到社会风气的影响，自我意识过强，没有意识到与同事和谐相处的重要性，比如在与同事相处中，有的缺少集体合作、和谐共处意识：办公室的报刊，一人占有；电脑，一人享用；开水，从不去管；卫生，也似乎与他无关。有的在教学活动中，缺少互助共进的精神，过分特立独行，不愿承担该做的一份工作，更不愿为帮助同事吃一点苦。

更有甚者，不仅不愿听同行的课，还对同事封锁教学信息，猜疑妒忌，相互拆台，甚至采取不正当的方式，谋求所带学科虚假的考试高分；有的走上讲台时间不长，却对中老年教师不太尊敬，或直呼其名，或以己之长抑人之短，更有任意贬低之言；有的忘记了教师雅洁的本色，吹吹拍拍，吃吃喝喝，搞小团体。应当说，这样的教师，已经不是与人和睦相处的意识问题，在做人和师表上是不合格的。

一个道德素质高的教师总是能心诚地对待同事，力图避免侵犯同事的尊严、影响合作的种种行为。对同事取得的成绩由衷地表示祝贺，在业务上和修养上能取长补短。对于同事的表现和有关工作的批评在其当面而非私下进行。承认自己在教学、教研上的不足，努力客观地对待同行的评价。对自己取得一点成绩或受到一点批评都能坦然处之。

有人总结出教师与同事相处的三个基本原则：互信互尊、积极合作、共同发展。

　　互信互尊指的是，每一个教师都应理解其他教师的工作责任和工作环境，以平等的态度信任和尊重其他教师，具体有以下几方面。

　　（1）疑人之心不可有：有些人警觉性很高，时时处于提防状态，一见人家议论，就疑心在说他；有些人喜欢把别人往坏处想。过于敏感其实是一种自我折磨，一种心理煎熬，同事间神经过于敏感的人，关系肯定搞不好。

　　（2）嘴上便宜占不得：有人喜欢说别人的笑话，虽是玩笑，也绝不肯以自己吃亏而告终；有的喜欢争辩，有理没理都要争三分，给人的感觉是太好胜，锋芒太露，难以合作。

　　（3）杂务不杂宜常做：几个人同在一个办公室，每天总有些杂务，如打水扫地、拿报纸等，这些小事，应该积极去做。如果同事的年纪比你大，你更应主动多做些。懒惰是人人厌恶的。

　　（4）同事隐私不打听：如果喜欢探听，即使什么目的也没有，人家也会忌你三分。爱探听人家私事，是一种不好的行为。

　　积极合作指的是，任何一个教师的工作只是整个教育工作的一部分，教师之间必须形成合作关系，才能顺利完成教育教学任务。

　　共同发展指的是，教师集体一起发展，教师之间的交往与协作不能以损害他人的利益和工作效果为前提。

　　做到上面三个基本原则，和谐的氛围基本可以形成。但作为教师，还有一个更高的境界：主动让人，乐于助人。

　　主动让人指妥善处理与其他教师或教师集体在工作交往中的矛盾与冲突。有些人在与同事相处中，"利"字当头，什么亏都不能吃，什么便宜都想占，工作拣轻的干，待遇往高处要，看别人时带着显微镜高标准、严要求，对自己就总是网开一面、另当别论。如果能够做到严格要求自己，在工作中与他人积极配合，在生活中与人为善，以宽阔的胸怀待人处世，以严格的标准要求自己，这样的人放在哪里会不受欢迎呢？

　　工作中，有能力时就主动帮助同事，也就是乐于助人。帮助同事，并不一定要在大事上帮助才显示出你的深情厚谊，只要在平常的一些小事上多帮助同事，一样能够赢得友谊。乐于助人，体现的是教师对集体利益的考虑和对团队精神的追求。

十六、处理好竞争与合作的关系

　　对于如今的教师来说，有一个问题很现实——如何处理竞争与合作

的问题？

现代社会是一个充满竞争的社会，竞争成为现代社会不断前进的动力，没有竞争就没有活力。一所学校要发展，要提高教育教学质量，也需要竞争。如今，学校之间的竞争，教师之间的竞争，学生之间的竞争都已成为事实。那么，教师应如何看待竞争呢？

首先要肯定竞争的积极作用。竞争是一种激发自我提高的活动，教师之间有了竞争，就能激发调动广大教师的积极性和主动性。每位教师为了在竞争中胜出，为了实现自己的价值，就会不断地努力，对自己的工作投入更多的情感和精力，促使自己不断提高、不断完善。在竞争中很多的优秀教师会脱颖而出，学校也可以从中发现所需人才，选拔骨干教师，发挥其示范、辐射作用，引领教师队伍的专业成长。而且，在竞争的过程中，通过比较，更多的教师能客观地评价自己，发现自己的局限性，于是自我反思，自我完善，提高了自身的专业素质。使得学校更富有生气，提高了教育教学质量。

但竞争决不能排斥合作，如果一味强调竞争，没有教师间的合作，则往往造成不必要的摩擦和内耗，将产生极大的恶果。而今，每位教师都越发地感受到各种竞争带给自己的恐慌与焦虑，失败者往往要承受巨大的精神压力，甚至付出物质代价。为了维护自己的利益，教师必然由一种教学常态衍生为恶性竞争，形成各自为政的"围城式"教学。优秀教师的智慧和经验不愿与他人分享，成果得不到推广；年轻教师由于求师无门，不得不"闭门"摸索，教育观念和视野不可避免地陷入狭隘和单一，阻碍了专业成长；整所学校处于封闭、保守的教学氛围。于是，直接导致了教师人际关系的紧张，影响了教师之间的交往，也影响了与学生的交往。

如果善于把竞争与合作结合起来，消除阻碍教师合作的消极因素，引导教师既竞争又合作，采取合作与竞争的交替方式，就能突破孤军奋战的局限，把自身优势与其他教师的优势结合起来，把双方的长处最大限度地发挥出来，既提高自己也提高别人的竞争力，实现变"内耗"为"共享"。

要做到这一点，应设法把关注考试成绩的竞争转化为关注教学水平、专业成长的竞争，把"单打"的个体竞争转化为互助合作的群体竞争，把竞争的压力内化为自我唤醒、责任感强、专业提升的内驱力。具体可以通过以下两个方面实现。

1. 引导教师在教育科研中竞争与合作。如今的教师必须具备教育科研的素质，努力成为研究型教师。学校应成立教研组，在校本教研中确定教学专题研究或课题研究，做到人人有任务。个个都参与，使不同程度的教师都能再提高、再发展、有贡献。在研究中教师互相学习，取长补短，相互合作，共同交流，共尝甘苦，共同体验成功与喜悦。

2. 引导在教学改革中竞争与合作。教学是学校工作的中心，课堂教学质量是关键。为此，每学期各级都会举行教学竞赛活动。学校可以进行校内比赛，要求绝大部分教师参加，通过比赛评出优秀，参加学区竞赛。无论是校内教学评比，还是推荐教师参加学区教学竞赛，都是全员参与，参与的过程是一个既竞争又合作的过程，是一个人人得以提高的过程。这样学校的整体教学水平就会有较大的提高。例如，一个教师要参加教学比赛。执教者即使有再多的能耐，毕竟显得单薄。而真正捧给观众的那节课，其实已凝聚了指导老师、教研组、其他老师的心血和智慧。类似这样的互助合作的群体竞争已成为时尚，值得推广。

当前各个学校正面临着合作与竞争并存、挑战与机遇同在的新时代，教师也面临着广泛合作、内外竞争的局面。摆在绝大多数教师面前的突出问题，是如何处理好合作与竞争的关系。作为一个优秀教师，更要理解和把握适度竞争与充分合作之间的辩证关系。

注重教学的技巧

一、做好课前准备

课堂始终是教师搞好教育教学活动的主战场。能否上好每一堂课，将成为衡量教师的重要标准之一。

上好一节课，课前准备是非常重要的。充分的准备是成功的一半。想要在课堂上应对自如，首先要备好课。备课是教师进行教学活动的首要环节，是整个教学活动的前提和保障，备课的质量直接影响教师的教学效率和学生的学习效果。

备课要重视钻研教材，一个教师只有在全面深入地理解教材、把握教材的基础上才有可能去上好一节课。

备课要明确教学点，任何一堂课必须有明确的教学点，并且每个教学点必须有具体清楚可操作的教学目标。教学点缺漏或者模糊，会严重影响课堂教学效率。教学点的确定，必须根据新课标和学生的基础精心设计。教学点一是知识点，是课堂教学的根本点，教学中应突出重点，解决难点，围绕知能的结合点；二是能力点，主要指掌握知识能力、应用知识能力、思维能力、动手操作能力；三是非智力因素点。以上各点必须明确、到位。全面考虑这节课，把握住它的重难点，哪些地方需要重点讲解；哪些地方可以一带而过；哪些地方可以放手给学生；哪些地方可以小组合作解决。"胸有成竹"才能画好竹子。

具体来讲，备课需要把握好以下几个基本环节：

1. 熟悉和钻研教材

教材是学生学习和教师教学的依据和母本，教师作为教学的主导者，必须对所教学的内容做到心中有数才能正确传授，因此我们在教学前就要深入钻研教材，了解教材的编排、教材的内容和教学的目的要求、学生需要掌握的知识点等相关内容，为教学的设计提供依据。教材包括课本、教学参考和教案、练习册等有关书本。

另外，教材对学生来说，有可能会出现太难、太偏、太陈旧等问题，甚至难免会有错误。这就要求教师带着疑问备课，即备教材知识时认真思考，概念表述是否科学、例题展示过程是否烦琐、事例是否陈旧等问题，并要及时查阅最新的相关资料，找到解决问题的办法。

2. 备教法

就是解决如何教的问题，选择恰当的教学手段和教学方法以实现教学目标。在每个教学环节采用什么教法和学法最省时有效，在备课时教师就要选定好。恰当的教学方法符合学生的认知规律，使学生可以接受，最终实现了预期的教学目标并收到较好的教学效果。新课程强调把课程视为学生的经验，要求改变学生的学习方式，确定学生在课程中的主体地位，建立自主、探索、发现、研究以及合作学习的机制。而要达到这一要求，必须充分了解学生，找准教学的起点。

3. 精心设计教学各个环节

教学过程是个严密的思维过程，是环环相扣的连环过程，如果有一个环节出现脱节，其余环节就会受到影响而自动断掉，教学过程就会出现冷场，就会影响教学效果。因此我们应该在教学前精心设计好各个环

节的教学，并且精心设计好各个环节中的过渡问题，使其整个过程环环相扣。同时考虑好在各个环节中可能出现的一些意外情形，做到预防在前，应付自如。

4.收集相关内容的课外资料

在教学时，有些教材中提及的许多重要内容和重大事件并没有详细的介绍和讲解，但又不得不向学生讲解这些内容，就必须通过教师查阅相关书籍或上网查找资料，向学生清楚正确地讲解。如果教师没有做好这方面的工作，教学效果就可想而知了。

5.相关教具的提前准备

为了使教学收到更好的效果，有时需要用到一些相关教具或一些实物等，只有提前做好准备工作才不会临时抱佛脚，把学生晾在一边，课堂秩序一片混乱，教学效率极低。

每堂语文课的预备铃响过之后进行一些小型的全班性活动。可以进行词语接龙，背背古诗、儿歌，出个谜语让大家猜猜，或者向大家介绍一本自己看过的好书。这段时间虽然很短，但是它既是一种知识的积累，又可以让学生很自然地进入上课的准备状态。这些活动开展的同时，教师要注意用亲切的目光、微笑的表情参与到学生的活动中去，使学生之间、师生之间气氛融洽。往往这样的活动开展过后，整个教室里充满了浓浓的语文气氛，等正式铃声一响，学生就能够很快地投入学习中去。

教师可根据不同类型的教学内容选择灵活的教学方式，设计富有情趣的教学环节，激发学生的兴趣。教师对课前气氛的渲染，也是一种很有效果的课前准备。

做好准备工作，教师还要穿戴得体，讲究仪表。

成功取决于两方面的素质，一是内在精神力量、气质修养，二是外在的衣着服装、言谈举止。这两方面缺一不可。没有内在精神力量，不可能成功，只有那些精力充沛、勤奋努力的人才会在事业上孜孜以求，成为一个成功者；而一个成功者，同时在外表上也应该是一个举止大方、精干洒脱的人。外在的素养与内在的气质都是成功者必不可少的。教师也不例外。得体的外在形象，让学生看到你，就会有一种美的享受，使他们更欣赏你，是实现教学目的的一种积极手段。所以教师在上班时，应穿着便于工作、与工作环境协调的服装，并且要庄重整洁，千万不要穿奇装异服。

做好准备工作，最后要做到以饱满的热情走进课堂。

俄国教育家、心理学家赞可夫曾说过："如果教师本身'燃烧着对知识的渴望'，学生就会'迷恋'于获取知识。"一位卓越的教师要有角色意识，演员演戏需要进入角色，教师站到讲台上讲课同样需要进入角色。赋予角色意识的教师，能够深入学生的内心，体验学生当时所产生的感情，能在教学内容与学习主体之间建造一座沟通的桥梁，使师生双边活动配合默契，情感相通。

教师千万不要带着不良情绪进课堂，这样只会影响到教育教学效果，甚至损坏自己在学生心中的形象，疏远师生关系，造成无可挽回的后果。所以，教师要不断净化自己的心灵，天天都以愉悦的心情、微笑的面容、饱满的热情走进教室。

教师教学中自然流露的激情、广博的知识和精湛的授课技巧都能潜移默化地感染学生，形成师生之间情感的交融。这种情感的互动能激发学生的潜能和创造力，使学生学习兴趣得以巩固，促进其学业的持久发展。为了能够达到这一教学效果，教师有必要在课前做好充分的准备。

除了自己做好课前准备，教师还要引导学生做好课前准备。学生课前准备是提高教学质量的前提和条件，所以教师要引导学生课前预习，引领学生自学方向。教师可以在课前就出示预习提纲，让学生明确预习的内容和步骤，使学生预习时做到有的放矢，但要求最好不要太高，不要一开始就抹杀了学生的自信心。同时，还要提醒学生准备好学习工具。

　　黄老师这节课的内容是"我们只有一个地球"，课堂设计的其中一个环节是让学生汇报自己发现的破坏环境、浪费资源的现象。经过小组讨论之后，同学们纷纷开始发言，而在那么多发言中，最引人注目的是一个高个子女生。她带来了一瓶已经受到严重污染的河水，当轮到她回答时，她从容不迫地举着瓶子向同学和老师讲述这瓶水的来源、受到的污染情况、带来的危害等，从她自信、流利的话语中不难看出她的确做了充分的课前准备。

二、让学生成为课堂的主人

　　著名作家马克·吐温有一次听牧师演讲。最初，他觉得牧师讲得很好，很受感动，就准备捐款，并掏出自己所有的钱。过了十分钟，牧师还没有讲完，他有些不耐烦了，决定只捐一些零钱。又过了十分钟，牧师还没有讲完，于是他决定一分钱也不捐了。

牧师终于结束了冗长的演讲，开始募捐，马克·吐温由于气愤，不仅没捐钱，还从盘子里偷了两元钱。这就是著名的"超限效应"。

如果一个教师只是喋喋不休地讲着授课内容，而不能够合理地安排课堂教学，这种"超限效应"同样会发生，最终表现为学生讨厌上某科目的课，甚至是讨厌教这个科目的教师。

新课程标准明确指出，学生是学习和发展的主人。表现在课堂教学上，就是要构建开放的、充满活力的课堂体系。而要使课堂活起来，课堂的主人翁必须动起来。教师要转变角色，要成为学生学习活动的组织者、指导者、学生个性发展的服务者。把问的权力放给学生，把读的时间还给学生，把讲的机会让给学生，引导学生养成自动、自学、自得地寻求知识，获得知识的习惯。

如何才能调动学生的积极性，让他们主动地参与教学过程，成为学习的主人呢？

第一，精心设疑，激发兴趣。

兴趣是最好的教师，是成长最大的动力。学生求知的兴趣一旦被调动起来，他们就会积极参与，努力探究，并乐此不疲。在教学中，充分利用学生对问题的兴趣和好奇心，把质疑的主动权交给学生。让学生主动地提出问题，解决问题。

比如，一位教师在讲解《夕照》的课文时是这样导入新课的："同学们，今天我们来对对子。"于是教师开始出题："天对（地）、云对（风）……朝阳对（夕阳），日出对（夕照）……"就这样一场生动的对对子游戏拉开了新课的序幕。

这位教师采用游戏这种对学生极具吸引力的形式很快地吸引了学生的注意力，同时这次导入也唤起了学生对旧知的回顾（上一课学生刚学过《海上日出》这篇课文）把日出和夕照放在一起，学生更会对这一组截然不同的景象产生更大的兴趣，另外对对子也是该单元"积累·运用"中的一个训练内容，因此它又起到了一个"顾后"的作用，真可谓是"一箭三雕"。

再比如，一位教师讲授一年级《统计》这篇课文时，放映了一个动画片段：大象今天过生日，森林里的小动物都来了，小动物们给大象准备了各色的鲜花，动画展示每个小动物手里捧着各色的花，而大象想知道每种颜色的花各几朵，同学们马上说："帮他们数数。"但花的颜色繁多，

越数越乱。于是,又有同学发起疑问:"有没有更好的办法?"这样自然而然地进入了统计教学。教学过程中,教师又引导了学生质疑,根据统计表提出一些数学问题。

第二,放手质疑,自主学习。

新课程强调要营造教学相长,积极互动的教学氛围。这就要求教师让学生自主地选择学习内容,让学生个性化地学习。当学生对一个问题认识模糊,或是阐明一个问题需多角度、多层次进行时,把问题交给学生,让他们自由讨论,各抒己见,共同交流,寻求解决问题的方法和结论。

比如,一位历史教师讲授秦末农民战争时,提出了这样一个问题:"如果陈胜、吴广没遇到大雨,秦末农民起义还会爆发吗?"学生通过激烈讨论,畅所欲言,深入探讨,彼此交流,课堂气氛活跃,学习兴趣浓厚,锻炼了学生的口才,发挥了学生的主观能动性,突出了学生的主体性,也发展了学生的个性。

再比如,初学一篇课文,教师可让学生自学生字,看看可以采取什么样的方法把它记住?课文的主要内容是什么?写作顺序是什么?从中领悟到了什么?这样来使学生的自由探究有一定的目的性。在学生充分自探之后,采取汇报成果的方式谈自己的所获和所疑。

第三,集思广益,合作学习。

新式的积极互动充满活力的课堂离不开合作,合作学习畅所欲言是自主学习的一个重要特征。教师在教学中要选择学生感兴趣的部分进行合作,使学生在合作学习中各抒己见,相互启发,使思维的广度和深度不断地加宽加深。

比如,一名教师在讲授《雷雨》一文时,作者在课文的后半部分准确形象地描绘了一幅雨过天晴的自然图画,为了表现雷雨后的太阳、彩虹、蝉、蜘蛛、池塘、青蛙的状态。教师让学生认真反复地朗读课文,然后请学生到前台来,把课前准备好的活动图贴在相应的位置上,同时进行说话训练,即把所贴的图画用一两句话描述出来。

学生马上动起来,边贴边说。通过学生的合作,展现了一幅多彩的雷雨后的景象。学生在贴图的过程中训练说话,既活跃了课堂教学气氛、激发了学生学习兴趣,又增强了学生学习的主动性、积极性,还训练了学生的语言表达能力和想象能力,提高了语文的综合素养。

第四,提高能力,探究学习。

新课程突出强调学生创新精神和实践能力的培养,想要做到这些,

必须通过学生具体的探究活动来实现。这就要求教师不断引导和指导学生去主动探究，更期待它能够内化为学生经验系统的一部分，成为一种良好的学习习惯。

比如，在讲授《十里长街送总理》一文时，一位教师是这样引导学生将课内外知识相结合的。课前，教师布置预习，让学生查阅有关周总理的资料，并给出了几种查阅的途径。由于做了充分的课前准备，上课时又通过交流使学生增进了对周总理的了解和崇敬。在交流过程中，教师引导学生用归纳性的语言讲述，这又很好地训练了学生抓重点归纳知识的能力以及语言表达能力。

有一个美国教育考察团到我国某地考察中学的科学教育，在当地一所重点中学，他们听了一位物理特级教师执教的公开课。这位物理特级教师开始上课时即制定了非常明确的目标，过程根据目标展开，非常流畅。无论是教师的语言表达与问题设计，还是学生的回答，都称得上十分精彩；特别是学生那对答如流的表现，以及教师对课堂时间分秒不差的把握，令陪同听课的一些领导和教师都感到自豪，心中美滋滋的。按照我们的评课标准，这节课无疑是一堂高效的、非常成功的公开课。下课后，美国考察团的成员们却流露出疑惑的神情。他们坦率地提出：既然学生对教师提出的所有问题都能准确无误地回答，那么学生上这堂课还有什么意义呢？

这堂课的最大问题，是学生似乎像配角或道具一样，被放到一个次要的位置，而教师成了课堂的主角和主人。美国考察团的疑问的确值得深思。当学生成为学习的主人、课堂的主人，他们就和教师主体形成一种平等关系，教学形式就从"独自"变为"对话"，这就是如今教育界提倡和推崇的"对话式"教学。"对话式"教学越来越成为广大教师和学生喜欢的教学方式。需要注意的是，如果课堂上表现出来的是一种虚假的交流、互动，课堂回响的依然是千篇一律的"懂了""会了"的声音。这样的"对话"不得不引起我们的思考。

（1）教师满堂问，学生机械答。

教师虽然从形式上给予学生自由言说的机会，但是整个对话都牢牢地掌握在教师预设的框框中，教师不是"主导"，而是"主宰"。课堂的基本框架是：提问；回答。教师总是高声发问"是不是？"，学生一起回

答"是",教师再接着问"确定不确定",学生肯定地回答"确定"。由于问题都是根据教学目标来设计好的,学生的思维基本在教师的掌控之中。教师并未充分认识到对话式教学的实质,而简单地理解为只要教师提问、学生回答就是对话式教学,而不考虑是否真正启动、激发了学生的欲望与思维,是否体现了追问和启发的精神。这样的课堂对话所表现出来的不是学生学习、感悟和建构知识的过程,而是被教师牵引着的模式化的表演

（2）教师放手,学生自由发言。

新课程提倡学生为主体,放手让学生充分地探究、体验、争辩、发现,生成新知,完成知识的意义构建,智力的有效发展。然而在新课程的实践中,有的教师怕招来不以学生为主体的"罪名",干脆采取"失声",任由学生就一些简单的思维力度不大的问题"踊跃发言""积极对话",教师在课堂上只是对学生的回答一味地大加表扬,而不向纵深引导。表面上看去整个课堂是热热闹闹,然而实际上学生的思维活动并没有真正展开。在这样的课堂上,作为"组织者和引导者"教师放弃了自己应有的职能,使整个对话变成为无所作为的"假对话"。

（3）少数学生的一言堂。

新课程的课堂要求教师尊重学生,关注差异,保障学生对课程的享用、参与和评价的权力。尽可能地让每一位学生能够学会倾听,学会交流,学会合作。然而在现实中有些教师的课堂已经变成了少数"尖子生"表演的舞台,他们垄断了对话权,课堂上频频发言,而其他学生几乎没有自由表达的机会。这种体现个别忽视多数的对话也不是真正的对话。

对话式教学的真正落实,很大程度上取决于教师对这种新型的教学观念的理解和掌握以及教师本人的教学艺术水平。在"对话"的课堂中,教师已由传统意义上的知识传递者与目标管理者,转化为心理诱导者、方法引导者、学习指导者。课堂教学要真正实现民主与开放,就必须将"对话"的理念根植于心,将对话视作一种教学理念,一种教学策略,一种教学行为。这就要求教师在课堂上转变教育方式,改革学生的学习方式,让学生真正参与到对话中来。

总之,学生是学习的主人,课堂是学习展示的平台。教师要做好"引路人",使课堂充满生机活力,引导学生自主、合作、探究,让课堂成为学生展示自我的舞台,"对话"的平台,这应是每一位优秀教师所追求的目标。

三、善用语言和体态

在非洲有个传道的牧师，一次他去给非洲的土著居民宣读《圣经》。当他念到"你们的罪恶虽然是深红，但也可以变成像雪一样的白"时，他一下子愣住了。因为牧师突然想到，这些常年生活在热带的土著人，怎么会知道雪是什么样子、什么颜色呢？而他们经常食用的椰子肉倒是很白的。于是，牧师机灵地用椰子肉来作比喻，将《圣经》改念为："你们的罪恶虽然是深红色的，但也可变成像椰子肉一样的白。"

"雪白"虽然很形象，但"椰子肉的白"也很形象。而这位机灵的牧师只用了后者来作比喻，把这个信息有效地传给了土著居民。也就是说，这位牧师灵活地运用了语言方面的技巧和修饰。

哲学家巴尔塔沙·葛拉西安在他的《智慧书》中危言警告："没有一种人类活动像说话一样需要如此谨慎小心，因为没有一种活动比说话更频繁、更普通，甚至我们的成败输赢都取决于此。"与熟练掌握说话艺术的人交谈，是一种享受。苏联教育家马卡连柯说过这样一句话："同样的教学方法，因为语言不同，效果就可能相差20倍。"语言是课堂上师生交流的重要手段。"说"是教师才华的直观体现。准确、流畅、生动、优美的语言可吸引学生的注意力，从而启迪学生思维，使学生在轻松、愉悦中获得新知，巩固旧知，培养能力，足见教师语言魅力之所在。

教师要想靠语言吸引学生，使学生目不转睛地集中听讲，可以从以下几方面入手：

第一，规范正确，清晰流畅。教师的课堂语言质量直接影响到教学的效果，而且在一定程度上决定着学生的语言发展水平。因此，教师语言的使用一定要规范正确，不仅要使用标准普通话，还要注意纠正学生的方言、土语和各种口头禅。同时，教师发音吐字要清晰，句子结构要流畅完整，文理要通顺，语言要丰富多彩，具有新鲜感。

第二，简洁明了，不重复，不啰唆。语言要能用一句话说的，就不用两句话去说。

请看下面一段历史教师郝陵生讲授《原始社会》一文的教学实录：

原始社会分两个阶段：第一阶段是原始人群，主要有元谋人、蓝田人和北京人；第二阶段是氏族公社，前一时期是母系氏族公社，其典型，

前期为山顶洞人，繁荣期是半坡氏族和河姆渡氏族，后一时期是父系氏族公社，其典型是大汶口文化中晚期

这一片段概述"原始社会"的分期，提纲挈领，信息量大。这段话没有一个冗词，句子主干突出，句句相扣。既言简意赅，又严密周到。

必要时，当学生有积极主动的学习行为和发言欲望时，教师甚至可以不说话，先做一个旁观者，在旁边观察。教育过程中，应该多留给学生一些宁静与沉思的时间。一个教老师，不应该是一种口若悬河，锋芒毕露的形象，而应该是一个懂得适当地"藏巧"，会激发学生潜能的智者。

第三，语速适中，语调丰富。语速是在单位时间里说出的字数。教师授课语速的要求是以正常语速为主，间有超常语速（特快或特慢语速）。教师在课堂教学中的语速应稍慢于讲话的语速。而且有忽快忽慢的变化。一般情况下，教师采用正常语速进行教学，在强调重点、难点时则应放慢语速，有时也可以使用快语速，以吸引学生的注意力。教师授课语速适中的标志就是学生都睁大眼睛，全神贯注地听教师讲课，眼神里透着思考与理解。如果班级里学习困难的学生，在听你授课时没有眼光游离、低头玩耍的现象，那就说明已经达到了效果。

人们常用高、低、轻、重、缓、急等方面来论述语调方面的变化。语调是表情达意不可或缺的因素，教师在教学过程中，有必要准确地运用升降、轻重，使自己的语调富有准确性和丰富性。

比如，同是一个"嗯"，对学生的回答作出反应，一般答对了，表示认可，就用平直调；答得很好，表示肯定，就用降抑调；创造性地回答，表示惊叹，就用曲折调（低—高—低）；答偏了、不正确，表示提醒，就用高升调；等等。在与学生互动时，应采用平等、亲切的语气。

再比如，教师在讲解课文时，要注意声调要与课文的基调保持一致，这样才逼真生动。

第四，诙谐幽默，风趣机智。幽默是语言批评方式的一种"软着陆"，它以笑声代替批评，以诙谐化解尴尬。许多教师体会到了幽默语言的教育力量，所以在教育中经常运用幽默的语言对学生进行教育，收到了较好的效果。

比如，一位教师在上课时遇到了这样的情况：

由于班里有些同学刚参加完学校的表演，来不及卸妆，便带着妆进教室。学生们一个个都盯着这几个同学看，教师便停下讲课说："看来老师是老了，看你们的注意力都被可爱的同学吸引过去了。"全班同学

都笑了。

气氛活跃了，教师便抓住教育机会，接着说："上课停两分钟不要紧，我可以等等，或者课下补补课，最多挨老师几句批评。可是你们要知道社会、人生是不会等我们的，机会是不可以补的。抓紧时间就是抓紧生命啊。"同学们再一次笑了，在笑声中他们也都得到了教育。

在适当的时候用幽默诙谐的语言，既可以达到批评教育的目的，又不会伤害学生的自尊心。语言诙谐幽默，不仅可以说出严肃的真理，而且比直截了当提出更能为人接受。

总之，教师良好的语言，是与学生产生共鸣的载体，是走进学生内心世界的桥梁。教师只有充分展现语言的魅力，才能在课堂中走近学生，融入学生之中，才能使我们的课堂变得更加精彩、亮丽。

教师的语言魅力很重要，但体态语言也不可忽视。据统计，人们平时获得信息资料的总效果，7%源于词语，38%源于声音，而55%源于人体的动作和面部表情，也就是说体态语言超过了信息资料的一半还要多。在教学过程中，教师往往注意自己的语言，却忽视了对体态语言的重视，其实，运用动作、表情、姿态等体态语来传达课堂教学信息，调控课堂秩序或气氛，有时会更利于教学，产生神奇效果。

优秀骨干教师周巧琼在教学过程中，将体态语言发挥得淋漓尽致：

开学的第一天，周老师站在讲台上，发出指令："Stand up."并辅以自身的动作示范，再要求学生们跟着重复同样的动作，五分钟内，学生们就可以自如地对 stand up 和 sit down 这样的指令做出完全正确的反应。与此同时，周老师也建立了学生们初学英语的信心。

在课堂上，周老师很会赞美学生，除口头评价外，同时还运用了体态语言评价学生。如果学生回答问题准确到位，或是学生读书读得好时，周老师会走下讲台，不吝啬地伸出热情的双臂和学生握手、拥抱，让孩子们感受到成功的喜悦。于是，学生们便更加积极地回答问题，形成了良好的课堂氛围。

周老师还善于照顾班上基础比较差的学生，认为对成绩不好的学生更要面带微笑，用爱给他们织成一片成长的天空，以便学生取得更好的成绩。

周老师在教学中充分运用体态语言表达了对学生的赏识，这对提高

课堂教学真是大有帮助。它不但可以帮助学生了解上课的内容，让学生巩固记忆，还可以活跃课堂气氛，引起学习兴趣，从而提高了教学成效。

那么，教师应如何正确运用体态语言呢？

第一，丰富的面部表情。

在课堂上教师的面部表情无疑会参与教学的全部过程，因为教师的喜、怒、哀、乐都体现在面部，学生首先关注的也是面部表情，教师的微笑将使他们沐浴在爱的阳光下，从而自信心倍增，积极、主动地去发展。如果教师上课时经常板着脸，则会增加课堂的不安情绪，引起学生的紧张和猜测，不利于学生注意的集中；如果教师一直若无其事、满脸堆笑，又可能使学生过于松弛，造成注意力不集中。

简单说，教师要善于运用面部表情说话和表演，做到该笑的时候不要吝啬笑容，应该严肃时就立刻严肃起来。对学生关心如长辈，态度如朋友，给学生一种自然、明朗、民主的感觉，从而促成学生积极的情绪和愉快的心境，以利于知识的学习。

第二，富有多种内涵的眼神。

达·芬奇有句名言："眼睛是心灵的窗户。"研究表明，每当教师注视学生的次数减少时，学生注意力分散的情况就会增加。在一个民主和谐的课堂上，师生之间眼神的交流更能触动心灵。

教师常用的眼神方法有三种。一是环视，针对全班的学生。比如每节课前"起立"后，教师面带微笑环视一下学生，以检查学生的注意力是否集中。二是专注，这主要是针对教学中的个别现象。比如上课时有个别学生小声说话，教师可把视线短暂停留在教室的某一处，某一个或几个学生身上。三是虚视，似看非看，不时地把视线对准学生。比如课堂上有几个学生在搞"小动作"，且这些学生平时表现一贯较好，或自尊心较强时，教师常采用此法，用眼去看一边学生，手却点另一边学生。

第三，适当地运用手势。

教师做的手势，不仅有强调、示范的作用，更能比言语更清楚地表达鼓励及制止学生的行为。比如，当学生们争先恐后，积极发言，乱说一气时，教师用一个"暂停"的手势，一个"举手"的动作，比你千呼万唤更能传情达意。当教师用手势表示10个阿拉伯数字时，比让学生枯燥地去认识更形象、具体。

做手势动作可以遵循以下原则：

（1）双臂离开身体，自然、大方。

（2）不做手势时，双手可自然垂放于身体两侧。

（3）依身材决定手势大小。如果身材娇小者宜放大手势。

（4）手势应多变化，但不能太频繁，否则学生会眼花缭乱，适得其反。

（5）避免自己习惯性的小动作。

有些教师上课时手上不是拿粉笔，就是拿着课本，这样只会无形中减少了教师使用手势的机会。因此，如果在课前就把教具准备好，上课时就可增加用手势加强说明及管理秩序的机会。

第四，用身体靠近拉近心灵距离。

距离是一种时间和空间上的间隔。在教室中，身体的空间传达了师生沟通，教师也具有了应有的角色和地位。许多教师因身体与学生距离较远，而无法与学生建立亲密的人际关系，形成了一种阻力。学生喜欢与他们亲近的教师，所以教师置身于学生中进行教学活动，比在学生旁边、后面、或坐在讲台后的教师，使人更有温暖、友善的感觉。不同的身份，不同的场合，距离的要求是不一样的。一家人和睦相处，距离较近，热恋中的情人距离是 *1.5* 米，而教师与学生的最佳距离是 *0.5 ～ 1.3* 米。

总之，优秀教师要利用三尺讲台，尽情地展现语言魅力，恰到好处地使用体态语言，让课堂更加精彩纷呈。

四、精心打造课堂细节

课堂，说到底是由无数个教学细节组成的。而这些教学细节会对学生产生不可估量的影响。作家魏巍在《我的老师》一文中，回忆自己少年时的老师蔡芸芝时，曾经这样写道："她从来不打骂我们。仅仅有一次，她的教鞭好像要落下来，我用石板一迎，教鞭轻轻地敲在石板边上，大伙笑了，她也笑了。"透过孩子的眼光，不难看出教鞭轻落的背后是蔡芸芝老师对孩子无尽的爱。正是这些平常而不起眼的细节深深影响了孩提时代的魏巍，以至数十年后他仍记忆犹新。

古人说："天下难事，必做于易；天下大事，必做于细。"这句话阐述了细节的重要性。细节虽小，但它的力量是难以估量的。看不到细节，或者不把细节当同事的人，对工作缺乏认真的态度，对事情只能敷衍了事。而考虑到细节、注重细节的人，不仅认真对待工作，将小事做细，而且注重在做事的细节中找到机会，从而使自己走上成功之路。

那么，如何打造教学细节呢？可以从以下几方面把握：

首先，对教学中随机细节的把握。教学细节的处理，往往无法预设，

这需要靠教师的一双慧眼和丰富的经验来抓住随机的教学细节。以细节为突破口，发现学生的闪光点，从而创造精彩互动的课堂。

其次，观察学生上课的状态。态度决定一切。对于学生来说，上课的状态同样重要，关注学生上课的状态，不仅仅是对学生学习习惯的关注，也是学习效果的保证。教师大多都明白这个道理，所以也在一定程度上关注到了，只是一些细微的情节往往得不到教师的注意。一要观察参与状态，看全体学生是否愿意参与教学。二要观察交流状态，看课堂上是否有多边、丰富、多样的信息交流与反馈。三要观察思维状态，看学生是否敢于发问、表达。四要观察情绪状态。看学生是否处于良好的情绪状态。

从学生上课的眼神、说话的语气，以及动作的力度，都能观察到学生的情绪的变化。所以，教师在加强教学技能的同时，还要提高心理学方面的知识和观察力。

星期三上午第四节课，高三（5）班的生物课。

上课铃声一响，我一声"上课"，几位学生零星地叫了声"老师好！"。我看着这些孩子，多数显得无精打采，脑袋低垂，腰背弯弯，没有几位同学打眼瞧瞧我，说声"老师好"的就更少了。越接近高考，学生课堂的精神越发显得萎靡。

我站在讲台上，一动不动，也一声不吭，此时已经有很多同学稀稀拉拉地坐下去。沉默中，学生似乎意识到什么，学生开始把眼光聚焦到傻傻地站着的我身上。看到学生基本上注意上我时，我说话："同学们，我不会走错了门吧，大家都这样没精打采的，是不是我走进了敬老院呀？"

学生们一听，哄地笑起来了。我接着说："笑得好！这也就对了，有了年轻人的味道！好了，我们重来一遍！"

接着，我大声地叫了声："上课！"学生们响亮地回应道："老师好！"课堂上的阳光又回来了。

这就是一个精彩的细节处理，教师敏锐地注意到了课堂气氛的沉闷，却没有讲大道理，采取了"欲擒故纵"的方法，最后让课堂恢复了精彩，收到了很好的效果。

优秀教师总是善于用特有的教学机智去捕捉课堂中的每一个教学细节，从"小事"入手，以小见大，见微知著，创造出完美的课堂。细节

成就精彩的课堂：捉住一个细节，就能生成一次精彩的教学。

我们再来看一个例子。在《凡卡》（人教版小学语文第十一册）一文的教学中，由于教师及时关注了课堂中的两个细节，致使整个课堂充满了生成的活力，充满了思辨与灵性。

师：凡卡为什么会写信？

生1：老师，凡卡没有读过书，他根本不识字，为什么会写信？

生2：是啊！小凡卡家里很穷，他才九岁就被送到鞋匠阿里亚希涅那儿做学徒，他哪有钱去读书？

师：这个问题提得很好。凡卡为什么会写信呢？同学们能从文中找出答案吗？

生3：我知道，凡卡会写信，是他爷爷教的。

师：是吗？请你说说理由。

生3：因为从文末对凡卡梦境的描写中可以看出，凡卡的爷爷识字，说不定爷爷在平时生活中曾教过凡卡。

师：说得很好！还有谁认为凡卡会写信是爷爷教的？

生4：从文中"砍圣诞树"一节的描写中可以看出，小时候在乡下，家里虽然穷，但爷爷很疼爱凡卡，闲暇的时候，爷爷一定会教小凡卡识字。

生5：我很有感触，我也有一个非常疼爱我的爷爷，小时候，爷爷常常教我写字，教我背古诗，给我讲故事，晚上还抱着我数天上的星星。我想凡卡的爷爷那么疼爱他，一定也会这么做吧！这样凡卡会写信也就在情理之中了。

师：说得多好啊！原来凡卡会写信是爷爷教他的。谁还有不同的解释？

生6：老师，我认为凡卡会写信，还与另外一个人有关。

师：哦！那是谁呀？是文中的人物吗？

生6：不是。我曾经看过小说的原文，文中说凡卡的母亲在世时曾在席瓦列维夫老爷家里当女佣，老爷的女儿很喜欢聪明的小凡卡，教他念书、写字、数数，还教他跳四组舞。由此可以看出，凡卡之所以能写信，是老爷家小姐教他念书、写字的结果。

师：说得很有道理，尝到了多读课外书的甜头了吧！看来，即使凡卡真的没有上过学，他能够给爷爷写信也是合情合理的。

生7：老师，我还有问题不懂。凡卡才九岁，又没上过正规的学校，没受过专门的教育，他怎么会给爷爷写那样长的信呢？既然凡卡会写信，那他为什么又不会写信封呢？

师：这个问题很有价值，谁能够帮他解答？

生1：我认为凡卡写那么长的信是有可能的。综观凡卡的信，用词比较浅显，通篇都是孩子口气，近乎是凡卡口语的实录，所以，这对于凡卡来说只会写字就可以了。而小凡卡在莫斯科过着非人的学徒生活，他多么想爷爷带他离开这儿，他有好多好多的话要对爷爷倾诉，因此信的内容自然就长了。

生2：从刚才同学们的发言中可以看出，凡卡会写信，可能是席瓦列维夫老爷家小姐或者爷爷教他识字的结果，但他在平常生活中只学会写字却不曾学过写信封，因此，凡卡把信封写错了也是可能的。

师：读书贵在有疑，"小疑则小悟，大疑则大悟。"我们的课堂不正是在大家积极提问、主动探索的过程中充满了生机和活力吗？老师太感谢你们了！

这个案例中，学生情绪高涨，思维活跃。"凡卡为什么会写信？"这个教学片段虽然不是课前的预设，但教师没有让精彩悄悄溜走，而是及时捕捉到了这个生成的细节，使之成为课堂教学中的闪光点。对于学生的问题，教师采取了"冷处理"，没有马上给出答案，而是将问题再度抛给学生，让学生去思考、去感悟，为学生思维的飞跃提供了一个广阔的空间。"一石激起千层浪"，学生在轻松和谐的氛围中互相探讨，不断闪现出思维的火花，发言一个比一个精彩，最终问题便在师生的共同互动中迎刃而解了。

其实，课堂中的细节无处不在，上述只是罗列了一些，我们不必也不可能什么都去解决，只需抓住重要的、关键的细节去关注、突破。教学细节看似平常，而平常中蕴含智慧；看似简单，而简单中孕育深刻。作为教师，我们除了要用开放的胸怀去预设理想的教学情境，还应更多地关注课堂中的教学细节，关注教学过程中的互动生成，这样才会在教学中左右逢源，达到"点石成金，出奇制胜"的教学效果。

五、在反思中成长

美国心理学家波斯纳提出了教师成长公式：成长＝经验＋反思。反

思是一种思维活动。反思的目的是消除困惑，解决问题，促进实践，增强合理性。经常反思自己的教学过程，有助于调整教学心态，改进教学方法，促使自己从经验型向科研型方向发展，提高自己驾驭课堂教学的能力。

那么在新课标下，教师在教学中如何进行反思呢？

首先是课后反思。对于每一位教师，当他上完一节课后对这节课后的感受，肯定会比课前备课的感受更为深刻，更能从中体会该课教学的得与失。因此，课后反思自己的备课与课堂教学，记录自己的感受、体会、评价及修订，总结积累教学经验，具有非常重要的意义。

课后反思的内容，从教师角度讲，主要有以下几点：

1. 反思教学行为是否达到教学目标

新课标要求我们在制定每节课（或活动）的教学目标时，要特别注意培养学生的科学素养即"三个维度"——知识、能力、情感态度与价值观。

现代教学要求摆脱唯知主义的框框，进入认知与情意和谐统一的轨道。因为对学生的可持续发展来讲，能力、情感态度与价值观，其适用性更广，持久性更长。许多知识都随着时间的推移容易遗忘，更何况当今知识更新的速度极快，只要具备获取知识的能力，就可以通过许多渠道获取知识。所以，情感、态度、价值观必须有机地融入课程教学内容中去，并有意识地贯穿于教学过程中，使其成为课程教学内容的血肉，成为教学过程的灵魂。

2. 反思教学过程中是否迸发出"智慧的火花"

教学，不仅仅是一种告诉，更重要的是如何引导学生在情境中去经历、去体验、去感悟、去创造。教学过程中，学生常常会在不经意间产生"奇思妙想"、迸发出创新火花，教师不仅应在课堂上及时将这些细微之处流露出来的信息捕捉、加以重组整合，并借机引发学生开展讨论，给课堂带来一份精彩，给学生带来几分自信。更应利用课后反思去捕捉、提炼，既为教研积累了第一手素材，又可拓宽教师的教学思路，提高教学水平。将其记录下来，可以作为教学的宝贵资料，以资研究和共享。

3. 反思是否创造性地使用了教材

教材，历来被作为课程之本。而在新的课程理念下，教材的首要功能只是作为教与学的一种重要资源，但不是唯一的资源，它不再是完成教学活动的纲领性权威文本。而是以一种参考提示的性质出现，给学生展示多样的学习和丰富多彩的学习参考资料；同时，教师不仅是教材的

使用者，也是教材的建设者。因为本次课程改革中的一些改革理念仍具有实验性质，不是定论，不是新教条，不是不允许质疑的结论，而是有待在实践中进一步检验、发展和完善。因此，我们在创造性使用教材的同时，可以在"课后反思"中作为专题内容加以记录，既积累经验又为教材的使用提供建设性的意见，使教师、教材和学生成为课程中和谐的统一体。

当然，反思并不只是单方面注重反思教师的教学行为，应该是教师教学和学生学习双方面的，既有对教师自己教学方面的反思，也应该有对学生学习情况方面的反思。教师在反思自己的同时，还要对学生学习情况进行调查，取得一些重要信息，从而使教师的教学真正贴近学生现状，从学生实际出发，遵循着学生的认识规律，让学生真正成为学习的主体，教师成为学习的组织者和引导者，这才有利于教师反思的全面性。教师还要看学生获得知识的过程中是否积极地主动地投入，在原有基础上能否有很大的进步与发展。在课堂中致力面向全体同学的同时，教师还要注意因材施教采取不同的措施让优等生"吃饱、吃好"，让后进生"吃得进"，这样才能学有所思，各得其所。

从学生方面讲，教师可有如下反思：

1. 反思教学过程是否适应学生的个性差异

学生的个性差异是客观存在的。成功的教育制度，成功的教育者，必须根据学生的个性特长禀赋优点，因材施教，因人施教，因类施教，充分发挥学生的个性特长，让性格各异的学生争奇斗艳，各领风骚，让每一个学生都有施展才能的天地与机会。换言之，成功的课堂教学，应让基础好的学生"吃得饱"、跑得快，让中等生"吃得好"、跑得动，让学困生"吃得了"、不掉队。因此，无论是情境的创设还是内容的呈现，无论是问题的设置，还是释疑解惑，均应"为了一切学生"，多层次、多维度、多渠道地开展教育活动。因为教育的最大使命就是尊重学生的个性差异，尽可能地创设条件发展学生的思维能力，培养学生的思维品质，促进全体学生的发展。

2. 反思教学过程是否存在着"内伤"

要反思自己是否在刻意追求所谓的"好课"标准：教学环节中的"龙头""凤尾""铜腰"个个精雕细琢，教学手段中的"电媒""声媒""光媒"一个不能少；学生讨论热热闹闹，回答问题对答如流。这种"好课"似乎无懈可击，但有没有给学生思考的空间？小组合作学习有没有流于形式？讨论是否富有成效？"满堂电"是否有越俎代庖之嫌？有没有关注

学生情感、态度、价值的变化？学生的创造性何在？对这些"内伤"必须认真回顾、仔细梳理、深刻反思、无情剖析，并对症下药，才能找出改进策略。

3. 反思教学过程是否存在"伪探究"

有的探究性学习只表现在问题的探究上，只要教师抛出一个问题，几个学生立即围成一团分组讨论，也不管小组成员的组合是否合理，问题的价值是否有讨论的必要；待几分钟后，教师一声击掌，学生的讨论戛然而止；再由小组中的优等生发言。至于其他学生，尤其是学习有困难的学生，在讨论时是否真正心到、神到、力到？是否真正学会了应该学会的方法、技能、知识？就不得而知了。这种"神散形未散"的"伪探究"掩盖了个性之间的差异，甚至会剥夺部分学生的独立思考、质疑、发言的权利。那么到底解决了多少"疑难病症"？又有多少学生真正参与、体验了学习的快乐、获得了心智的发展呢？

在实施新课程的今天，每一位优秀的教师都应经历一个反思和创造的过程，我们要乐于反思，勤于反思。教师在教学中，不断反思总结自己成功的经验和失败的教训，找到自己与他人、与工作目标的差距，寻求缩短差距或解决问题的有效方法，才能在新课程的教育教学活动中驾轻就熟、游刃有余，才能实现自我激励、自我完善、自我创新和自我发展的目标。

形成独特的教学风格

一、教学风格是成熟的标志

《现代汉语词典》对"风格"的解释："一个时代、一个民族、一个流派或一个人的文艺作品所表现的主要的思想特点和艺术特点。"

法国作家雨果曾说："如果没有风格，你可以获得一时的成功，获得掌声、热闹、锣鼓、花冠、众人陶醉的欢呼，可是你得不到真正的胜利、真正的荣誉、真正的桂冠。"从古至今，但凡成功的作家、艺术家，无不具备自己独特、鲜明的风格。就宋词领域来说，有苏轼的豪放粗犷，有李清照的自然婉约，有晏殊的清新洒脱……无一不是风格迥异而自成一家。

同文学艺术和文学理论研究领域相同，在教学领域，教学风格是教学艺术的最高境界，对教学风格类型的把握，能使我们全面地认识教学艺术的本质与规律，从而创造性地进行教学。教学风格是指教师在长期的课堂教学实践中逐渐形成的教育个性和特色，是在教学语言的运用，教学方法的选择，教学过程的安排及教学情趣、教学风度等方面所显示出的较为成熟稳定的特点的综合。

可能有人会问，教学风格真的有必要吗，风格有什么帮助呢？风格的帮助在于以下几点：有了风格，达到目的时不会出现枝节问题；有了风格，教学的效果是可以估计的；有了风格，教师的力量增加了，因为不会再被不相关的东西所干扰。而风格乃是专家独有的专利。有谁听到过一个业余画家的风格，一个业余诗人的风格吗？风格总是专门研究的产物，是勤奋和努力的结晶。教学风格是教师教学艺术特点的集中体现，是教学艺术高度成熟的标志。

确定一个教师是否形成自己的教学风格，就要看教师的教学是否长期而稳定地表现出特有的个性和规律性。教学风格是教师把握教育理论、运用教育理论，完美地运筹和指导教学工作的个性综合素质的体现，是教师在长期的教学实践中独创的"传道""受业""解惑"之精髓，也是一个教师在教学工作中日益成熟的重要标志。

教学风格一般来说都具有哪些特点呢？这是教师们关心的问题。因为只有真正把握住教学风格的基本特点，才可使教学风格成为每个教师在教学艺术实践道路上的自觉追求。我们认为，教学风格一般具有如下特点：

第一，独特性。

教学风格是一种独创，是教师"自我"在教学中的一种显示，具有个体性。它是教师自身的个性（思想、情感、意志、情绪等）对教学内容的理解和融合，然后升华成教师的教学价值观，并形成教师自己的教学特色。教学风格体现在整个教学活动中，从教师的教学语言、教学方法、教学情感到教学板书的设计，从教师的备课、上课、作业布置到课外辅导，我们都能感受教师风格的鲜明性和独特性。

第二，稳定性。

由于教师在教学过程中习惯按照自己所熟悉的教材教法、教学内容、教学表达方式安排教学，扬长避短地展现出自己的特点，能够获得较好

的教学反馈。教师在教学实践中反复运用，不断完善、提高，这就决定了教学风格是稳定的。另外，教学风格的形成与教师的自身素质密不可分，而教师个人的思想品质、爱好特长、气质特征、知识结构、道德修养等不是短时间能够改变的，这也决定了教学风格的稳定性。

第三，发展性。

任何事物的稳定性都是相对的，而发展和变化是绝对的。在教学风格相对稳定时，局部则处在变化之中，因为一切都不变，教学风格就会僵化、老化，进而失去风格色彩。只有局部的不断变化，才使得教学风格不断完善。教学风格形成的基本条件之一是教学的创造性，没有创造就没有风格。而这种创造表现为对原有风格的局部变革与完善，使其精益求精，对教学行为求新，进行风格的转换。

第四，艺术性。

课堂教学是一门艺术，而教师的教学特色就是指教师的教学个性的总和。要体现教学个性的艺术性，教师就必须使教学生动、形象，并给学生以美感。所以，教师在教学中，不仅语言要幽默、生动，而且设计要巧妙精致。学生听课后才会回味无穷，并且得到一种美的享受。

关于教学风格，"人民教育家"国家荣誉称号获得者于漪老师说："我不敢奢谈流派，但主张语文教师发扬自己的教学风格。有人对戏曲表演的流派提出如下标准，大致是：有继承，有创造发展，为同行与专家所承认，得到观众的欢迎和赞赏。这标准可以在一定程度上运用到教学风格上来。当然也有不同，看戏与听课毕竟两样：戏演唱不好不能强迫人看，但课上不好，学生还得硬着头皮听。"

从于漪老师这段话里，我们得到了两点结论：一是教学风格必须有成功的课堂教学做保障；二是教学风格要有继承、发展和创新，并得到学生的欢迎，同行专业的认可。

在现实生活中，并非所有教师都具有教学风格，一般说来，教师想要形成富有特色的教学风格，就要显示出独有的个性特征，就要在教学领域里不断总结教学经验，摸索教学规律。北京大学附属中学特级教师程翔说过："我们必须以自身为基础来吸取消化别人的先进经验。"也就是说，学习钱梦龙，并非把自己变成钱梦龙；学习魏书生，也并非把自己变成魏书生。教师要敢于张扬自己的个性，更应该善于保护自己的个性，最终形成自己的教学风格。

大凡名教师都形成自己的具有鲜明特点的教育教学风格。例如：北

京市特级教师刘德武的"自然而不随便，规范而不死板"的课堂教学风格；江苏省特级教师孙丽谷"设计精巧、训练严谨、节奏明快、气氛活跃、反馈及时、效果显著"的课堂教学风格；教学特级教师李烈"实而不死、活而不乱、易中求深、情理交融"的教学风格；湖北省特级教师杨筱芳"实、活、新、巧"的教学风格，她认为"实"是基础，"活"是灵魂，"新"是途径，"巧"是目的；福建省特级教师游光华"趣——艺术风趣为手段；实——科学扎实为基础；序——程序训练为保证"的独特的教学风格；山东省日照第一中学语文高级教师、班主任、语文教研组长单东升"注重情感教学，尝试兴趣教学"的教学风格等等。

如果我们回忆那些曾经教过我们的教师，也许已经记不清他教给我们的知识，但一定对教师的教学风格记忆犹新。也可以说，留给我们深刻记忆的教师都是那些风格鲜明特点突出的教师。要想成为一名卓越的教师必须不断磨砺自己的教学风格。

二、体会多样的教学风格

在长期的教学实践中，每个教师都自觉或不自觉地表现出不同于他人的教学特点。教师本人的学识、情感、潜能、心理品质和个性都在教学过程中充分体现出来。可以说，教学过程是教师教学风格的体现，是教师人格的投射、教师风貌和格调的体现，更是教师自我价值的肯定，良好的教学风格是提高教学质量的润滑剂。

教学风格因人而异，类型众多。概括而言，以下几种课堂教学风格值得探索：

第一，理智型。

这种风格主要表现在，教师讲课深入浅出，条理清楚，层层剖析，环环相扣，论证严密，结构严谨，用思维的逻辑力量吸引学生的注意力，用理智控制课堂教学活动。学生通过听教师的讲授，不仅学到了知识，也训练了思维，还受到了教师治学态度的感染。

第二，情绪型。

情绪型特征的人，在教学中常以个人的情绪来支配自己的教和学生的学。能够对学生热情，教学情绪高昂，善于语言表达。这一类型也可称为情感育人型。

第三，幽默型。

具有这种教学风格的教师的语言表达手段和非语言表达手段富有情

趣，意味深长。教师的语言表达诙谐幽默，情趣横生；非语言表达机智幽默，滑稽有趣，富有蕴含性。学生在教师的幽默教学中，激发了学习热情，学到了知识，发展了智力，得到了哲理启迪，逐步形成乐观主义的人生观和热情、开朗的性格。

第四，典雅型。

这种课堂教学风格的特点是，形象庄重朴实，教学娴熟老练、严谨、一丝不苟，蕴含深远。这种教师的教学指导思想是经典的、权威的，但信奉经典而不守古，能够翻新和灵活运用；在教学方式方法上稳健、完善、和谐，很少有失误。这种教学风格有一种很深、很远的审美感觉。

第五，自然型。

具有这种教学风格的教师讲课自然，朴实无华，没有矫揉造作，也不刻意渲染，而是娓娓而谈，细细道来，师生之间在一种平等、协作、和谐的气氛下、在默默的首肯中获得知识。教师讲授虽然声音不高，但神情自若，情真意切，犹如春雨渗入学生心田，润物细无声，它虽没有江海波澜的壮阔，却不乏山涧流水之清新，给人一种心旷神怡、恬静安宁的感受。

这些风格无优劣、好坏之分。就全国颇有名气的几位语文教师而言：李吉林老师细腻委婉的情境教学，支玉恒老师别具匠心的教学设计，靳家彦老师调兵遣将的激情设疑启发，蔡澄清老师以少胜多点拨教法特色鲜明，等等。他们独特的教学风格，赢得了学生的喜爱，同时创造出令人折服的教学成绩。

教学风格是一个教师知识、技能、素养的综合表现和情感、意志、兴趣、人格的集中展示。教学风格的形成有赖于教学艺术上的探索。教学艺术是一门综合艺术，是教师遵循教学规律、创造性地应用各种教学方法和教学手段，完成教学任务、展现个人教学风采的个性教学活动特征。它包括组织、讲解、板书、表达、批评与鼓励、控制与协调等教学技能的创新和创造性的运用。

教学方法归根到底是教法与学法的统一，选择适当、运用恰当、方法灵活多样，才能在教学中形成生动、活泼、主动的局面。提倡"因材施教"，根据教材内容、学生知识结构、年龄跨度等来选择最佳的教学方式、方法，以便达到在教与学活动中，师生双方都处在积极主动的运作状态。

板书是课堂上条理明快、工整规范、布局合理、整齐美观、层次分明、

娴熟形象的书法形式是一种板面绘技艺术，具有观赏性、提要性、美观性和极强的教学艺术感染力。培养教师追求板书美，必须从板书、板书设计、板面设计这三个方面入手，使自己的板书成为教学活动窗口，使自己的板书设计、板面设计成为师生间知识和技能沟通的纽带和桥梁。

教学语言首先应具有专业性。教学语言的专业性是科学性与艺术性的统一，科学性是学科学术性与教学规律的完美结合，是教师在对所教学科认识与理解的基础上进行的符合教学规律的再创造。艺术性则是以学生迅速理解所讲内容为前提，由教学语言的生动性、形象性和灵活性所形成的极具感染力和主体特征的语言特色。其次，教学语言还是创造和推动教学风格形成的动力。教学语言是创造性的产物，其创造性表现为课前的创造与即兴发挥。

在教师教学风格形成、发展、完善的过程中，必然伴随着教学语言的更加科学化和艺术化，反过来，教学语言无时不在展示着教学风格的成熟水平与特色。教师的课堂语言是"传道""受业""解惑"的主要手段和重要工具，课堂上运用准确周密、简洁生动、幽默诙谐、张弛适中的语言，不仅能把书本知识讲得绘声绘色，还能让学生在学习知识的同时，享受到语言之美。

作为一名青年教师，除了刻苦钻研大纲、教材，大量解题，苦练教学语言、板书等教学基本功，我对自己的执教套路和风格做了初步设计：继承对自己有深远影响的名专家、名教师的优良教风，吸取他们教学技艺、教学风格中的精华，结合自身条件和特点，扬长避短，以模拟起步。

模拟的第一类对象是自己曾听过其讲学的著名专家和学者。虽然我们没有条件身临其境地听名家的讲座，但是我们有网络这个大课堂。在网上很多高水平、高质量的学术报告给我留下了终生难忘的印象，使我领略到了数学教学艺术的最高境界。

模拟的第二类对象是自己学生时代的教师。我学生时代的教师风格各异、各具特色。其中不乏名师高手。有的教师思路清晰、条理分明；有的老师精神抖擞、讲课质朴严谨；有的教师教学语言精炼、板书及黑板画美观，徒手画图更是令人惊奇；有的教师擅教平面几何，分析透彻、推理严密；有的教师机智灵活，擅长巧解数学题。这些优秀教师当年的教学风姿，连同他们的音容笑貌，都深深地印在我脑海中，他们的成功经验，将是我教学生涯中受用不尽的财富。

模拟的第三类对象是本校教师中学有专长、教有特色的老教师。有的教师潇洒自如、沉稳老练，有的教师典雅、严谨，有的教师规范、板书漂亮，等等，都是我要努力学习的典范。

我的想法是博采众长，把这些教师各自教学特色中最亮丽的"闪光点"汇聚起来，用心领悟其真谛，归纳出在数学教学中遵循的若干个"要"和"不要"，并从讲台形象、语言特点、教法技巧等方面给自己"量体裁衣"，进行总体设计，在脑海中勾画出一个理想化的教学风格，供自己在实践中模拟，力求从"形似"升华到"神似"。

经过反复实践、反复琢磨，我初步为自己制定了教学风格的基本式样：讲台形象——朴实、镇定、自信、精神抖擞；教学思路——脉络分明、条理清晰；语言表达——严谨、生动、幽默；板书——工整、详略得当；黑板画——规范、熟练（也会徒手画图）；解题指导——灵活、富有启发性，讲究多解、巧解。事实上。在这一基本式样中含有许多教师的教学风格，它是我教学风格成型的基础。

这是一个数学老师对教学风格的体会和总结，在开始阶段，大量的模仿和学习各家所长是主要手段，并持续了很长时间，这是非常正确的做法。好风格的形成是漫长的，年轻的教师不要急于求成，要有耐心多学习一段时间，打好坚实的基础，才能真正形成自己成熟的风格。

另外，融洽和谐的师生关系，不仅有助于形成良好的学风，使学生积极主动地参与教育教学活动，而且对教师教学风格的形成起着推波助澜的作用。只有师生关系和谐，才能收到良好的教学效果，促进教学风格的早日形成。

有教学能力的教师，希望自己也能很快地形成自己的特点。为了崇高事业和理想，我们必须不断地更新教育思想，改革教学内容、方法和手段，完善自己的教学风格。

三、在教学中逐渐形成风格

教师用个性去教学，将教学内容内化为自己的心理品质，这就形成特定的教学风格。教学风格是教师的"个人品牌"，能充分体现每位教师的风格、特色和水平。教师教学风格的形成不是一蹴而就的，从开始从事教学职业的无风格教学到逐渐成熟，形成自己独特的风格，一般总

有一个发展的过程，其间的发展又可划分为若干阶段。教学风格的形成一般经历了下述几个阶段

第一，模仿性阶段。

教师开始教学时，没有教学经验，开始总是模仿别人的教学方式、方法，套用优秀教师的成功经验。模仿既是人的一种本能行为，又是人们学习的重要途径。这个阶段的特点是对别人的教学方法、方式，教学语言，教学风度，甚至举例、手势、语调都进行模仿。

重庆市特级教师黎见明老师在他撰写的《"导读"的产生》一文中，对他开始从教时的模仿教学做了如下的回顾：

> 1947年，我在故乡四川武胜后期师范开始任国文教员。一个老国文教员告诉我，要受学生欢迎，有两个绝招：一是上课不带教本，课本注解能倒背如流；一是讲一个词或一句话，能旁征博引，讲它几个小时。我很感激他的帮助，认真一一照办。第一课我讲的是李清照的《金石录后序》，经过反复强记，我背好了正文，也背好了注解。上课不带书本，讲得清通自如；加上旁征博引，放纵恣肆，一篇文章竟讲了三个多星期。那时，我认为"博学强记"便是最好的教学法……总之，这时我是属于地地道道的"讲派"。

可见，通过必要的模仿，一位初登讲台的教师能够在短时间内掌握课堂教学常规、熟悉教学模式和方法，从而适应教学的基本需要。

模仿既有积极主动的模仿，也有消极被动的模仿。优秀教师的成长表明，他们一开始任教就避免不顾实际和自身特点而消极模仿别人教学经验的做法。

比如，上海特级教师钱梦龙老师从任教伊始，一方面，注意模仿优秀教师的先进做法与经验；另一方面，注重结合自身的条件和对教学过程的认识，对当时语文教学中流行的"讲派"进行批判借鉴，终于形成自己"三主""四式"语文异读法，在全国语文教学园地异花独放。

因此，不考虑自己个性特点，自己任教学科的性质、学生实际等，采取盲目、消极模仿别人教学方法的做法，不可能最终形成具有自己特色的教学风格。

模仿是教学的起点，起点一定要高才有发展前途。模仿要注意消化吸收，善于琢磨，在模仿中进行学习和借鉴，取人之长，补己之短。

第二，选择定位阶段。

学习模仿是形成教学风格的需要，但是要真正形成独特的教学风格，教师必须在学习众多优秀教师独特教学风格的基础上，根据自己的教学风格的形成做出准确的定位。教学风格的选择定位建立在教师思想道德水平和已有的教学经验、个人特长、兴趣爱好、生理心理特点等的基础上，需要教师认真客观地对这些因素加以分析、思考、提炼。比如，有的教师擅长书画，能画出栩栩如生的简笔画；有的口才极佳，绝不亚于激情飞扬的演说家；有的演技不差，能即兴流露出喜怒哀乐等。

正确地选择适合自己发展的教学风格模式，为自己教学风格的形成做出定位，是形成教师教学风格的关键。

第三，创造实践阶段。

这一阶段的教师突出表现在改革与综合运用教学方法、探索和研究课堂教学的最优化方法及追求课堂教学的最优化教学效果，使每一个学生得到最好的发展；在课堂教学实践中不断地创新与开拓，使教学艺术发挥明显的效应。

在创造教学阶段，教师的教学个性已较明显地体现出与众不同的特点，有了更多属于自己的独特之处。独创的风格特点，给人的感觉永远是新鲜的。德国著名作家歌德说："独创性的一个最好的标志就在于选择题材之后，能把它加以充分的发挥，从而使得大家承认压根儿想不到会在这个题材里发现那么多的东西。"法国著名画家莫奈画的伦敦雾是紫红色的。他的画开始在伦敦的画展中出现时，很多人嗤之以鼻，发出疑问："雾，怎能画成紫红色？"但是，在铁的事实面前，他们终于认输了，莫奈才是正确的。

一个教师也只有怀着开拓的精神，经过长期努力，不断实践，积极探索，扬长避短，推陈出新，不走寻常路，才能形成自己独创的教学风格。

第四，独特风格阶段。

经过上述阶段的努力和磨炼，教师的教学风格基本形成。这一阶段的教师在教学过程的各个环节、各个方面都有自己独特的创造，教学具有浓厚的个性化色彩，并且整个课堂教学体现出科学性与艺术性的完美结合，教学成为真正的研究教学艺术的科学。教师的教和学生的学共处于一种美的艺术陶醉与享受之中。

在一个研究教学风格的科研项目中，研究者选择了一位教学风

格比较突出的小学语文特级教师作为研究对象。最后得出了如下结果：

该教师的教学风格形成历程分为模仿、创新、成熟三个阶段。教学 1～3 年为模仿阶段，这个阶段的特征是模仿，注重吸收别人成功的经验，比较依赖于前人做法、他人经验、教参和固定的教学程序；教学 3～16 年为创新阶段，教学基本上摆脱模仿的束缚，独立意向鲜明，能根据自身特点创造性地进行教学并且具有明确的风格意识；教学 16 年后为成熟阶段，这一阶段的特点是个性化，此时该教师的教学风格呈现出稳定、一贯的特征。教学过程的各个环节、各个方面都有独特、稳定的表现，教学带有浓厚的个性色彩。在其教学风格发展过程中模仿性因素越来越少，而独创性因素越来越多，最后形成自己的教学风格。

促进该教师教学风格形成的因素包括内因、外因两类。内因包括对教师职业的热爱、个人特征的好强，教学中的善于学习、积极实践、重视反思；外因包括学校管理、教师群体的支持、教学改革的要求及个人生活或教学生涯中的关键人物的支持。

当然，教学风格一旦形成，它也有进一步发展创新的需求，因为任何一种模式都不是僵死不变的，它必须在实践中随教师思想品质、道德水平、文化修养、教学艺术、生理心理素质的成熟而不断发展创新。在教学风格的发展创新方面，很多优秀教师为我们做出了榜样，这些榜样告诉我们，只有在不断发展创新中，教师的教学风格才能达到更高的艺术境界。

教学风格绝不仅仅是形式问题，它与一个教师多方面的修养密切相关。所以，在打造教师的个性化教学风格中，切忌不能"为风格而风格"。要注意自己教学风格的实际教育效果，避免把教学搞成哗众取宠的"花架子"。

四、让风格永远保持鲜活

优秀教师是教育改革的倡导者和实践者，担负着教育改革的重要角色。新一轮课程改革的核心理念是为了每一位学生的发展，培养个性鲜明的人才，所以，它呼唤着个性化的教育，呼唤着具有个性的教师。作为一名教师，个人教学风格的形成不容忽视，应为树立良好的教师形象，培养良好的教学风格而积极努力。

风格源于对优秀的追求。

一个满足于平庸得过且过的教师，决不会自觉发展自己的风格。只有对教育有深刻理解、高远追求，对自己所教的专业充满激情，满怀热情投入工作的教师，才会努力打造自己的风格。

以上海市语文特级教师陈钟梁的教学风格形成为例：

> 陈钟梁是中华人民共和国成立以后成长起来的语文教师。
>
> 20世纪50年代，从中学到大学，他接受的是正规教育，文化及专业基础知识全面、扎实，如同一个演员，他具备了唱、念、坐、打、口、眼、身、步的基本功。听过陈钟梁讲课及报告的人都承认，他是一个博学强识、思维敏捷、能言善讲、读写兼长的人。应该说，这些都构成了陈钟梁形成独特教学风格的良好基础。
>
> 除此之外，决定他教学风格的还有他一贯的教学追求。他一贯的追求是什么呢？那就是"戏剧性"。他自幼受父亲爱好的影响迷上了戏剧，在学校里被称为具有戏剧性的人物。他考入师范学院，戏剧梦破灭了，但对戏剧的爱好使他受益匪浅，成为他教学艺术中的一种追求。在教学设计中，他不是设置一个悬念，便是来一个"戏剧矛盾"或"戏剧插曲"，使他的教学设计花样翻新、别具一格。
>
> 这种教学艺术上的个人追求，带动着他在实践中不断发展，走向成熟。最终形成"精雕细刻"的细腻且充满活力的教学风格。

风格源于崇高的思想道德。

一位出类拔萃的优秀教师，他应该热爱教育事业，有强烈的事业心和责任心，对工作兢兢业业，认真备课，精心组织教学，改进教学方法，注重教学效果。关心学生，热爱学生，严格要求，及时发现问题并予以解决。如果教师长期以一种献身精神主宰自己，其教学风格必然是良好的。

许多教师用实际行动证明，教师的思想道德水平尤其是对学生、对教育事业的爱，对教学风格的形成起着决定性的作用。

> 著名青年语文教师程翔在一次作文讲评课上范读了一篇学生的优秀作文，一个学生却指出这是一篇抄袭之作。面对这突如其来的情况，程翔没有去批评、指责这名学生，而是用鼓励的口吻说道："不

可否认，这的确是一篇优美的文章，我以前却没有读过，真是一大憾事。而今天读了之后，就像喝了一杯甘甜的美酒，真是一种美的享受。相信同学们也跟我有同样的感受吧。这名同学为我们提供了一次如此难得的学习机会，就让我们用最热烈的掌声表示感谢！"这一个小小的细节，让我们感受到程翔老师对学生深深的爱。

教师的道德修养是教师素质要素中最根本的，它时刻激励着教师敬业爱生，把教育教学工作真正作为一项事业去追求。只有具备崇高的思想道德水平的教师，才能用心地组织教育和教学工作，才能被社会认可，才能更好地教育和影响学生。

风格源于深厚的文化积淀。

苏霍姆林斯基说过："教师所知道的东西，就应当比他在课堂上要讲的东西多 10 倍、多 20 倍，以便能熟悉地掌握教材，到了课堂上，能从大量的事实中挑选最重要的来讲"。

教师的知识结构状况是教师在教学实践中旁征博引、深刻论证的基础条件，是教师形成独特教学风格的知识基础。教师除了要扎实地掌握本学科的专业知识，还应具备系统的教育学、心理学的有关知识。教师只有对本学科的专业知识有系统的把握，才能组织管理好课堂教学，才能提高教育教学质量，达到最佳的教育教学效果；教师只有熟悉教育学、心理学的有关知识，才能了解学生的心理活动，才能把握学生的个体差异，更好地促进学生身心的健康发展。

风格源于对教学的不断反思。

任何一项工作如果不加以反思和提炼，都会成为日复一日的重复劳动，会逐渐丧失在其应用的活动，教育更是如此。著名特级教师斯霞在回首自己的教育生涯时这样说："我有一个好习惯，每次教后都要回忆和检查教学情况，想想哪儿教得好，哪儿有问题没讲清楚；学生掌握得好不好，什么原因，以后怎样设计才能教得更好，学得更轻松。"斯霞老师的成功给我们有益的启示，勤于反思促使她不断提高。

因此，教师有必要在每节课开始之前，制定明确的具体目标，每节课后进行反思，目标达成度如何、哪些环节是成功的、哪些环节是有意外收获的、还存在哪些不足等。

风格源于不断的实践。

实践出真知，一堂课怎样构思才有新意，学生怎样学习效果才最好，

199

这都需要不断实践。学习不只是为了丰富自己，更重要的是为了指导和优化实践。

上海特级教师毛蓓蕾在小学思想品德课的教学中，研究社会现实，研究学生实际，不断学习、反复实践，逐渐摒弃了说教式的教学，而形成"以情感人、情理交融"的教学风格，这种风格不是一蹴而就、一日成型的，而是积累、摸索的结果。

实践不息，探索积累，久而久之，则逐渐形成自己独特的风格，完善自己个性鲜明的教学方法。但教学风格并不是一成不变的。法国史学家兼艺术评论家丹纳说："一个艺术家的许多不同的作品都是亲属，好像一父所生的几个儿女，彼此有显著的相像之处。"教师的这堂课与那堂课，记叙文教学与童话教学方法肯定是不同的，但他的风格应是统一的。成熟的教学风格不是偶尔为之，今天如此，明天又改变。稳定性是教学风格的又一重要特征。教学风格的稳定性首先是教育理念和主张的稳定和统一，其次需要教学方法在提炼以后的"固型"，在实践中不断强化和丰富。正如建筑师所说："风格是共同特征在表现上的不断重复。"但是，稳定绝不意味着教学风格是静止的，甚至是僵化的，相反，教学风格应当在实践中不断完善和发展。稳定性是教学风格的特征，发展性则是教学风格的生命。这种发展性，意味着教学风格具有时代特征，彰显时代意义和时代色彩。

一个思想僵化、不求进取的教师是不会形成自己鲜明的教学风格的，即使有也是静止的，只能是昙花一现。唯有不断学习、不断反思、不断实践，才有可能让风格永远鲜活。